NORDISCHE MYTHOLOGIE

H. A. GUERBER

NORDISCHE MYTHOLOGIE

ILLUSTRIERTE AUSGABE

Librero

Hambakenwetering 8B
5231 DC 's-Hertogenbosch
Niederlande
www.librero-ibp.com

Erstmalig veröffentlicht 1895 unter dem Titel *Myths of Northern Lands* von H. A. Guerber. Die vorliegende Ausgabe erschien erstmalig 2018 in den USA unter dem Titel *Tales of Norse Mythology* bei Fall River Press, einem Imprint von Sterling Publishing Co., Inc. Die deutsche Fassung entstand in Zusammenarbeit mit Sterling Publishing Co., Inc., 1166 Avenue of the Americas, New York, NY, USA, 10036.

Layout: Shannon Nicole Plunkett

Aus dem Englischen übersetzt von
Klaus Kramp, Köln
Satz der deutschsprachigen Ausgabe
Ute Conin, Köln

Printed in Shenzhen, China SDP012026

ISBN 978-94-6359-326-7

INHALT

EINLEITUNG

Jede Kultur hat im Lauf der Geschichte versucht, Antworten auf die Geheimnisse des Lebens zu finden. Wie begann die Welt und was war davor? Welche Begrenzungen hat die Welt und wie wurden sie errichtet? Wie wurden die Menschen erschaffen und wohin führt sie der Weg, wenn sie sterben? Wie wird die Welt zu Ende gehen und was wird danach kommen? Die Skandinavier der Wikingerzeit beantworteten diese Fragen in ihren Mythen und Heldensagen, in denen sie die Mächte der Ordnung und des Chaos durch den fortwährenden Kampf zwischen Göttern und Riesen personifizierten. Die Volkskundlerin Helene Adeline Guerber lässt in ihrem Buch *Myths of the Norsemen from the Eddas and Sagas* („Mythen der Nordmänner aus den Eddas und Sagas") diese Geschichten wieder lebendig werden, die vom Komischen bis zum Tragischen reichen und von Leidenschaft, Liebe, Freundschaft, Stolz, Mut und Verrat erzählen. Die Handelnden sind unter anderen Riesen, die die Götter bekämpfen, aber nicht völlig böse sind; Nornen, die das Schicksal und die Lebenszeit des einzelnen Menschen bestimmen; Zwerge, die unter Felsen wohnen und kunstvolle handwerkliche Fähigkeiten besitzen; Schutzgöttinnen, die mit Fruchtbarkeit und Tod in Verbindung gebracht werden; weibliche Folgegeister, die einen Menschen von der Geburt an bis zu seinem Tod begleiten; Walküren, die die toten Krieger auf dem Schlachtfeld auswählen, um sie dann nach Walhall zu schaffen; Elfen, Naturgeister mit unterschiedlichen Eigenschaften, die mit Heil und Glück oder Krankheit und Tod assoziiert werden; göttergleiche Heroen nordischer oder kontinentalgermanischer Herkunft und schließlich Tiere, Vögel sowie Ungeheuer. Sie bewohnen ganz verschiedene Welten: Asgard, Sitz der Götter, Göttinnen und gefallenen Krieger; Utgard, Aufenthaltsort der Riesen und Ungeheuer; Midgard, Heimstatt der Menschen; und Niflheim, das düstere Totenreich der Göttin Hel. Nordische Mythologie ist bis heute nicht nur Gegenstand intensiver Studien einiger der bedeutendsten Mythen-, Religions- und Volkskundeforscher, sondern auch eine Inspirationsquelle für viele Schriftsteller, Maler und Komponisten, darunter Richard Wagner, dessen Opernzyklus *Der Ring des Nibelungen* dem Stoff zu großer Popularität verhalf.

Helene Adeline Guerber wurde 1859 in Mount Clemens, Michigan geboren. Sie verbrachte mit Ausnahme ihrer akademischen Ausbildung in Paris die meiste Zeit ihres Lebens in New Jersey, wo sie 1929 in Montclair starb. Guerber, die als Lehrerin arbeitete, machte es sich zur lebenslangen Aufgabe, einem amerikanischen Publikum die europäische Literatur- und Kulturgeschichte näherzubringen durch die Veröffentlichung von rund drei dutzend Büchern über so unterschiedliche Themen wie berühmte Opern, jüdische Geschichte oder Shakespeares Dramen. Ihr Buch *Myths of the Norsemen from the Eddas and Sagas*, das 1895 unter dem Titel *Myths of Northern Lands* verlegt wurde, war Guerbers zweite Publikation.

Die wissenschaftliche Beschäftigung mit nordischer Mythologie, die im 16. Jahrhundert einsetzte, erreichte während der Epoche der Romantik einen Höhepunkt, als die nordischen Länder begannen, sich mit ihrer Vergangenheit zu befassen. Guerbers Veröffentlichung ist und war insofern nur eine von vielen Abhandlungen auf diesem Gebiet, die allerdings keinen wissenschaftlichen Beitrag zur nordischen Mythologie leistete, aber eine erhebliche Rolle dabei spielte, nordische Mythen und Heldensagen in der englischsprachigen Welt bekannt zu machen, und mittlerweile den Rang eines Klassikers einnimmt. In neunundzwanzig Kapiteln erzählt Guerber mit Erläuterungen die uralten nordischen Geschichten nach, die von der Erschaffung der Welt bis zu ihrem Untergang handeln. Am Ende der Erstausgabe ihres Buches vergleicht Guerber die nordische mit der griechischen Mythologie, mit der sie sich bereits in einem 1893 aufgelegten Titel auseinandergesetzt hatte. Die Zitate aus den Sagen und Dichtungen, die den gesamten Band durchziehen, sollen dem Leser ein Gefühl für die ursprüngliche Erzählweise vermitteln, und die zahlreichen Illustrationen, die die heroischen Taten der Götter und Göttinnen abbilden, sollen der Veranschaulichung der jeweiligen Szenen dienen. Ein umfangreiches Glossar und ein Anhang rundeten die Originalausgabe zu einem nützlichen Nachschlagewerk ab.

Die nordischen Mythen und Heldensagen gehören zu den faszinierendsten Dichtungen aller Zeiten. Die meisten sind dramatische Erzählungen, ausführliche Episoden einer sich langsam entwickelnden Geschichte, die mit dem Reifriesen Ymir beginnt, der seine Existenz dem Aufeinandertreffen von Hitze und Eis in der gähnenden Leere Ginnungagaps verdankte. Ymir wurde von der Urkuh Audhumla genährt, die unterdessen das Salz bereifter Steine leckte. Am Ende des ersten Tages legte sie mit ihrer Zunge Menschenhaare aus einem der Steine frei, am zweiten Tag erschien der Kopf eines Mannes und am dritten Tag der ganze Mann, der der Stammvater der ersten Götter Odin, Wili und We werden sollte. Die Drei erschlugen Ymir, brachten ihn in die Mitte von Ginnungagap und schufen aus ihm die Welt: aus seinem Fleisch die Erde, aus seinen Knochen die Berge, aus seinen Zähnen und Knochenstückchen Steine und Geröll, aus seinem Blut die Gewässer und das Meer, das alle Seiten der Erde umfloss, und aus seinem Schädel den Himmel. Die Erde wurde zum Schutz gegen die Riesen mit einem Wall aus den Augenbrauen Ymirs umgeben und Midgard genannt, wo die Menschen wohnten, die die Götter aus Baumstämmen am Meeresstrand geformt hatten und denen sie Atem, Verstand, Gehör- und Sehsinn sowie andere Lebenseigenschaften verliehen hatten.

Während einige der Mythen und Sagen zutiefst tragisch sind, sind andere äußerst humorvoll. Eine der bekanntesten Begebenheiten der ersten Kategorie ist die traurige Erzählung von Odins unschuldigem und stattlichem Sohn Balder, der durch einen Traum seines eigenen Todes so verstört ist, dass seine Mutter, die Göttin Frigg, alle belebten und unbelebten Wesen auffordert, einen Eid zu schwören, Balder nichts zuleide zu tun. Sie versäumt es allerdings, einen Mistelzweig zu fragen, der infolge von Machenschaften des hinterlistigen Halbgottes Loki zu einer mörderischen Waffe wird und den Tod des beliebten Gottes herbeiführt. Ein Beispiel für eine schwankhafte Episode ist die Geschichte des Riesen Thrym, der den wertvollen Hammer des Kriegsgottes Thor raubt und für die Rückgabe Freyja, die Göttin der Fruchtbarkeit und Liebe, als Braut fordert. Die Götter sind ohne den Hammer den Riesen gegenüber machtlos und so unternimmt Thor, der Inbegriff der Männlichkeit, widerstrebend und als Freyja in Brautkleidern verhüllt zusammen mit Loki als Dienerin eine Reise ins Land der Riesen. Überraschenderweise lassen sich Thrym und die anderen Riesen täuschen, und als Thrym befiehlt, den Hammer zu holen, um die Braut damit zu weihen, ergreift Thor die Gelegenheit und erschlägt alle Riesen.

Die Geschichte vom Diebstahl des Thorshammers wird für gewöhnlich wegen ihres Unterhaltungswertes angeführt, sie ist aber auch aufschlussreich hinsichtlich der beiden in den Mythen am häufigsten verwendeten Motive, nämlich die sexuelle Anziehung zwischen Göttern und Riesen und die unter ihnen herrschenden Feindseligkeiten. Die Dauerfehden zwischen den Bewohnern von Asgard, der Wohnstätte der Götter, und Utgard, der Heimat der Riesen, werden typischerweise als Gefechte zwischen einzelnen Göttern und Riesen dargestellt, in die zumeist Odin und sein Sohn Thor verwickelt sind. Die beiden Hauptgötter könnten allerdings kaum gegensätzlichere Charaktere sein und bedienen sich höchst unterschiedlicher Mittel in ihren Auseinandersetzungen mit den Riesen. Der vielschichtige Odin benutzt Strategie, das heißt, List und Scharfsinn. Odins ungeheure Weisheit war vor allem seiner Bereitschaft geschuldet, ein Auge zu opfern, um aus der von Mimir bewachten Quelle der Weisheit unter dem Weltenbaum Yggdrasil zu trinken, und seine Beherrschung der Dichtkunst verdankte er der Erbeutung des Dichtermets, das er den Riesen entwendete und den Göttern und Menschen schenkte. Der einfältige Thor hingegen setzt auf Gewalt, die

durch seinen Hammer versinnbildlicht wird. Die Geschichte von Thors Kampf während eines Fischzugs mit seinem furchterregendsten Gegner, der im Urozean lebenden und die Welt umspannenden Midgardschlange, faszinierte nicht nur mittelalterliche Erzähler und Dichter, sondern auch Maler. Es existieren zwei Versionen von Thors Abenteuer mit der Schlange, eine, in der Thor dieses Symbol des Bösen bezwingt, während ihm dies in der anderen misslingt.

Die Dichtungen werden nicht nur auf dramatische Weise präsentiert, sondern nutzen auch eher handlungsarme Erzählformen, in denen es hauptsächlich um Mythenkunde geht. Eines dieser Lehrgedichte im Frage-und-Antwort-Stil schildert eine Wissenswette zwischen Odin, der sich nicht zu erkennen gibt, und Wafthrudnir, einem weisen Riesengreis. Wafthrudnir offenbart erstaunliche kosmologische Kenntnisse während der sachkundigen Beantwortung von Odins Fragen über die Entstehung der Welt, der Erde, der Sonne, des Monds und der Totenwelt sowie über das Leben in Walhall, einer Halle in Odins Palast, oder über Ragnarök, den Untergang der Götter und seine Folgen. Der Riese wird schließlich in dem Moment besiegt, als Odin seine wahre Identität preisgibt und eine Frage stellt, deren Antwort nur er kennt: „Was sagte Odin dem toten Sohn [Balder] ins Ohr, eh man auf den Holzstoß ihn hob?“

Es sind Mythen dieser Art, in denen der Weltuntergang thematisiert wird. Odin fürchtet die Ragnarök, das Ende der Welt und der Herrschaft der alten

Götter, und wendet sich deshalb an eine Seherin, die die Zukunft voraussagen kann, um Weisheit zu erlangen und sich auf das Kommende vorzubereiten. Sie verkündet Balders Tod, Frevel unter den Göttern, das Losbrechen von Ungeheuern, den Zusammenbruch der moralischen Ordnung und allgemeine Angst unter den Göttern und Menschen. Sie prophezeit das Erbeben der Weltenesche Yggdrasil, das Herannahen der Riesen aus drei Richtungen und den Beginn der letzten Schlacht, in der Odin und Thor von ihren Feinden getötet würden. Sie beschreibt, wie Dämonen und Riesen Feuer über die ganze Welt schleudern, wie Asgard, Utgard, Mitgard zusammen mit Niflheim in Flammen aufgehen und wie die Erde im Meer versinkt und der Himmel von der Feuersbrunst vernichtet wird. Nach der Ragnarök erstünde alles unter der Herrschaft unschuldiger Götter aufs Neue. Ein Mann und eine Frau würden den Weltenbrand überleben und vom Morgentau genährt Urahnen eines neuen Menschengeschlechts werden.

Die Mythen und Heldensagen der Wikingerzeit fanden sich in einer Reihe von Textzeugen aus unterschiedlichen Epochen und an verschiedenen Orten. Unsere Kenntnisse der Dichtungen beruhen im Wesentlichen auf drei Hauptquellen isländischer Provenienz, von denen eine die *Lieder-Edda* ist, eine Sammlung von neunundzwanzig lose miteinander verknüpften Gedichten. Elf dieser Texte sind Götterlieder und achtzehn Heldenlieder (zwei dieser Lieder sind nur bruchstückhaft überliefert). Die Fragen nach der zeitlichen Abfassung und Herkunft der einzelnen eddischen Gedichte bildeten den Gegenstand lebhafter wissenschaftlicher Kontroversen. Die Lieder sind alle anonym, daher ist es schwierig, wenn nicht sogar unmöglich, sie zu datieren oder zu verorten. Einige Gedichte könnten zu Beginn der Wikingerzeit entstanden sein, andere hingegen nur wenig älter sein als der *Codex Regius*, die Handschrift, die die zentralen eddischen Lieder enthält und zwischen 1270 und 1280 angefertigt wurde, also mehr als dreihundert Jahre nach der Einführung des Christentums in Island. Der Ursprung einiger Lieder könnte in Norwegen gelegen haben, wohingegen andere aus Island, Grönland oder anderen skandinavischen Ländern stammen könnten.

Viele dieser Gedichte wurden von späteren Schriftstellern aufgegriffen, darunter auch der Dichter und Historiker Snorri Sturluson (gest. 1241), der seine *Edda* vermutlich in den 1220er-Jahren verfasste. Dieses wegen seiner umfangreichen Prosatexte *Prosa-Edda* genannte Werk ist die zweite wichtige Quelle nordischer Mythen. Snorri präsentierte die mythischen Stoffe und alten Lieder, die im frühen 13. Jahrhundert allmählich in Vergessenheit gerieten, im Sinne eines Handbuchs für Dichter seiner Zeit, die die Mythen und Sagas als Grundlage für ihre poetische Bildsprache brauchten. Die mehrteilig aufgebaute *Snorri-Edda* vereint auf anschauliche und didaktische Weise Mythographie und Stilkunde in der

Absicht, unter anderem sprachliche Techniken wie den Gebrauch von *Heitis* oder *Kenningen* anhand hunderter zitierter Strophen aus Dichtungen vom 9. bis ins 12. Jahrhundert zu erläutern.

Die Verwendung der *Kenninge* – metaphorische, mehrgliedrige Umschreibungen – ist eines der wichtigsten künstlerischen Ausdrucksmittel der Skaldendichtung, der dritten bedeutenden Quelle für unser Wissen über die Mythen und Heldensagen des Nordens. Das Wort „skaldisch" ist vom altnordischen Nomen *skáld* oder *skæld* („Dichter") abgeleitet. Skalden hielten sich im Wikingerzeitalter häufig an norwegischen Königs- oder Fürstenhöfen auf, gehörten aber auch zur Gefolgschaft schwedischer oder dänischer Könige. Der Begriff skaldische Dichtung bezeichnet heute alle frühen altnordisch-isländischen Gedichte, die nicht eddisch sind. Die Skaldik ist gekennzeichnet durch eine komplizierte Ausdrucksweise und sehr anspruchsvolle Versmaße, etwa die Verbindung von Binnen- und Stabreimen, was modernen Lesern das Verständnis der Dichtungen erschwert. Die meisten Skaldendichtungen lassen sich im Gegensatz zu den Eddaliedern namentlich Dichtern zuschreiben, und während die eddischen Lieder Themen aus der heroischen und mythologischen Vorzeit erzählen, rekurriert die skaldische Dichtung hauptsächlich auf chronologisch faßbare Ereignisse, etwa ruhmreiche Siege oder heldenhafte Niederlagen. Der überwiegende Teil der Skaldenlieder preist lebende oder kürzlich verstorbene Herrscher ob ihrer Taten, aber in einer durchaus bemerkenswerten Anzahl von Strophen sprechen Skalden über sich selbst, etwa um ihre Erfolge herauszustellen oder Fehlschläge zu beklagen. Die frühesten skaldischen Gedichte reichen bis ins 9. Jahrhundert zurück, wurden jedoch wie die eddischen Lieder erst ab dem 13. Jahrhundert niedergeschrieben und blieben zumeist als Einschübe in Prosatexten erhalten, insbesondere in den Sagas über die norwegischen Könige oder in geringerem Maße in den Isländersagas, die von der Besiedlung Islands im frühen 10. Jahrhundert berichten.

Weitere Quellen zur Mythen- und Sagenwelt des Nordens bilden Snorris *Ynglinga saga*, eine Darstellung des schwedischen Königsgeschlechts der Inglinger und erster Teil der *Heimskringla* („Weltkreis") betitelten monumentalen Geschichte der norwegischen Könige, sowie die *Gesta Danorum* („Die Taten der Dänen") des dänischen Geistlichen Saxo Grammaticus, eine in lateinischer Sprache verfasste Geschichte Dänemarks. Die sogenannten Vorzeitsagas aus dem Spätmittelalter, die vor der Besiedlung Islands in mystischer Frühzeit spielen und neben Heldensagenstoffe aus der Völkerwanderungszeit auch fiktive Geschichten schildern, sind ebenfalls wertvolle Quellentexte. Die bekannteste dieser Sagas ist die *Völsunga saga* über Sigurd den Drachentöter und seine Mannen.

Angesichts dieser Vielzahl von Quellen, in denen üblicherweise keine Glaubensüberzeugungen direkt artikuliert werden, lässt sich keine einheitliche

Beschreibung der nordischen Mythologie herauskristallisieren, es gibt allerdings auch keinen Grund zu der Annahme, dass Mythen einen einzigen, dogmatischen Glauben zu transportieren versuchen. Es existierte höchstwahrscheinlich eine beträchtliche Vielfalt an religiösen Vorstellungen und Haltungen innerhalb der Wikingergesellschaften, die weder eine allgemeine Lehre noch eine übergeordnete Organisation (Kirche) besaßen und kein spezifisches Wort für „Religion" kannten. Der Begriff *forn siðr* (alte Sitte) kommt einem religiösen Konzept am nächsten und macht deutlich, wie Religion in den Alltag eingebunden wurde. Die mannigfaltigen Versionen bestimmter Mythen und Sagen und die häufig widersprüchlichen Charakterisierungen von Hauptgöttern wie Odin und Thor legen den Schluss nahe, dass die Glaubensinhalte im skandinavischen Raum von Region zu Region variierten und dass Menschen oder Gemeinschaften unterschiedliche Götter abhängig von familiären, wirtschaftlichen, örtlichen oder kulturellen Bedingungen verehrten. Es ist darüber hinaus unwahrscheinlich, dass die Mythen und religiösen Praktiken der Normannen in vorchristlicher Zeit statisch oder festgefügt waren und keinerlei Einflüssen von außen unterlagen. Der heidnische Glaube war im Gegensatz zum Christentum instabil und nachsichtig und durchlief anders als die christliche Lehre keinen Prozess einer frühen Verschriftlichung. Unabhängig von der Tatsache, dass sich die nordischen Götter- und Heldendichtungen in einer Reihe von diversen literarischen Gattungen finden und die Überlieferung der Texte und ihre Deutung problematisch sind, gewähren die Mythen und Sagen des Nordens in den Geschichten der mittelalterlichen Dichter einen tiefen Einblick in den germanischen Kosmos, der von übernatürlichen Mächten geprägt war, die den Alltag der Germanen bestimmten und ihre Welt erschaffen hatten – eine Welt, die ihren Mythen gemäß mit einer Urkuh begann und mit einem Inferno endete, auf das ein neues hoffnungsvolles Zeitalter mit einigen den Weltuntergang überlebenden Göttern folgte.

Kirsten Wolf ist Professorin für Skandinavistik und bekleidet den Torger-Thompson-Lehrstuhl für Skandinavische Studien an der University of Wisconsin-Madison. Sie hat zahlreiche Beiträge über altnordisch-isländische Literatur und Sprache veröffentlicht.

KAPITEL I

Der Anfang

SCHÖPFUNGSMYTHEN

Obwohl die germanischen Bewohner Nordeuropas einer weit verbreiteten Theorie gemäß ursprünglich aus den Steppengebieten nördlich von Schwarzem und Kaspischem Meer stammten, haben Klima und Topografie der Länder, die sie schließlich besiedelten, nicht nur großen Einfluss auf die Ausformung ihrer frühen religiösen Vorstellungen gehabt, sondern auch auf ihre Lebensweise.

Die einzigartigen und rauen Landschaften Nordeuropas, die Mitternachtssonne, die farbig leuchtenden Schleier der Nordlichter, der Ozean, der seine Wellen regelmäßig wütend gegen die schroffen Felsen und Eisberge in der Polarregion peitscht – all das konnte die Menschen nicht anders als zutiefst beeindrucken so wie die nahezu verzauberte Vegetation, das ewige Licht und das Blau des Meeres und des Himmels während der kurzen Sommerzeit. Es ist daher nicht weiter verwunderlich, dass etwa die Isländer, denen wir die meisten und ausführlichsten schriftlichen Zeugnisse dieses Glaubens verdanken, auf Grund der sie umgebenden Natur überzeugt waren, dass die Welt aus einer eigentümlichen Mischung aus Feuer und Eis geschaffen wurde.

Nordische Mythologie ist erhaben und tragisch. Das Hauptthema der Mythen ist der immerwährende Kampf zwischen wohltätigen und schädlichen Kräften der Natur, die somit ihrem Wesen nach weder anmutig noch idyllisch ist wie im Glauben des sonnigen Südens, wo sich die Menschen im ununterbrochenen Sonnenschein wärmen konnten und die Früchte der Erde wie von selbst wuchsen.

Es war nur natürlich, dass die Gefahren, die beim Jagen oder Fischen unter diesem unbarmherzigen Himmel lauerten, und dass das Leiden, das die langen Winter mit sich brachten, wenn sich die Sonne nie am Horizont zeigte, unsere Vorfahren bewogen, Kälte und Eis als übelwollende Geister zu betrachten. Dieselben Gründe waren es, die sie mit aller Inbrunst die segensreichen Wirkungen von Hitze und Licht erflehen ließen.

Wenn man die nordischen Skalden, deren Lieder in der *Edda* und den Sagas überliefert sind, nach der Erschaffung der Welt befragte, erklärten sie, dass es am Anfang, als weder Erde noch Meer oder Luft existierten und Finsternis über allem herrschte, ein mächtiges Wesen gab, den Allvater, den sie schemenhaft als unerschaffen und unsichtbar begriffen, dessen Wille geschah. Inmitten der Urleere befand sich in der Vorzeit ein gähnender Schlund, das Ginnungagap, die Kluft der Klüfte, eine gewaltige Spalte, deren Tiefe kein Auge ermessen konnte, da sie in ewiges Dämmerlicht getaucht war. Im Norden dieser Schlucht lag ein Raum oder eine Welt namens Niflheim, ein Gebiet voller Nebel und Dunkelheit, in dessen Mitte die unerschöpfliche Quelle Hwergelmir sprudelte, deren Wasser die Eliwagar, die elf Ströme der Welt, speiste. Da das Wasser dieser Ströme schnell von der Quelle wegfloss und auf die eisigen Winde der Urschlucht traf, gefror es sofort und bildete riesige Eisblöcke, die mit donnerndem Getöse nach unten in die unermessliche Tiefe des Ginnungagap krachten.

Auf der Südseite dieser finsteren Kluft und Niflheim, dem Nebelreich, direkt gegenüber erstreckte sich noch eine andere Gegend, die Muspellsheim oder Muspell genannt wurde, die Feuerwelt, wo es heiß und gleißend hell war und der Feuerriese Surt die Grenzen bewachte. Dieser Riese schwenkte unaufhörlich sein lohendes Schwert und schleuderte so unablässig eine große Funkenmenge, die mit einem zischenden Geräusch auf die Eisblöcke unten im Urschlund niederprasselte und sie durch die Glut teilweise schmelzen ließ.

> Großer Surtur, mit seinem brennenden Schwert,
> Südlich von Muspels Tor Wache hielt,
> Und Blitze himmlischer Flamme,
> Lebenspendend, kamen aus der Feuerwelt.
>
> — *Valhalla*, J. C. Jones

YMIR UND AUDHUMLA

Da die Gischt der Ströme in Wolken aufstieg und erneut der vorherrschenden Kälte ausgesetzt war, verwandelte sie sich in Reif, der Schicht für Schicht den Nordteil des Ginnungagap überzog. Als in der Mitte der Spalte die heiße Luft des Südens auf den Reif stieß, taute er tropfend und brachte wahrscheinlich durch den Willen des Unerschaffenen und Unsichtbaren inmitten der Eisblöcke des Abgrunds eine riesige Kreatur namens Ymir oder Aurgelmir hervor, die Personifikation des gefrorenen Ozeans. Seiner Geburt aus Reif entsprechend wurde er Hrimthurse oder Reifriese genannt.

Urzeit war es,
Da Ymir hauste:
Nicht war Sand noch See
Noch Salzwogen,
Nicht Erde unten
Noch oben Himmel,
Gähnung grundlos,
Doch Gras nirgend.

— *Die Edda II. Götterdichtung und Spruchdichtung,*
„Der Seherin Gesicht“ 3,
übersetzt von Felix Genzmer

Auf der Suche nach etwas Essbarem in der Düsterheit bemerkte Ymir eine riesenhafte Kuh, die Audhumla (die Milchreiche) hieß und auf dieselbe Weise und aus demselben Material wie der Reifriese geschaffen worden war. Als er sich der Urkuh näherte, stellte Ymir erfreut fest, dass aus ihrem mächtigen Euter vier Milchströme flossen, die Nahrung in Fülle lieferten.

Nachdem Ymirs Bedürfnisse befriedigt waren, hielt auch die Kuh Ausschau nach Futter und begann mit ihrer rauen Zunge das Salz von den bereiften Steinen zu lecken. Das tat sie eine ganze Weile, bis aus den Blöcken zunächst Menschenhaar zum Vorschein kam, dann der Kopf eines Mannes und schließlich der ganze Mann, der Buri (der Erzeuger) genannt wurde.

Während die Kuh mit solcherart Dingen beschäftigt war, schlief der Riese Ymir ein und fing an zu schwitzen. In seinem tiefen Schlaf wuchsen unter seiner linken Achselhöhle ein Mann und eine Frau und seine beiden Füße zeugten den sechsköpfigen Riesen Thrudgelmir, aus dem wiederum der Riese Bergelmir hervorging, von dem alle bösen Reifriesen abstammten.

Knabe und Maid
Wuchsen dem kühnen Thursen
Unterm Arm vereint;
Der Fuß mit dem Fuß
Des Vielweisen zeugte
Den sechshäuptigen Sohn.

— *Die Edda II. Götterdichtung und Spruchdichtung,*
„Das Wafthrudnirlied“ 33,
übersetzt von Felix Genzmer

ODIN, WILI UND WE

Als diese Riesen sich der Existenz des Stammvaters der Götter Buri und seines Sohnes Borr bewusst wurden, begannen sie Krieg gegen sie zu führen, weil die Götter und Riesen die entgegengesetzten Prinzipien von Gut und Böse darstellten und es deshalb keinerlei Hoffnung auf ein friedliches Zusammenleben gab. Der Kampf dauerte offensichtlich eine ziemlich lange Zeit, ohne dass eine der beiden Parteien einen entscheidenden Vorteil erringen konnte, bis Borr Bestla, die Tochter des Riesen Bölthorn, zur Frau nahm, die ihm drei mächtige Söhne gebar, Odin, Wili und We. Die drei Söhne unterstützten ihren Vater sofort in seiner heftigen Auseinandersetzung mit den feindseligen Reifriesen, und es gelang ihnen letztendlich, ihren Todfeind, den Riesen Ymir, zu erschlagen. Als er leblos zu Boden sank, ergoss sich das Blut aus seinen Wunden in solchen Strömen, dass es eine gewaltige Sintflut auslöste, in der das gesamte Geschlecht der Reifriesen vollständig ausgelöscht wurde mit Ausnahme Bergelmirs, der sich und seine Frau in einem Boot retten konnte und sich an die äußersten Ränder der Welt begab.

> Und das ganze Geschlecht Ymirs hast du ertränkt,
> Außer einem, Bergelmer: er entfloh der Sintflut
> In einem Boot, und von ihm stammen die Riesen ab.
>
> — *Balder Dead*, Matthew Arnold

Hier ließ sich Bergelmir nieder und nannte den Ort Jötunheim (die Heimat der Riesen), wo er ein neues Geschlecht der Reifriesen begründete, die nicht nur seine Abneigungen erbten, sondern auch die Fehde gegen die Götter weiterführten und immer bereit waren, ihr trostloses Gebiet zu verlassen und das Reich der Götter zu überfallen.

Die Götter, die in der nordischen Mythologie als Asen bezeichnet werden, hatten einen großen Triumph über ihre Feinde errungen, und da sie in keinen immerwährenden Krieg mehr verwickelt waren, konnten sie sich nun in der Absicht umschauen, die freudlosen Aspekte der sie umgebenden Dinge zu verbessern und eine für Lebewesen bewohnbare Welt zu gestalten. Nach eingehenden Beratungen warfen Borrs Söhne Ymirs riesigen Leichnam in das Ginnungagap und begannen Schritt für Schritt, die Welt aus all seinen verschiedenen Körperteilen zu erschaffen.

DIE ERSCHAFFUNG DER ERDE

Aus Ymirs Fleisch formten sie Midgard (Mittelgarten), wie die Erde genannt wurde, die genau in der Mitte des gewaltigen Raums lag und rundum mit Bollwerken und Wällen aus Ymirs Augenbrauen gesichert wurde. Der feste Teil Midgards war vom Blut oder Schweiß Ymirs umgeben, die das Meer bildeten, während aus seinen Knochen die Berge geschaffen wurden, aus seinen Zähnen die Steine und Geröll und aus seinen Haaren die Bäume und Gewächse. Die Götter erhoben dann den mächtigen Schädel des Riesen über Erde und Meer, um das Himmelsgewölbe zu errichten. Anschließend nahmen sie sein Gehirn, warfen es in die Luft und machten daraus die Wolken.

Aus Ymirs Fleisch
Ward die Erde geschaffen,
Aus dem Blute das Brandungsmeer,
Das Gebirg aus den Knochen,
Die Bäume aus dem Haar,
Aus der Hirnschale der Himmel.

Aus des Riesen Brauen
Schufen Rater hold
Midgard den Menschensöhnen;
Aus des Riesen Gehirn
Sind die rauhgesinnten
Wolken alle gewirkt.

— *Die Edda II. Götterdichtung und Spruchdichtung,*
„Das Grimnirlied" 38-39, übersetzt von Felix Genzmer

Die Götter stellten zur Stütze des Himmelsgewölbes an jeder der vier Ecken starke Zwerge, die Nordri, Sudri, Austri und Westri hießen, und befahlen ihnen, den Himmel auf ihren Schultern zu tragen. Die heutigen Bezeichnungen der Himmelsrichtungen gehen auf die Namen dieser Zwerge zurück. Um die so geschaffene Welt zu erleuchten, befestigten die Götter aus Muspellsheim emporgeschleuderte Funken am Himmelsgewölbe, die als Lichtpunkte ununterbrochen durch die Finsternis hindurch wie helle Sterne schienen. Die glänzendsten Funken jedoch wurden für die Herstellung von Sonne und Mond gebraucht, die in wundervollen Wagen platziert wurden.

Und aus der flammenden Welt, wo Muspel herrscht,
Schicktest und holtest du Feuer, und machtest Licht:
Sonne, Mond und Sterne, die du im Himmel aufhängtest,
Um die Bahnen von Tag und Nacht zu schaffen.

— *Balder Dead*, Matthew Arnold

Als all diese Vorbereitungen beendet waren und die Hengste Arwak (Frühwach) und Alswid (Allgeschwind) an den Sonnenwagen gespannt waren, fürchteten die Götter, dass die Tiere durch die Nähe zur brennenden Kugel leiden könnten, und setzten daher zwei Blasebälge unter ihre Schultern, um sie zu kühlen. Sie schufen auch den Schild Swalin (der Kühle), den sie vorn am Wagen anbrachten um die Pferde vor den direkten Sonnenstrahlen zu schützen, die andernfalls sie und die Erde zu Asche verbrannt hätten. Der Mondwagen war dem der Sonne ähnlich, wurde allerdings nur von einem Hengst gezogen und besaß auch keinen Schild, um ihn gegen die milden Mondstrahlen abzuschirmen.

MANI UND SOL

Die Wagen waren bereit und die Hengste angeschirrt, die ungeduldig darauf warteten, endlich ihre tägliche Bahn um die Erde zu beginnen, aber wer sollte sie in die richtige Richtung lenken? Die Götter sahen sich um und wurden aufmerksam auf die beiden wunderschönen Sprösslinge des Riesen Mundilfari. Er war sehr stolz auf seine Kinder und hatte sie nach den neu geschaffenen Himmelskörpern Mani (Mond) und Sol (Sonne) genannt. Als der Riese seine Tochter Sol jedoch einem Mann namens Glen (Glanz) zur Frau gab, der vermutlich ein Sohn Surts war, erzürnten die Götter heftig wegen Mundilafris ungeheurer Anmaßung und versetzten Bruder und Schwester daraufhin an den Himmel, um Sol die Pferde des Sonnenwagens und Mani die des Mondwagens auf den himmlischen Pfaden antreiben zu lassen.

Mundilfari heißt er,
Er soll des Mondes Vater
Und der Sonne sein;
Sie ziehen täglich,
Zum Zeitmaß den Menschen,
Über den Himmel hin.

— *Die Edda II. Götterdichtung und Spruchdichtung*,
„Das Wafthrudnirlied“ 23, übersetzt von Felix Genzmer

Anschließend ließen die Götter Nott (Nacht), die Tochter eines Riesen namens Nörfi oder Narfi, zu sich kommen, sandten sie an den Himmel und vertrauten ihr einen schwarzen Wagen nebst einem Rappen an, der Hrimfaxi (der Reifmähnige) hieß und dessen Schaum jeden Morgen als Tau auf die Erde fiel.

Hrimfaxi heißt es,
Das den Hehren die Nacht
Aufzieht von Osten her;
Jeden Morgen
Träuft vom Maul ihm Schaum,
Davon sind die Täler betaut.

— *Die Edda II. Götterdichtung und Spruchdichtung,*
„Das Wafthrudnirlied" 14, übersetzt von Felix Genzmer

Die dunkle Riesin Nott war dreimal verheiratet und hatte von ihrem ersten Mann Naglfari einen Sohn namens Aud; ihrem zweiten Mann Annar gebar sie eine Tochter, die sie Jörd (Erde) nannten; schließlich war sie mit dem Gott Delling vermählt und aus dieser Verbindung entstand ihr zweiter Sohn, der von strahlender Schönheit war und den Namen Dag (Tag) erhielt.

Sobald die Götter Kenntnis von der Existenz dieses anmutigen Wesens hatten, schufen sie auch für ihn ein Gespann mit dem weißen Hengst Skinfaxi (Leuchtmähne), dessen Mähne helle Lichtstrahlen in alle Richtungen verbreitete und so die ganze Welt zur Freude aller Menschen mit Licht erleuchtete.

Skinfaxi heißt er,
Der den hellen Tag
Über die Volkssöhne fährt;
Kein Roß
Gilt den Reidgoten mehr,
Seine Mähne glänzt morgenhell.

— *Die Edda II. Götterdichtung und Spruchdichtung,*
„Das Wafthrudnirlied" 12, übersetzt von Felix Genzmer

DIE WÖLFE SKÖLL UND HATI

Da das Böse jedoch dem Guten stets dicht auf den Fersen ist in der Hoffnung, es zu zerstören, stellten sich die wikingerzeitlichen Bewohner der nördlichen Regionen vor, dass die grimmigen Wölfe Sköll (Trug) und Hati (Hass) unaufhörlich Sonne und Mond hetzen würden, um die beiden Himmelskörper vor ihnen einzuholen, sie zu verschlingen und die Welt wieder in die Dunkelheit der Vorzeit zu hüllen.

> Sköll heißt der Wolf, der der scheinenden Gottheit
> Folgt in die schützende Flut;
> Hati, der andere, Hrodwitnirs Sohn,
> Eilt der Himmelsbraut voran.
>
> — *Die Lieder-Edda,* „Das Lied von Grimnir" 39,
> übersetzt von Karl Simrock

Es wird erzählt, dass die Wölfe manchmal ihre Beute erreichten und versuchten sie zu packen, wodurch sie eine Verfinsterung der strahlenden Gestirne bewirkten. Die dadurch verängstigten Menschen erhoben dann ein solch ohrenbetäubendes Geschrei, dass die Wölfe aus Furcht vor dem Lärm von ihrer Beute abließen und Sonne und Mond ihnen so entkommen konnten. Sie setzten anschließend ihren Kurs fort, flohen jedoch nun noch schneller vor den hinter ihnen herjagenden hungrigen Monstern, die die Zeit herbeisehnten, wenn sie endlich die Oberhand gewännen und das Ende der Welt bevorstünde. Die nordischen Völker glaubten nämlich, dass ihre Götter aus einer Verbindung eines göttlichen Elements (Borr) und eines sterblichen (Bestla) hervorgegangen waren, also vergänglich und dazu verdammt, mit der von ihnen geschaffenen Welt unterzugehen.

> Aber schon an diesem frühen Morgen
> Ward schwach die Dämm'rung zu erahnen
> Dieses heftigen Kampfs, des tödlichen Schlags,
> Der enden sollte in der Ragnarök;
> Wenn Gut und Böse, Tod und Leben,
> Nun beginnend, enden dann ihren Streit.
>
> — *Valhalla,* J. C. Jones

Mani wurde von Hjuki, dem zunehmenden Mond, und Bil, dem abnehmenden Mond, begleitet, zwei Kindern, die er auf der Erde geraubt hatte, wo sie ein grausamer Vater gezwungen hatte, die ganze Nacht hindurch Wasser zu tragen. Unsere Vorfahren waren davon überzeugt, diese Kinder mit ihren Eimern auf dem Mond zu erkennen.

Die Götter ernannten nicht nur Sonne, Mond, Tag und Nacht, um den Jahresverlauf zu kennzeichnen, sondern benannten auch Abend, Mitternacht, Morgen, Vormittag, Mittag und Nachmittag, um die Zeit zu messen, und machten Sommer und Winter zu den Herrschern der Jahreszeiten. Sommer, ein direkter Nachkomme des Riesen Swasud (der Milde), erbte das milde Naturell seines Vaters und wurde von allen geliebt außer von seinem Todfeind Winter, dem Sohn Windswals, dessen Vater wiederum der Riese Wasud war, die Personifikation des Eiswinds.

Windswal heißt er,
Er ist des Winters Vater,
Doch der Sommer ist Swasuds Sohn;
Windswal war
Dem Wasud entsprungen,
Frostig ist all das Volk.

— *Die Edda II. Götterdichtung und Spruchdichtung*,
„Das Wafthrudnirlied" 27, übersetzt von Felix Genzmer

Die kalten Winde zogen beständig von Norden heran und kühlten die ganze Erde ab. Die Menschen im Norden nahmen an, dass die Böen durch Bewegungen des Riesen Hräswelg (Leichenschwelger) entstanden, der in Adlergestalt an den äußersten nördlichen Rändern des Himmels saß. Wenn er seine Arme oder Schwingen anhob, entfachte er die kalten Windstöße, die unbarmherzig über die Erde hinwegfegten und alle Dinge mit ihrem eisigen Hauch vernichteten.

Hräswelg heißt der an Himmels Ende sitzt
In Adlerskleid ein Jötun.
Mit seinen Fittichen facht er den Wind
Über alle Völker.

— *Die Lieder-Edda*, „Das Lied von Wafthrudnir" 37,
übersetzt von Karl Simrock

ZWERGE UND ELFEN

Als die Götter mit der Erschaffung der Erde beschäftigt waren und sich ihrer Beleuchtung widmeten, hatten sich unterdessen in Ymirs Fleisch eine Reihe madenähnlicher Lebewesen entwickelt. Nachdem diese Kreaturen die Aufmerksamkeit der Götter erregt hatten, ließen sie die unförmigen Wesen zu sich kommen und verliehen ihnen zunächst Gestalt, dann gaben sie ihnen übermenschliche Intelligenz und teilten sie in zwei große Gruppen ein. Diejenigen, die von Natur aus dunkel, heimtückisch und listig waren, wurden nach Schwarzalbenheim verbannt, dem in der Unterwelt gelegenen Wohnort der Schwarz- oder Dunkelalben, denen die Verwandlung in

Steine drohte, wenn sie verbotenerweise bei Tageslicht das Erdinnere verlassen würden. Man nannte sie Zwerge, Trolle, Gnome oder Kobolde, die ihre ganze Zeit und Energie aufwandten, um die abgelegensten Winkel der Erde zu erforschen. Sie sammelten Gold, Silber und Edelsteine, die sie in geheimen Felsspalten verbargen, aus denen sie die Schätze nach Belieben wieder entnehmen konnten. Den Rest dieser kleinen Wesen, darunter alle, die hell, gut und nützlich waren, bezeichneten die Götter als Lichtalben, Elben oder Elfen und siedelten sie in einem Reich zwischen Himmel und Erde an, das Albenheim hieß. Die Elfen konnten von dort, wann immer es ihnen gefiel, nach unten zur Erde flattern, um die Blumen und Pflanzen zu besuchen, mit den Schmetterlingen und Vögeln herumzutollen oder im silbrigen Mondschein zu tanzen.

Odin, der in all diesen Unternehmungen die führende Rolle innehatte, bat die Götter, seine Nachkommen, ihm auf die weite Ebene namens Idafeld zu folgen, die sich hoch über der Erde erstreckte und sich auf der dem Riesenreich gegenüberliegenden Seite des Flusses Ifing befand.

> Ifing heißt der Fluss,
> Der wider das Volk der Riesen
> Das Götterland begrenzt;
> Offen eilen
> Soll er in Ewigkeit,
> Kein Eis setzt er an.
>
> — *Die Edda II. Götterdichtung und Spruchdichtung,*
> „Das Wafthrudnirlied" 16, übersetzt von Felix Genzmer

In der Mitte dieses heiligen Ortes, der von Anbeginn der Welt an als Sitz der Götter vorgesehen war und Asgard (Heim der Asen) hieß, versammelten sich auf Bitten Odins die zwölf Asen (Götter) und vierundzwanzig Asinnen (Göttinnen). Dann beratschlagten sie sich und verfügten, dass innerhalb der Grenzen ihres Reiches oder ihrer Friedensstätte kein Blut vergossen werden dürfe, sondern ewige Harmonie herrschen solle. Ein weiteres Ergebnis ihrer Beratungen war die Errichtung einer Schmiede, wo die Götter ihre Waffen herstellten und Werkzeuge für die Konstruktion ihrer prächtigen Paläste aus Edelmetall fertigten, in denen sie viele Jahre lang so glücklich lebten, dass man diese Epoche das Goldzeitalter nannte.

DIE ERSCHAFFUNG DES MENSCHEN

Obwohl die Götter von Anfang an Midgard oder Mannheim als Welt der Menschen ausersehen hatten, so gab es dort zunächst keine menschlichen Bewohner.

Eines Tages, als Odin, Wili und We – anderen Quellen nach Odin, Hönir und Lodur oder Loki – sich gemeinsam aufmachten und am Meeresstrand entlangliefen, da fanden sie zwei Baumstämme, hoben sie auf und formten daraus zwei menschliche Gestalten. Die Götter starrten anfangs schweigend auf das unbelebte Holz, bis sie erkannten, welchen Zweck es erfüllen sollte. Odin hauchte den Stämmen Leben und Seele ein, Hönir verlieh ihnen die Sinne und die Bewegungsfähigkeit und Lodur fügte Blut und gutes Aussehen hinzu. Sie kleideten sie und nannten den Mann Ask, die Frau Embla.

Nachdem sie mit Sprache und Verstand ausgestattet waren sowie der Fähigkeit zu lieben, zu hoffen und zu arbeiten und darüber hinaus mit Leben und Tod, erhielten die beiden neu erschaffenen Menschen Ask und Embla die Herrschaft über Midgard, das sie nach und nach mit ihren Nachkommen bevölkerten. Die Götter, die sich daran erinnerten, sie zum Leben erweckt zu haben, zeigten ein besonderes Interesse an allem, was sie taten, wachten über sie und gewährten ihnen oft Hilfe und Schutz.

DER BAUM YGGDRASIL

Allvater schuf eine riesige Esche namens Yggdrasil, den Baum des Universums, der Zeit und des Lebens, der die gesamte Welt umspannte und nicht nur in den tiefsten Tiefen von Niflheim wurzelte, wo die Quelle Hwergelmir sprudelte, sondern auch in Jötunheim, der Heimat der Riesen, nahe der Quelle Mimirs, und in Asgard, unweit des Urdbrunnens.

Der auch Lärad genannte Baum erreichte eine solch gewaltige Größe, dass seine Krone Odins Halle überragte und seine weit ausladenden Äste sich über alle anderen Welten erstreckten. Im Geäst ganz oben thronte ein Adler, zwischen dessen Augen ein Habicht mit Namen Wedrfölnir saß, der seinen scharf beobachtenden Blick nach unten auf den Himmel, die Erde und Niflheim richtete und alles erzählte, was er sah.

Da die Blätter der Weltesche immer grün waren, dienten sie nicht nur der Ziege Heidrun als Futterquelle, aus deren Euter der Met floss, der Trank der Götter, sondern auch dem Hirsch Eikthyrnir, aus dessen Geweih beständig Tropfen in die Quelle Hwergelmir herabfielen, wo alle Flüsse der Welt ihren Ursprung hatten. In dieser brodelnden Quelle unter dem Weltenbaum hauste ein grauenvoller Drache, der Nidhögg hieß und ununterbrochen an den Baumwurzeln nagte. Zahllose Schlangen halfen ihm bei seinem Zerstörungswerk, dessen einziges Ziel die Vernichtung des Baums war, die das Signal zum Untergang der Götter geben würde.

Mehr Würmer
Liegen an den Wurzeln Yggdrasils,
Als ein Unweiser ahnt [...]
Die Esche Yggdrasil
Muß Unbill leiden
Mehr als man meint;
Der Hirsch äst den Wipfel,
Die Wurzeln nagt Nidhögg,
An den Flanken Fäulnis frißt.

— *Die Edda II. Götterdichtung und Spruchdichtung,*
„Das Grimnirlied" 32-33,
übersetzt von Felix Genzmer

Das Eichhörnchen Ratatosk, ein typischer Wichtigtuer und Schwätzer, flitzte ständig zwischen Krone und Stamm des Baums hin und her und verbrachte seine Zeit damit, dem Drachen unten die Nachrichten des Adlers oben zu überbringen, und umgekehrt, in der Hoffnung, Streit zwischen ihnen auszulösen.

DIE BRÜCKE BIFRÖST

Es war natürlich unerlässlich, dass der Baum Yggdrasil in einem vollkommen gesunden Zustand erhalten werden musste, und es waren die Nornen oder Schicksalsfrauen, die diese Pflicht erfüllten, indem sie ihn täglich mit dem heiligen Wasser des Urdbrunnens besprühten. Wenn dieses Wasser von den Ästen und Blättern nach unten auf die Erde tropfte, nährte es die Bienen als Honigtau.

Von jeder Ecke Niflheims erhob sich die Midgard hoch überwölbende heilige Brücke Bifröst oder Asenbrücke, die aus Feuer, Wasser und Luft gebaut war und das flammende, regenbogenfarbige Wechselspiel der drei Elemente stets widerspiegelte. Die Götter ritten über Bifröst hin und her zur Erde und zum Urdbrunnen an der Wurzel der Weltesche, wo sich ihre Gerichtsstätte befand und sie sich täglich berieten.

Die Götter erhoben sich
Und nahmen ihre Pferde und machten sich fertig,
Um über die Brücke Bifröst, wo Heimdall wacht,
Zur Esche Yggdrasil und zum Idafeld zu reiten.
Thor kam zu Fuß, der Rest zu Pferde.

— *Balder Dead*, Matthew Arnold

Thor, der Gott des Donners, war der einzige unter den Göttern, der niemals die Brücke überquerte, weil er fürchtete, sein schwerer Tritt oder die Hitze seiner Blitze könnten die Brücke zerstören. Der Gott Heimdall hielt dort Tag und Nacht Wacht. Er war mit einem scharfen Schwert, das Manneshaupt genannt wurde, bewaffnet und besaß das Gjallarhorn, in das er üblicherweise sanft hineinblies, um die Ankunft oder den Aufbruch der Götter anzukündigen, aus dem aber ein grauenvoller Ton kommen sollte, wenn die Ragnarök begänne und die Reifriesen sich mit Surt vereinigen würden, um die Welt zu vernichten.

> Von Süden kommt Surt
> Mit sengender Glut;
> Von der Götter Schwert
> Scheint die Sonne.
> Riesinnen fallen,
> Felsen brechen;
> Zur Hel ziehn Männer,
> Der Himmel birst.
>
> — *Die Edda II. Götterdichtung und Spruchdichtung,*
> „Der Seherin Gesicht" 39, übersetzt von Felix Genzmer

DIE WANEN

Die ursprünglichen Himmelsbewohner waren zwar die Asen, allerdings waren sie nicht das einzige Göttergeschlecht der frühen Skandinavier, die auch die Macht einer Reihe von Fruchtbarkeitsgöttern kannten, den Wanen, die ihren Sitz in Wanenheim hatten und über ihre Reiche herrschten wie es ihnen ihnen gefiel. In der Vorzeit, noch ehe die goldenen Paläste in Asgard errichtet wurden, kam es zum Streit zwischen den Asen und Wanen, der zum erbitterten Krieg zwischen ihnen führte, in dem die Wanen auch die Asenburg eroberten. Schon bald wurde ihnen aber bewusst, dass allein Einigkeit Stärke bedeuten würde, und so legten sie ihre Streitigkeiten bei und schlossen Frieden, den sie durch den Austausch von Geiseln besiegelten.

Und so geschah es, dass der Wane Njörd zusammen mit seinen Kindern Freyr und Freyja nach Asgard zog, während der Ase Hönir und der Riese Mimir fortan in Wanenheim lebten.

KAPITEL II

Odin

VATER DER GÖTTER UND MENSCHEN

Odin, Wuotan, Woden, Wodan oder Wotan war der höchste und heiligste Gott der nordischen Völker. Er war der alles durchdringende Geist des Universums, die Personifikation der Luft, der Gott der allumfassenden Weisheit und des Sieges sowie der Schutzherr von Fürsten und Helden. Da alle Götter als seine Nachkommen betrachtet wurden, erhielt er den Beinamen Allvater, und als ihr Oberster und Anführer hatte er den Hochsitz in Asgard inne, der Hlidskialf hieß. Dieser Sitz war nicht nur ein erhöhter Thron, sondern eine mächtige Spähwarte, von der aus er die ganze Welt überschauen konnte und auf einen Blick sah, was unter den Göttern, Riesen, Alben, Zwergen und Menschen geschah.

> Da ist ferner ein großer Saal, der Walaskialf heißt: das ist Odins Saal. Ihn schufen die Götter und deckten ihn mit schierem Silber. In diesem Saal ist der Hochsitz, der Hlidskialf heißt, und wenn Allvater auf diesem Hochsitz sitzt, so übersieht er die ganze Welt.
>
> — *Prosa Edda,* „Gylfis Visionen" 17, übersetzt von Karl Simrock

ODINS PERSÖNLICHE ERSCHEINUNG

Niemand außer Odin und seiner Gemahlin Frigg war berufen, den Platz auf Hlidskialf einzunehmen, und wenn die beiden Asen sich auf dem Thron niederließen, dann blickten sie in Richtung Süden und Westen, wo die Orte aller Hoffnungen und Wanderungen der frühen Skandinavier lagen. Odin wurde zumeist als großgewachsener, kraftvoller Mann von etwa fünfzig Jahren mit dunklem Lockenhaar oder langem grauen Bart und kahlem Schädel dargestellt. Er war mit einem grauen Gewand bekleidet, seinen Kopf bedeckte ein blauer Hut und sein muskulöser Körper war von einem dunkelblauen Mantel mit grauen Sprenkeln umhüllt, einem Emblem für den Himmel mit seinen Schäfchenwolken. Odin hielt für gewöhnlich seinen Speer Gungnir in der Hand, der so heilig war, dass ein Eid, der auf die Speerspitze geschworen wurde, niemals gebrochen werden konnte. Der Ase trug darüber hinaus an seinem Finger einen Zauberring namens Draupnir, der unvergleichlich wertvoll war und Reichtum sowie Fruchtbarkeit symbolisierte. Wenn er auf seinem Thron saß oder seine Rüstung anlegte, um an einer der vielen Schlachten teilzunehmen, für die er auf die Erde herabsteigen musste, zog er seinen Helm mit Adlerschwingen auf, wanderte er jedoch friedlich in Menschengestalt auf der Erde, um zu erfahren, was die Menschen taten, setzte er üblicherweise einen tief in seine Stirn gerückten Schlapphut auf, um seine Einäugigkeit zu verbergen.

Zwei Raben mit Namen Hugin (Gedanke) und Munin (Erinnerung) hockten auf seinen Schultern, wenn er auf seinem Hochsitz thronte. Er entsandte die beiden Vögel jeden Morgen bei Tagesanbruch in die weite Welt und wartete dann besorgt auf ihre Rückkehr zur Frühstückszeit. Nach ihrer Ankunft flüsterten sie ihm alle Neuigkeiten ins Ohr, die sie gesehen und gehört hatten. Er blieb auf diese Weise gut informiert über alles, was sich auf der Erde zutrug.

> Hugin und Munin / Fliegen manchen Tag
> Den Erdengrund ab; / Für Hugin fürcht ich,
> Dass er heim nicht kehre, / Doch sorg ich um Munin noch mehr.
>
> — *Die Edda II. Götterdichtung und Spruchdichtung,*
> „Das Grimnirlied" 26, übersetzt von Felix Genzmer

Geri (der Gierige) und Freki (der Heißhungrige) waren zwei Wölfe oder Jagdhunde, die zu seinen Füßen kauerten, und da sie ihn begleiteten, galten sie als heilig und gutes Vorzeichen, wenn man ihnen zufällig begegnete. Odin fütterte die beiden Wölfe mit dem Fleisch, das man ihm reichte. Er selbst brauchte überhaupt keine Speisen und ernährte sich ausschließlich von Met.

> Geri und Freki / Atzt der vielberühmte,
> Der kampfstolze Kriegergott; / Doch von Wein nur
> Lebt der waffenstrahlende / Odin immerdar.
>
> — *Die Edda II. Götterdichtung und Spruchdichtung,*
> „Das Grimnirlied" 25, übersetzt von Felix Genzmer

Wenn er würdevoll auf Hlidskialf Platz nahm, ruhten seine Füße auf einem goldenen Schemel, einer Arbeit der Götter, deren Einrichtungsgegenstände und Geräte entweder aus diesem Edelmetall oder Silber gefertigt waren.

Die Götter errichteten in Asgard nicht nur den prachtvollen Palast Gladsheim, in dem die zwölf Sitze standen, die sie während ihrer Beratungen nutzten, sondern auch Walaskialf, wo sich wie erwähnt Odins Hochsitz Hlidskialf befand, und Odins Halle, die vor dem herrlichen Hain Glasir gelegen war, dessen Laub aus rotem Gold bestand.

WALHALL

Diese Halle hieß Walhall (Wohnung der Gefallenen) und hatte fünfhundertvierzig Tore, durch die je achthundert Krieger nebeneinander ins Innere gelangen konnten. Ein Wolf hing über dem westlichen Haupttor und darüber schwebte ein Adler, dessen scharfer, ausspähender Blick bis in in die entferntesten Ecken der Welt vorstieß. Die Wände dieses einzigartigen Saales waren aus glänzenden Speeren hergestellt, die so hell erstrahlten, dass sie das Gebäude erleuchteten. Das Dach war mit goldenen Schilden gedeckt und auf den Bänken lagen Kettenhemden, Geschenke der Götter für die Gäste. Die von Odin auserwählten Einherjer, die auf dem Schlachtfeld gefallenen Krieger, genossen an den langen Tischen die reichlich dargebotenen Annehmlichkeiten.

Kund ist er allen, / Die zu Odin kommen,
Den Saalbau zu sehn: / Schilde sind die Schindeln,
Schäfte sind die Sparren, / Es decken Brünnen die Bank.

— *Die Edda II. Götterdichtung und Spruchdichtung,*
„Das Grimnirlied" 16,
übersetzt von Felix Genzmer

Die frühen skandinavischen Völker, die das Kriegswesen für die ehrenvollste Tätigkeit ansahen und Mut als größte Tugend erachteten, huldigten Odin vor allem als Kriegs- und Siegesgott. Sie glaubten, dass er bei einer bevorstehenden Schlacht die Schild-, Schlachten- oder Wunschjungfrauen genannten Walküren aus seinem Gefolge entsandte, die die Hälfte der Einherjer auswählten und sie auf ihren geflügelten Pferden über die Regenbogenbrücke Bifröst nach Walhall brachten. Nachdem Odins Söhne Bragi und Hermod sie willkommen geheißen hatten, wurden die Krieger zum Thron Odins geführt, wo er ihren Heldenmut pries. Wenn ein besonderer Liebling des Gottes in Asgard ankam, erhob sich Walvater (Vater der Erschlagenen), wie Odin als Oberster der Krieger bezeichnet wurde, manchmal von seinem Hochsitz, um ihn persönlich am großen Eingangstor in Empfang zu nehmen.

DAS FESTMAHL DER HELDEN

Unabhängig von solch ehrenvoller Anerkennung und der Freude über die tägliche Anwesenheit des geliebten Gottes warteten auch andere, eher materielle Vergnügen auf die Krieger in Walhall. Sie erhielten eine vorzügliche Bewirtung an den langen Tischen, an denen sie von den wunderschönen weißarmigen Jungfrauen, den Walküren, aufmerksam bedient wurden, die ihre Rüstungen abgelegt und gegen reine, weiße Gewänder getauscht hatten. Diese Jungfrauen, mindestens neun an der Zahl, reichten den Helden große mit köstlichem Met gefüllte Hörner dar und tischten ihnen gewaltige Portionen Eberfleisch auf, die sie sich gut schmecken ließen. Das übliche Getränk des Nordens war Bier, aber unsere Vorfahren waren wohl der Ansicht, dass dieser Trank zu gewöhnlich für die himmlischen Sphären sei. Sie stellten sich daher vor, dass Walvater Met oder Honigwein kredenzen ließ, den jeden Tag in Überfülle die Ziege Heidrun lieferte, die oben auf Walhall ununterbrochen die Blätter von den Zweigen des Baumes Lärad fraß.

> Dann reiten die Herien unverblutet / Zurücke bei Hörnergeflöt,
> Und laben sich wonnegemutet, / Und trinken den himmlischen Meth,
> Und horchen dem Braga, der ihre / Befreienden Thathen besingt,
> Und lächeln der blonden Walkyre, / Die ihnen das Goldhorn bringt.
>
> — *Die germanische Edda oder die teutsche Götterlehre in Gedichten,* „Wodan oder das Götterbuch“ 13. Blatt, Ludewig Steckling

Das Fleisch, das die Einherjer verzehrten, war das des Ebers Sährimnir, eines Fabelwesens, das jeden Tag aufs Neue erlegt wurde und vom Koch Andhrimnir im Kessel Eldhrimnir gekocht wurde. Obwohl Odins Gäste wahren nordischen Appetit hatten und sich die Bäuche vollschlugen, war immer genug Fleisch für alle da.

> Andhrimnir lässt in Eldhrimnir
> Sährimnir sieden,
> Das beste Fleisch; doch erfahrėn wenige,
> Was die Einherjer essen.
>
> — *Die Lieder-Edda,* „Das Lied von Grimnir“ 18, übersetzt von Karl Simrock

Der Vorrat war also unerschöpflich, da der Eber vor jedem nächsten Mahl wieder lebendig wurde. Diese wundersame Vermehrung von Speisen war allerdings nicht die einzige erstaunliche Begebenheit in Walhall. Es wird erzählt, dass die Krieger, nachdem sie gesättigt waren, zu ihren Waffen griffen, sich rüsteten und in den großen Hof ritten. Dort kämpften sie gegeneinander und wiederholten die Waffentaten, für die sie auf der Erde Ruhm erworben hatten. Sie fügten sich schreckliche Wunden zu, die jedoch wunderbarerweise komplett verheilten, sobald das Horn erklang und sie zum Mahl rief.

> Die Einherjer alle in Odins Saal
> Streiten Tag für Tag
> Sie kiesen den Wal und reiten vom Kampf heim
> Mit Asen Ael zu trinken,
> Und Sährimnirs satt
> Sitzen sie friedlich beisammen.
>
> — *Die Lieder-Edda,* „Das Lied von Wafthrudnir" 41,
> übersetzt von Karl Simrock

Unversehrt und ohne Groll aufeinander wegen der geschlagenen und empfangenen grausamen Schwerthiebe kehrten die Einherjer fröhlich beim Erklingen des Horns nach Walhall zurück, wo sie sich erneut in Odins Beisein zum Festmahl niedersetzten. Mit fliegendem Haar glitten die Walküren anmutig an ihnen vorbei und füllten ohne Unterlass ihre Hörner oder Lieblingstrinkgefäße, die Schädel ihrer Feinde, während die Skalden von Schlachten und mitreißenden Wikingerraubzügen sangen.

> Da wecken der Herien Schaaren
> Beständig den Staub und den Dampf
> Im Kampfe mit leichten Gefahren
> Vorübend den ernsteren Kampf.
>
> — *Die germanische Edda oder die teutsche Götterlehre in Gedichten,*
> „Wodan oder das Götterbuch" 13. Blatt, Ludewig Steckling

Kämpfe und Gelage bildeten somit den Zeitvertreib der Helden, die, wie man sagte, ihre Tage in vollkommener Glückseligkeit verbrachten. Odin ergötzte sich an ihrer Kraft und Anzahl, sah aber voraus, dass es dennoch nicht ausreichen würde, um seinen Untergang zu verhindern, wenn der Tag der letzten Schlacht anbrechen würde.

Da solche Freuden das Höchste war, was sich ein nordischer Krieger in seiner Phantasie ausmalen konnte, war es nur zu natürlich, dass alle Kämpfer Odin verehren und sich schon früh in ihrem Leben in seinen Dienst stellen würden. Sie gelobten, nach Möglichkeit mit der Waffe in der Hand zu sterben, wenn sie jedoch unglücklicherweise nicht auf dem Schlachtfeld umgekommen waren und vom Strohtod bedroht wurden, wie sie das Hinscheiden aus Altersschwäche oder Krankheit nannten, dann ließen sie sich angesichts des nahenden Todes sogar mit ihren Speerspitzen verwunden.

Als Lohn für diese Hingabe wachte Odin mit ganz besonderer Sorge über seine Lieblinge, indem er ihnen einzigartige Geschenke überreichte, zum Beispiel ein Zauberschwert, einen Speer oder ein Pferd, und sie unbesiegbar machte, bis ihre letzte Stunde geschlagen hatte. Er erschien ihnen dann, um die Geschenke zurückzunehmen oder zu vernichten, bevor die Walküren die Helden schließlich nach Walhall trugen.

> Laß Heervater / Um Huld uns bitten,
> Er vergilt und gibt / Gold den Seinen:
> Hermod gab er / Helm und Brünne,
> Schenkte Sigmund / Ein Schwert zu eigen.
>
> — *Die Edda II. Götterdichtung und Spruchdichtung,*
> „Das Hyndlalied" 2,
> übersetzt von Felix Genzmer

SLEIPNIR

Wenn Odin als Kriegsherr aktiv an einer Schlacht teilnahm, dann ritt er mit einem weißen Schild in der Hand auf seinem achtbeinigen und grauen Ross Sleipnir. Er schleuderte als untrügliches Zeichen des beginnenden Gefechts seinen Speer Gungnir über die Köpfe des formierten Gegners hinweg, sprengte mitten in die feindlichen Schlachtreihen hinein und stieß seinen gefürchteten Schlachtruf aus: „Odin hat euch alle!"

> Zuvorderst reitet Odin mit dem Goldhelm,
> dem schönen Harnisch und dem Spieß, der Gungnir heißt.
>
> — *Prosa Edda,* „Gylfis Visionen" 51,
> übersetzt von Karl Simrock

Manchmal benutzte er seinen Zauberbogen, mit dem er zehn Pfeile zugleich abfeuern konnte, von denen jeder ausnahmslos einen Feind fällte. Odin soll zudem seine Lieblingskrieger mit seiner Berserkerwut angetrieben haben, die sie befähigte, sich wie in Ekstase ohne Waffen und Rüstungen zu bewegen und beispiellose Heldentaten zu vollbringen.

Arthur Rackham. 1910

E·BROCK

Die Berserker brüllten,
Es entbrannte die Schlacht;
Sie schrien, die Wolfspelze,
Und schüttelten das Eisen.

— *Die Edda II. Götterdichtung und Spruchdichtung,*
„Das Haraldlied" 8, übersetzt von Felix Genzmer

Da Odins Eigenschaften wie die alldurchdringenden Elemente sehr zahlreich waren, besaß er auch viele Namen, die nicht weniger als zweihundert betrugen und zumeist irgendeine Phase seiner Aktivitäten beschrieben. Er wurde unter anderem als Gott der Weisheit, als Toten- und Kriegsgott, als Dichtergott oder als Wind- und Sturmgott bezeichnet.

DIE WILDE JAGD

Darstellungen Odins in seiner Eigenschaft als Wind- und Sturmgott zeigten ihn, wie er auf seinem achtbeinigen Pferd durch die Lüfte jagt, was zur Entstehung des folgenden ältesten nordischen Rätsels führte:

Wer sind die zwei
Mit zehn Füßen
Drei Augen
Und einem Schwanz?
Das ist der einäugige Odin,
Wenn er den achtbeinigen
Sleipnir reitet.

— *Die Edda II. Götterdichtung und Spruchdichtung,*
„Die Heidreksrätsel" 35-36, übersetzt von Felix Genzmer

Da man glaubte, dass die Seelen der Verstorbenen auf den Flügeln des Sturmes davongetragen würden, wurde Odin als Anführer aller entkörperlichten Geister verehrt, was ihm den Beinamen Wilder Jäger einbrachte. Wenn Menschen das Tosen und Brausen des Windes vernahmen, schrien sie laut aus abergläubischer Angst auf, weil sie sich vorstellten, dass Odin und sein Wildes Heer vorbeiziehen würden, alle auf schnaubenden Pferden und in Begleitung kläffender Hunde. Die Sichtung der Wilden Jagd, die auch als Wodens Jagd, Wütendes Heer oder *Aaskereia* (Fahrt nach Asgard) bekannt ist, wurde zudem als Vorbote für Katastrophen wie Krankheiten oder Kriege erachtet.

Das ist des wilden Heeres Jagd,
Die bis zum Jüngsten Tage währt,
Und oft dem Wüstling noch bei Nacht
Zu Schreck und Graus vorüberfährt.
Das könnte, müsst er sonst nicht schweigen,
Wohl manches Jägers Mund bezeugen.

— *Der wilde Jäger,* Gottfried August Bürger

Man nahm darüber hinaus an, dass jemand, der so frevlerisch wäre, sich aus Spott an dem wilden Treiben zu beteiligen, sofort ergriffen und mit der entschwindenden Schar auf ewig fortgetragen würde, wohingegen derjenige, der sich dem Zug vorbehaltlos und guten Glaubens anschlösse, mit einem Überraschungsgeschenk von oben in Form eines Pferdebeins belohnt würde, das sich bei sorgfältiger Aufbewahrung am nächsten Tag in einen Klumpen Gold verwandeln würde.

Selbst nach der Einführung des Christentums fürchteten die nordischen Völker noch immer aufziehende Stürme, die sie nach wie vor der durch den Himmel eilenden Wilden Jagd zuschrieben.

Manchmal hinterließ das Wütende Heer einen kleinen schwarzen Hund, der winselnd neben einer Herdstelle kauerte und für ein ganzes Jahr behalten und gut gepflegt werden musste, es sei denn, er konnte exorziert oder vertrieben werden. Das übliche auch bei einem Wechselbalg angewendete Rezept war Bier, das durch ein leeres Hühnerei gegossen wurde. Der Geisterhund wurde dadurch so erschreckt, dass er mit eingeklemmtem Schwanz floh und dabei ausgerufen haben soll, dass er so etwas noch niemals zuvor in seinem Leben gesehen habe, obwohl er so alt sei wie der Böhmerwald.

Ich bin so alt / wie der Böhmerwald
und hab in mein Leben / solchen Brauch nit gesehen.

— *Böhmerwaldsagen,* Hans Watzlik

Das Personal des Geisterzugs variierte in hohem Maße und reichte vom imaginären Eber und wilden Pferd über Frau Gauden, die mit ihren vierundzwanzig in Hündinnen verwandelten Töchtern auf einem Wagen durch die Lüfte jagte, bis hin zu Waldnymphen, den Moos- oder Holzweiblein, die von der Wilden Jagd erbarmungslos verfolgt wurden.

Im Mittelalter, als der Glaube an heidnische Gottheiten fast vollkommen in Vergessenheit geraten war, wurde die Wilde Jagd nicht länger von Odin angeführt, sondern von Karl dem Großen, Friedrich Barbarossa, König Artus oder Hanns von Hackelberg, wobei der Letztgenannte verdammt wurde, auf ewig am

Himmel jagen zu müssen, weil er für seine Jagdlust die Feiertags- und Sonntagsruhe gebrochen hatte.

Da die Winde im Herbst und Winter besonders stark waren, wähnte man, dass Odin während dieser Jahreszeiten auf Jagd ginge, insbesondere aber zur Zeit der zwölf Raunächte zwischen Weihnachten und Epiphanie. Die Bauern achteten sorgfältig darauf, für die Zwölfnächte die letzte Garbe Getreide auf ihren Feldern als Futter für Odins Pferd stehen zu lassen.

Diese Jagd war in den unterschiedlichen Ländern Nordeuropas zwar unter verschiedenen Namen bekannt, aber die erzählten Geschichten waren alle sehr ähnlich, da sie offensichtlich dem gleichen heidnischen Glauben entsprangen.

Der wilde Jäger bei dunkeler Nacht
Im wildesten Dickicht des Forstes erwacht,
Er höret den Sturm, und erhebt sich im Zorn,
Er nimmt seine Hunde, das tönende Horn.

Besteigt seinen Rappen, mit Blitzesgewalt
Durchfährt er lautschnaubend den zitternden Wald,
Es wiehert sein Roß, tönt das Horn in die Runde,
Er hetzt die Gefährten, es bellen die Hunde.

Wohlauf meine Jagd! wohlauf meine Jagd!
Das Revier ist unser, denn jetzt ist es Nacht,
Von flüchtigen Geistern wird gerne gehetzt,
Wer sich vor Geheul und Gebelle entsetzt.

So fahren sie polternd durch Lüfte dahin
Ein Grauen dem frommen und furchtsamen Sinn,
Doch wer sich vor Wald und vor Nacht nicht entsetzt,
Der wird vom Getümmel der Geister ergötzt.

— *Der wilde Jäger*, Ludwig Tieck

Dem in Deutschland geprägten Begriff der Wilden Jagd oder des Wütenden Heeres entsprach in England die Bezeichnung *Herlathing* nach dem mythischen König Herla, dem Anführer des Geisterzugs. In Frankreich hieß das Phänomen *Mesnée d'Hellequin*, vermutlich in Anspielung auf die Totengöttin Hel. Im Mittelalter wurde in der Normandie der Name Kainsjagd (*Chasse de Caïn*) geläufig und im ostfranzösischen Bresse der Ausdruck Herodesjagd (*Chasse du roi Hérode*), weil man annahm, dass die beiden biblischen Figuren keine Ruhe finden konnten wegen der schändlichen Ermordungen Abels, Johannes des Täufers und der Unschuldigen Kinder und daher als Wilde Jäger umherziehen mussten.

Der Wilde Jäger, der uns bereits je nach Land in Person von Odin, Karl dem Großen, Friedrich Barbarossa, Hanns von Hackelberg, König Artus, Hel, Frau Gauden, Herla und anderen begegnet ist, wird in Zentralfrankreich auch Großjägermeister von Fontainebleau (*Grand veneur de Fontainebleau*) genannt. Die Menschen erzählten sich die Geschichte, dass seine Schreie am Vorabend des Attentats auf Heinrich IV. und kurz vor dem Ausbruch der Französischen Revolution deutlich zu hören waren, als er durch die Lüfte fuhr.

Es herrschte unter den nordischen Völkern allgemein die Vorstellung vor, dass die Seele den Körper eines Verstorbenen in Gestalt einer Maus verließ, indem sie aus dem Mund des Leichnams herauskroch und fortlief. Man glaubte zudem, dass das Tier auch aus dem Mund eines Schlafenden entschwand und vor dem Erwachen auf dem gleichen Weg wieder in den Körper huschte. Wenn die Seele allerdings nicht wieder zurückkehrte, verstarb der Mensch.

DER RATTENFÄNGER VON HAMELN

Da Odin der Anführer aller Geisterwesen war, wurde er im Mittelalter auch mit dem Rattenfänger von Hameln assoziiert. Den Sagen zufolge wurde Hameln dermaßen von Ratten und Mäusen heimgesucht, dass das Leben unerträglich wurde. Es wurde daher eine hohe Belohnung für denjenigen ausgesetzt, der die Stadt von den schädlichen Nagern befreien würde. Ein Pfeifer in einem Obergewand aus bunten Tuchen bot sich an, den Auftrag auszuführen. Nachdem die Stadtbürger seine Bedingungen akzeptiert hatten, begann er, in den Straßen eine Melodie auf eine solche Weise zu pfeifen, dass die Ratten alle miteinander verzückt aus ihren Löchern kamen und einen gewaltigen Umzug bildeten. In den Klängen war etwas, dem die Ratten nicht widerstehen konnten und folgten, bis sie die Weser erreichten und alle ertranken.

> Die Lippen spitzten sich zum Blasen,
> Und eh' viel Laute noch entfloh'n,
> Ertönt ein eigenart'ger Ton,
> Wie mühsam unterdrücktes Rasen.
> Der Ton schwillt an zum lauten Surren,
> Und aus dem Surren wird ein Murren, —
> Dann stürzen aus jedem Haus,
> Die Ratten schaarenweis heraus:
> Große Ratten, kleine Ratten,

Glänzendbraune und die matten,
Fette und auch hagere,
Kugelrunde, magere;
Ernste Alte, junge Gecken,
Kinder, die sich spielend necken,
Väter, Mütter, Onkel, Tanten,
Ganze Schaaren von Verwandten,
Alle laufen wie zum Tanz
Geringelt bald, bald lang den Schwanz,
Herren mit gewichstem Bart,
Damen von gar zarter Art,
Brüder, Schwestern, Männer, Weiber;
Alle strecken ihre Leiber,
Als ginge es um Tod und Leben,
All dem Pfeifer nach sie streben.
Der schreitet still von Gass' zu Gasse,
Die Ratten nach in dichter Masse.
Bis sie zum Weserfluß gekommen,
Der diente keiner Ratt' zum Frommen.
Es gab dort, große, bitt're Not;
Sie fanden alle ihren Tod

— *Der Rattenfänger von Hameln*, Robert Browning,
übersetzt von Marie Schweikher

Als alle Ratten tot waren und keine Gefahr mehr für die Bürger von Hameln bestand, dass die Plage wiederkehren könnte, weigerten sie sich, dem Pfeifer die Belohnung zu zahlen und sagten ihm, er solle tun, was er wolle. Er nahm sie beim Wort und schon kurze Zeit später erklangen wieder die Töne seiner Zauberflöte, aber diesmal schwärmten die Kinder aus den Häusern und liefen dem Pfeifer fröhlich nach.

Nun folget ein Rennen, ein Haschen, ein Laufen;
Es nahen die Kinder in hellen Haufen.
Wie setzen sie zierlich die Beine,
Holzschuhe schlagen die Steine;
Es lacht wohl allen das Herz in der Brust;
Sie klappen die Hände in seliger Lust.
Und wie sich wohl Tauben gebaren,
Wenn man ihnen frische Körner gestreut,

So schwärmen die Kinder in Schaaren
In lichtem und dunkelem Kleid:
Herzige Knaben und Mägedelein
Mit braunen und blauen Äugelein,
Mit braunen und blonden Locken;
Sie nahen mit lautem Frohlocken!
Sie jauchzen, sie plappern, sie plaudern und lachen
Und suchen sich all' an den Spielmann zu machen.

— *Der Rattenfänger von Hameln*, Robert Browning,
übersetzt von Marie Schweikher

Die Bürger waren machtlos, um die Tragödie zu verhindern, und standen wie gebannt, als der Pfeifer die Kinder aus der Stadt zum Koppelberg führte, der sich auf wundersame Weise öffnete und den Zug der Kinder aufnahm und sich erst wieder schloss, nachdem auch das letzte Kind im Inneren des Hügels verschwunden war. Das Sprichwort, „Wer die Musik bestellt, muss sie auch bezahlen", hat vermutlich seinen Ursprung in dieser Sage. Die Kinder kamen niemals wieder zurück und in Erinnerung an dieses öffentliche Unglück wurde eine Reihe von Verordnungen erlassen, die jede Art von Musik in der Straße untersagten, in der die Kinder zuletzt gesehen worden waren.

Die Straße, durch die sie zuletzt noch geschritten,
Als alle furchtbar Leid erlitten,
Die wird zur Erinn'rung in Stadt und in Land,
Die Straße zum bunten Spielmann benannt.
Dort kann man noch heute geschrieben es sehen
Und an einer Säule die Worte stehen,
Daß Dreizehnhundert sechs und siebenzig, am Juli zwanzig und zwei,*
Die Entführung der Kinder geschehen sei.
Es durft' hier auch niemand hinfüre es wagen,
Zu pfeifen und gar die Trommel zu schlagen,
Denn wo man zuletzt noch die Kinder geseh'n
Sollt' alles gar stille und einsam steh'n.

— *Der Rattenfänger von Hameln*, Robert Browning,
übersetzt von Marie Schweikher

In dieser Sage ist Odin der Pfeifer, die schrillen Töne seiner Flöte symbolisieren den pfeifenden Wind, die Ratten stehen für die Seelen der Verstorbenen und der ausgehöhlte Berg, in den er die Kinder leitet, ist typisch für ein Grab.

* Das tatsächliche Datum war einer Inschrift am sogenannten Hamelner Rattenfängerhaus gemäß der 26. Juni 1284.

BISCHOF HATTO

Eine andere deutsche Sage, die diesem Glauben ihr Entstehen verdankt, handelt von Bischof Hatto, einem geizigen Prälaten. In Zeiten einer Hungersnot gab er den Armen nichts von seinem wertvollen Korn ab, das er für sich zurückgelegt hatte, sondern war dermaßen über ihr Geschrei erzürnt, dass er sie in einer großen Scheune zusammentreiben und bei lebendigem Leib verbrennen ließ.

Zur Brandstätte flog, mit dem Trupp seiner Reiter,
Der Bischof schnaubend: „Ergreift die Brut!"
Die rohen Kriegsknechte warfen die Meuter,
Auf sein Geboth, in das Meer der Gluth.
Hohnlachend hört' er die Sterbenden schrey'n;
„Ha!" rief er, „wie pfeifen die Kornmäuse fein!"
— *Die Sage vom Bischof Hatto,* August Friedrich Ernst Langbein

Schon bald nach diesem furchtbaren Verbrechen berichteten die Gefolgsleute des Bischofs, dass ein gewaltiges Mäuseheer herannahe. Es waren ganz offenbar die Seelen der ermordeten Bauern, die die Gestalten von Mäusen angenommen hatten, wie er die Armen angesichts ihres Todes verhöhnt hatte. Die Anstrengungen des Bischofs, dem Ansturm zu entrinnen, waren vergeblich, da ihn die Mäuse sogar bis in die Mitte des Rheins verfolgten, wo ein Turm stand, in dem er Zuflucht vor den Nagern suchte. Die Mäuse schwammen zum Turm, nagten sich durch die Steinwände und fielen von allen Seiten ein. Als sie schließlich auf den Bischof stießen, machten sich über ihn her und fraßen ihn lebendig auf.

Doch auch der Turm von Stein
War ihm kein Rettungsport,
Es schwammen durch den Rhein
Die Mäuse nach sofort.

Sie drangen in sein Haus,
Trotz allem Hindernis,
Und Hattos Leib, o Graus,
Zernagt ihr scharfer Biß.

Und was jetzt noch glüht,
Ist schlimmer Höllenbrand,

Der von den Mäusen sprüht,
Die Hatto nachgerannt,

Die, weil er ohne Reu,
Einst Todesnot verlacht,
Ihn heut' noch immer neu
Auch töten jede Nacht.

— *Bischof Hatto*, Heinrich Kämpchen

Der rote Schein der untergehenden Sonne über dem Mäuseturm bei Bingen am Rhein soll angeblich das Höllenfeuer widerspiegeln, in dem der boshafte Bischof langsam schmoren muss als Strafe für seine abscheulichen Taten.

IRMIN

In einigen Teilen Deutschlands entsprach Odin dem Gott der Sachsen Irmin, dessen Heiligtum, die Irminsul, nahe der Eresburg 772 auf Befehl Karls des Großen zerstört wurde. Irmin soll einen schweren eisernen Wagen besessen haben, in dem er durch den Himmel entlang einer Bahn fuhr, die wir Milchstraße nennen, die Germanen aber als Irmin-Weg bezeichneten. Dieser Wagen, dessen Rumpeln manchmal den Ohren von Sterblichen als Donner wahrnehmbar war, verließ niemals den Himmel, wo man ihn noch immer in der Konstellation des Großen Bären sehen kann, der im deutschsprachigen Raum als Großer Wagen und in Nordeuropa auch als Odins- oder Karlswagen bekannt ist.

Auch die Bärin, die sonst der Himmelswagen genannt wird,
Welche sich dort umdreht, und stets den Orion bemerket,
Und allein niemals in Okeanos' Bad sich hinabtaucht.

— Homer, *Ilias, 18. Gesang*,
übersetzt von Johann Heinrich Voß

MIMIRS QUELLE

Es war Urzeit, als Odin große Weisheit zu erlangen suchte, für die er so berühmt ist. Er reiste daher zu Mimirs Quelle, „in der Wissen und Verstand verborgen waren" und in deren Tiefen sogar die Zukunft widergespiegelt wurde, und beschwor Mimir, ihn aus der Quelle trinken zu lassen. Mimir wusste um die

Bedeutung einer solchen Gunst, galt der Brunnen doch als Quelle der Erinnerung, und verwehrte Odin zunächst einen Trunk, bis dieser bereit war, dafür eines seiner Augen zu opfern.

Der Gott zögerte nicht, weil er den Trank so hoch wertschätzte, und riss sich sofort ein Auge aus, das Mimir als Pfand einbehielt und tief in der Quelle versenkte, wo es mit sanftem Glanz schimmerte. Odin blieb jetzt nur noch ein Auge, das als Symbol der Sonne erachtet wird.

> Zur Sonne strebt das ganze Leben hin.
> Das lodernde Gestirn ist Odins Auge.
> Sein zweytes ist der Mond, das blickt gelinder,
> Das hat zum Pfand er jetzt in Mimers Born
> Gesetzt, um von dem Wasser zu erhalten,
> Das jeden Morgen dieses Auge stärkt.
>
> — *Hakon Jarl*, Adam Gottlob Oehlenschläger

Odin nahm tiefe Schlücke aus Mimirs Quelle und erhielt so die Erkenntnisse, die er begehrt hatte. Niemals bedauerte er das Opfer, das er erbracht hatte, sondern schnitt zur Erinnerung an diesen Tag einen Ast aus der die Quelle überschattenden Weltesche Yggdrasil heraus und schuf daraus seinen geliebten Speer Gungnir.

> Ein kühner Gott
> trat zum Trunk an den Quell;
> seiner Augen eines
> zahlt' er als ewigen Zoll.
> Von der Weltesche
> brach da Wotan einen Ast,
> eines Speeres Schaft
> entschnitt der Starke dem Stamm.
>
> — *Götterdämmerung*, Vorspiel, Richard Wagner

Obwohl Odin nun allwissend war, wurde er traurig und niedergedrückt, weil er Einblick in die Zukunft gewonnen hatte und sich der vergänglichen Natur der Dinge bewusst geworden war, aber auch des Schicksals der Götter, die dem Untergang geweiht waren. Dieses Wissen bekümmerte ihn so sehr, dass er danach immer einen von Melancholie und Nachdenklichkeit geprägten Eindruck machte.

Da Odin den Wert seiner erlangten Allwissenheit prüfen wollte, begab er sich zum Weisesten aller Riesen Wafthrudnir, um mit ihm in einen Wissenswettstreit zu treten, in dem es um keinen geringeren Einsatz als das Haupt des Verlierers ging.

Auszog Odin,
Des allweisen Riesen
Klugheit zu erkunden;
Zur Halle kam er
Und zum Heim des Thursen,
Rasch trat Odin ein.

— *Die Edda II. Götterdichtung und Spruchdichtung*,
„Das Wafthrudnirlied" 5, übersetzt von Felix Genzmer

ODIN UND WAFTHRUDNIR

Odin hatte sich dieses Mal auf Anraten Friggs als Wanderer verkleidet, und als sich Wafthrudnir nach seinem Namen erkundigte, erklärte er, dass er Gangrad hieße. Der Wissensstreit begann sogleich mit den Fragen des Riesen an seinen Gast hinsichtlich der Pferde, die Tag und Nacht durch den Himmel ziehen, des Flusses Ifing, der Jötunheim von Asgard abtrennt, und des Feldes Wigrid, den Ort der letzten Schlacht.

All diese Fragen beantwortete Odin ganz präzise. Nachdem Wafthrudnir geendet hatte, befragte Odin seinerseits den Riesen und erhielt von ihm ebenso genaue Antworten über den Ursprung von Himmel und Erde, die Schöpfungstaten der Götter und deren Kämpfe mit den Wanen, die Beschäftigungen der Krieger in Walhall, die Aufgaben der Nornen sowie die Herrscher, die an die Stelle der Asen treten würden, wenn sie zusammen mit der Welt, die sie erschaffen hatten, untergehen würden. Als Odin aber zum Schluss vom Riesen wissen möchte, welche Worte Allvater seinem toten Sohn Balder auf dem Scheiterhaufen ins Ohr geflüstert habe, da erkennt Wafthrudnir plötzlich den göttlichen Besucher. Starr vor Schreck bekundet er, dass niemand außer Odin selbst diese Frage beantworten könne und es ihm nun vollkommen klar sei, dass er sich unsinnigerweise auf eine Wissenswette mit dem König der Götter eingelassen habe und zu Recht als Strafe für seine Niederlage seine Enthauptung verdient habe.

Nicht einer weiß,
Was in alten Tagen
Deinem Sohn du gesagt!
Verfallen dem Tod,
Erzählte ich Vorzeitkunde
Und von der Asen Untergang!
Mit Odin maß ich

Mein Allwissen:
Du bleibst der Wesen Weisester!

— *Die Edda II. Götterdichtung und Spruchdichtung*,
„Das Wafthrudnirlied" 55, übersetzt von Felix Genzmer

Wie es in vielen nordischen Mythen der Fall ist, die häufig bruchstückhaft sind und dunkel bleiben, so endet auch diese hier auf rätselhafte Weise, und kein Skalde berichtet uns, ob Odin seinen Rivalen erschlug oder wie die Antwort auf seine letzte Frage ausfiel. Mythologen haben allerdings vermutet, dass das Wort, welches Odin in Balders Ohr raunte, „Auferstehung" gewesen sein muß.

DIE ERWERBUNG DER RUNEN

Odin war nicht nur Gott der Weisheit, sondern auch Gott und Schöpfer der Runen, dem frühesten von den nordischen Völkern benutzten Alphabet, dessen magische Schriftzeichen zunächst für Prophezeiungen und dann auch später für Inschriften auf Gedenksteinen oder persönlichen Gegenständen verwendet wurden. Genauso wie er Weisheit nur auf Kosten eines großen Opfers erringen konnte, erzählt Odin selbst, dass er neun Tage und Nächte vom eigenen Speer verwundet mit dem Kopf nach unten am heiligen Baum Yggdrasil hing und währenddessen tief in Gedanken versunken in die Abgründe Niflheims schaute, ehe er das Wissen erwarb, das er suchte.

Ich weiß, dass ich hing am windigen Baum
Neun lange Nächte,
Vom Speer verwundet, dem Odin geweiht,
Mir selber ich selbst,
Am Ast des Baums, dem man nicht ansehen kann
Aus welcher Wurzel er sproß.

— *Die Lieder-Edda*, „Des Hohen Lied" 139 (1),
‚Das Runenlied', übersetzt von Karl Simrock

Als er diese Kenntnisse vollständig beherrschte, ritzte er magische Runen auf die Spitze seines Speeres Gungnir, auf die Zähne seines Pferdes Sleipnir und auf die Pranken des Bären sowie auf viele andere belebte und unbelebte Dinge. Und weil er für einen so langen Zeitraum über dem Abgrund gehangen hatte, wurde er danach auch der Gott all derer, die als Hängeopfer umkamen oder die zum Tod durch Erhängen verurteilt waren.

Nachdem er die Gabe der Weisheit und der Runen erhalten hatte, die ihm die Macht über alle Dinge verliehen, erstrebte Odin auch die Kunst der Beredsamkeit und der Dichtung, welche er sich auf eine besondere Weise aneignete, die aber Thema eines späteren Kapitels ist.

GEIRRÖD UND AGNAR

Wie schon berichtet hatte Odin großes Interesse an den Angelegenheiten der Sterblichen und soll den Erzählungen nach besondere Freude daran empfunden haben, König Hraudungs stattliche Söhne Geirröd und Agnar zu beobachten, als sie zehn beziehungsweise acht Jahre alt waren. Eines Tages fuhren die beiden Jungen zum Fischen aufs Meer, aber ein überraschend einsetzender Sturm trieb das Boot weit in die See hinaus, bis sie schließlich auf einer Insel strandeten, wo sie auf ein scheinbar altes Ehepaar trafen, das aber in Wirklichkeit das verkleidete Götterpaar Odin und Frigg war. Sie hatten sich in diese Gestalten verwandelt, um einer plötzlich aufkeimenden Leidenschaft nachzugeben, ihren Schützlingen nahe zu sein. Die Brüder wurden herzlich aufgenommen und voller Güte umsorgt. Odin wählte Geirröd zu seinem Liebling und lehrte ihn den Umgang mit Waffen, während Frigg den kleinen Agnar verhätschelte und viel Aufhebens um ihn machte. Die Jungen verbrachten den langen kalten Winter zusammen mit ihren Beschützern auf der Insel, als aber der Frühling kam, der Himmel blau war und das Meer ruhig, bestiegen sie ein Boot, das Odin zur Verfügung stellte. Dank guter Winde erreichten sie schon bald ihre Heimatküste, doch als sich das Boot dem Strand näherte, sprang Geirröd schnell heraus, stieß es wieder weit zurück ins Wasser und wünschte seinem Bruder eine angenehme Reise in die Gefilde böser Geister. Im selben Augenblick frischte der Wind auf und Agnar wurde tatsächlich fortgetragen, während sein Bruder mit einer Lügengeschichte über den Verbleib Agnars zur Burg seines Vaters eilte. Er wurde als einer, der von den Toten zurückgekehrt war, freudig empfangen und folgte seinem Vater recht bald auf dem Thron nach.

Jahre vergingen, in denen Odins Aufmerksamkeit vollständig von wichtigeren Angelegenheiten in Anspruch genommen wurde, aber eines Tages, als das göttliche Paar gemeinsam auf dem Thron Hlidskialf saß, erinnerte sich Odin plötzlich an den einstigen Winteraufenthalt auf der verlassenen Insel und gab seiner Gattin zu bedenken, wie mächtig sein Ziehsohn doch geworden wäre, und verhöhnte sie, weil ihr Liebling Agnar eine Riesin geheiratet hätte und arm sowie unbedeutend geblieben wäre. Frigg entgegnete ruhig, dass arm besser als hartherzig wäre, und beschuldigte Geirröd, ein schlechter Gastgeber zu sein, was die wikingerzeitlichen Skandinavier als eines der abscheulichsten Vergehen ansahen. Sie ging sogar noch einen Schritt weiter und erklärte, dass er trotz seines Reichtums seine Gäste häufig quälen würde.

Als Odin diese ungeheuren Anschuldigungen Friggs vernahm, verkündete er, dass er sich selbst von der Richtigkeit ihrer Behauptungen überzeugen und in Gestalt eines Wanderers die Freigebigkeit Geirröds auf die Probe stellen wolle. Er trug einen blauen Mantel und einen Schlapphut und führte einen Wanderstab mit sich.

Wandrer heißt mich die Welt:
weit wandert' ich schon,
auf der Erde Rücken
rührt' ich mich viel.

— *Siegfried*, 1. Aufzug, 2. Szene,
Richard Wagner

Odin brach unverzüglich auf, machte allerdings einen Umweg, während Frigg, die ihn überlisten wollte, im selben Augenblick einen schnellen Boten entsandte, dem sie auftrug, Geirröd vor einem Mann mit weitem Mantel und Schlapphut zu warnen, einem bösen Zauberer, der ihm Schaden zufügen wolle.

Als sich Odin vor der Königsburg zeigte, wurde er zu Geirröd geschleppt und unsanft befragt. Er gab seinen Namen als Grimnir an, weigerte sich aber hartnäckig mitzuteilen, woher er gekommen war oder was er beabsichtigte. Da diese Verschlossenheit das in Geirröd eingepflanzte Misstrauen bestärkte, ließ er seinem Hang zur Grausamkeit freien Lauf und befahl, den Fremden zwischen zwei Feuern so festzubinden, dass die Flammen um ihn herumspielen konnten, ohne ihn zu berühren. Er verharrte so acht Tage und Nächte in unnachgiebigem Schweigen und ohne Nahrung. Eines Nachts, als alles ruhig war, schlich sich der zehnjährige Sohn des Königs Agnar zu Odin aus Mitleid mit den Qualen des bedauernswerten Gefangenen und hielt ein mit Bier gefülltes Horn an seine Lippen. Odin hatte außer diesem Trank die ganze Zeit lang keine andere Flüssigkeit zu sich genommen – die schwierigste aller Prüfungen für die Götter.

Am Ende des achten Tages, als Geirröd auf seinem Thron saß und sich an den Leiden seines Gefangenen weidete, begann Odin plötzlich zu singen – zunächst leise, dann lauter und immer lauter, bis die ganze Halle von seinen Triumphtönen widerhallte – und zwar eine Prophezeiung, dass der König, der so lange die Gunst des Gottes genossen hatte, schon bald durch sein eigenes Schwert umkommen würde.

Die schwertmüde Hülle hebt nun Yggr auf,
Da das Leben dich ließ:
Abhold sind dir die Disen, nun magst du Odin schauen:
Komm heran, wenn du kannst.

— *Die Lieder-Edda*, „Das Lied von Grimnir" 53,
übersetzt von Karl Simrock

Nachdem die letzten Töne verstummt waren, fielen die Ketten von Odins Händen, die Flammen flackerten und erloschen schließlich, dann stand er in der Mitte der Halle, aber nicht mehr in Menschengestalt, sondern in aller Macht und Schönheit eines Gottes.

Sobald Geirröd die unheilvolle Prophezeiung gehört hatte, zog er sein Schwert, um den unverschämten Sänger zu erschlagen, als er aber die plötzliche Verwandlung erblickte, sprang er auf, strauchelte, fiel in die scharfe Klinge und verschied, so wie es Odin vorausgesagt hatte. Anschließend wandte sich Odin an den Sohn des Königs und bat ihn, den Thron als Belohnung für seine Menschlichkeit zu besteigen, und versprach ihm als Wiedergutmachung für den rechtzeitig verabreichten Trunk, ihn in jeder nur erdenklichen Weise mit Wohlstand zu segnen.

Odin wanderte auch anlässlich einer anderen Begebenheit auf der Erde und war deshalb sehr lange abwesend, sodass die Götter annahmen, er würde nicht mehr nach Asgard zurückkommen. Dies ermutigte seine Brüder Wili und We, die einige Mythologen für Personifikationen Odins halten, seine Macht und seinen Thron an sich zu reißen und sogar seiner Gattin Frigg beizuwohnen.

Schweig doch, Frigg! / Du bist des Fjörgyn Tochter
Und warst lüstern nach Liebe stets: / We und Wili
Hast du, Widrirs Gattin, / Beide an die Brust gedrückt.

— *Die Edda II. Götterdichtung und Spruchdichtung*,
„Lokis Zankreden" 26,
übersetzt von Felix Genzmer

MAIFEIERTAG

Nach Odins Rückkehr verschwanden die Usurpatoren für immer und zur Erinnerung an die Heimkunft des gütigen Gottes und an das Ende der Herrschaft des falschen Odin, die sieben Monate gedauert und nichts als Elend in die Welt gebracht hatte, feierten die heidnischen Skandinavier alljährlich ein Freudenfest,

das als Maifeiertag noch lange Zeit fortgeführt wurde. An diesem Tag fand ein großer Umzug in Schweden statt, der sogenannte Mairitt, auf dem ein mit Blumen bedeckter Maikönig (Odin) den in Pelze gehüllten Winter (den Umstürzler) so lange mit Blüten bewarf, bis er schmachvoll fliehen musste. In England wurde der Erste Mai ebenfalls als Feiertag begangen, an dem um den Maibaum getanzt wurde und Maiköniginnen, Maid Marian und Jack in the Green bedeutende Rollen spielten.

Odin war als Personifikation des Himmels auch Liebhaber und Ehemann der Erde, und da die Erde diesbezüglich eine dreifache Erscheinungsform besaß, schilderten ihn die wikingerzeitlichen Skandinavier als Polygamisten und schrieben ihm mehrere Ehefrauen zu. Die erste von ihnen war Jörd (Erde), die urwüchsige Erdgöttin und Tochter Notts (Nacht). Sie gebar ihm seinen berühmten Sohn Thor, den Gott des Donners. Die zweite und Hauptgemahlin Odins war Frigg, die die zivilisierte Welt verkörperte. Sie schenkte ihm Balder, den Gott des Lichtes und der Güte, Hermod und einigen Quellen zufolge auch Tyr. Seine dritte Ehefrau war Rinda, die die harte und gefrorene Erde personifizierte und nur widerstrebend seinen warmen Umarmungen nachgab, aber schließlich Wali den Frühlingsgott zur Welt brachte.

Odin soll auch Saga oder Laga beigewohnt haben, der Göttin der Sagen und Geschichten, und sie täglich in ihrem von einem kühlen Fluss umrauschten Palast Sökkwabeck besucht haben, um aus dem Wasser zu trinken und ihren Liedern über die alten Zeiten und verschwundenen Geschlechter zuzuhören.

> Sökkwabeck heißt die vierte [Halle], kühle Flut,
> Überrauscht sie immer;
> Odin und Saga trinken alle Tage
> Da selig aus goldenen Schalen.
>
> — *Die Lieder-Edda*, „Das Lied von Grimnir“ 7,
> übersetzt von Karl Simrock

Als weitere Frauen Odins gelten Grid, die Mutter von Widar; Gunnlöd, die Mutter des Dichtergottes Bragi; Skadi, die Mutter von Säming; und die neun Riesinnen, die gleichzeitig Heimdall gebaren – alle haben eine mehr oder weniger große Bedeutung in den verschiedenen Sagen.

DER HISTORISCHE ODIN

Neben diesem vorzeitlichen Odin existierte wohl eine eher moderne, semi-historische Persönlichkeit gleichen Namens, der alle Tugenden, Fähigkeiten und

Abenteuer ihres Vorgängers zugerechnet wurden. Er war das Oberhaupt der Asen, die in Kleinasien lebten, von den Römern unterdrückt wurden und von Vernichtung oder Sklaverei bedroht waren. Sie verließen daher um 70 v. Chr. ihre Heimat und wanderten nach Europa aus. Dieser Odin soll Russland, Deutschland, Norwegen und Schweden erobert haben und in jedem besetzten Land einen seiner Söhne zum König gemacht haben. Er errichtete zudem die Stadt Odense. In Schweden wurde er von König Gylfi willkommen geheißen, der ihm einen Teil seines Reiches abtrat und ihm die Gründung der Stadt Sigtuna erlaubte, wo er einen Tempel baute und ein neues Religionssystem einführte.

Den traditionellen Erzählungen zufolge rief dieser mythische Odin seine Gefolgsleute zusammen, als er sein Ende nahen fühlte, und fügte sich öffentlich mit seinem Speer neun Wunden in der Brust zu, eine als „Ritzen mit der Speerspitze" bezeichnete Zeremonie. Er teilte ihnen daraufhin mit, dass er nun in sein Geburtsland Asgard zurückkehren würde, seine alte Heimat, wo er auf sie warten würde, um mit ihnen gemeinsam ein Leben aus Festmahlen, Gelagen und Kämpfen zu verbringen.

Einer anderen Darstellung gemäß reiste Gylfi nach Süden, nachdem er von der Macht der Asen, den Bewohnern von Asgard, gehört hatte und sich vergewissern wollte, ob diese Berichte der Wahrheit entsprächen. Rechtzeitig erreichte er Odins Palast, wo er schon erwartet wurde und dann einer Täuschung der drei Gottheiten Har (der Hohe), Jafnhar (der Gleichhohe) und Thridi (der Dritte) erlag, die übereinander thronten. Die drei Götter beantworteten alle Fragen Gangleris, wie sich Gylfi nannte, und gaben ihm lange Erläuterungen der nordischen Mythologie, die im ersten Hauptteil der *Prosa-Edda* aufgeführt sind. Als die Unterweisungen beendet waren, verschwand der Palast plötzlich unter gewaltigem Getöse. Älteren Quellen nach wurden Odins Söhne Wegdeg, Beldeg, Sigi, Skjöld, Säming und Yngwi Könige von Ostsachsen, Westfalen, Franken, Dänemark, Norwegen und Schweden, aus denen die Sachsen Hengest und Horsa sowie alle Königsgeschlechter Skandinaviens hervorgingen. Darüber hinaus hatten Odin und Frigg einer weiteren Version zufolge sieben Söhne, die die angelsächsische Heptarchie (Siebenherrschaft) begründeten. Im Lauf der Zeit wurde dieser geheimnisvolle König mit dem Odin verwechselt, dessen Kult er initiiert hatte, und all seine Taten wurden dem Gott zugesprochen.

Odin wurde in einer Reihe von Tempeln verehrt, vor allem aber in dem mächtigen Tempelgebäude von Uppsala, wo die meisten Feierlichkeiten abgehalten und auch Opferungen durchgeführt wurden. Das Opfer war üblicherweise ein Pferd, aber in Zeiten großen Elends wurden ihm auch Menschenopfer dargebracht, sogar der König wurde einmal geopfert, um eine drohende Hungersnot abzuwenden.

Von lauter Riesensteinen war der Dom [Balders] erbaut,
Die kühne Kunst zusammen band, ein Riesenwerk
Für Ewigkeit, dem Tempel zu Upsala gleich,
Wo sein Walhall der Norden sah im ird'schen Bild.

— *Die Frithiofs-Sage*, Esaias Tegnér, 24 „Die Versöhnung“,
übersetzt von Gottlieb Mohnike

Der erste Trinkspruch jeder Feier wurde hier zu Ehren Odins ausgebracht und neben dem Ersten Mai wurde ihm auch ein Wochentag geweiht. Dieser Tag war der vierte Tag der Woche und wurde in Anlehnung an den südgermanischen Namen Odins, Woden oder Wodan, im Althochdeutschen *Wodensdag* genannt – der heutige Mittwoch – während im Englischen aus dem „Woden's day“ der *Wednesday* wurde. Bei festlichen Anlässen war es üblich, dass sich die Menschen an seinem Schrein versammelten, um den Liedern der Skalden zu lauschen, deren Dichtkunst mit Goldarmreifen belohnt wurde, die an den Enden verziert waren und „Odins Schlangen“ hießen.

Es sind nur noch wenige Relikte altnordischer Kunst erhalten geblieben. Obwohl grob behauene Standbilder Odins einst weitverbreitet waren, sind sie alle verschwunden, da sie aus Holz gefertigt wurden, einem vergänglichen Material, das in den Händen von Missionaren, und ganz besonders aber in denen von Olav dem Heiligen, dem nordischen Bilderstürmer, schnell zu Asche wurde.

Odin soll seinem Volk eine Sammlung von Spruchweisheiten überlassen haben, um den Menschen als Lebensregeln zu dienen. Dieser Sittenkodex ist in dem Gedicht *Hávamál* oder „Des Hohen Lied“ niedergelegt, das die *Lieder-Edda* enthält. In diesem Lied über die Fehlbarkeit des Menschen lehrt er die Notwendigkeit von Mut, Mäßigung, Unabhängigkeit und Aufrichtigkeit sowie die Achtung vor dem Alter, der Gastfreundschaft, dem Mitgefühl und der Zufriedenheit und gab Anweisungen für die Bestattung der Toten.

Munter sei der Hausherr und heiter zu Gästen
Nach geselliger Sitte,
Besonnen und gesprächig: so schein er verständig
Und rate stets zum Rechten.

— *Die Lieder-Edda*, „Des Hohen Lied“ 102,
übersetzt von Karl Simrock

KAPITEL III

Frigg

DIE KÖNIGIN DER GÖTTER

Frigg, auch Frigga oder Frija genannt, ist einigen Mythologen zufolge die Tochter Fjörgynns und Schwester Jörds, andere halten sie für die Tochter Jörds und Odins, den sie schließlich heiratete. Diese Hochzeit löste eine solch allgemeine Freude in Asgard aus, wo die Göttin äußerst beliebt war, dass es danach Brauch wurde, den Hochzeitstag alljährlich mit Feiern und Gesang zu begehen, und da die Göttin die erklärte Schutzherrin der Ehe war, trank man bei Hochzeiten auf ihr Wohl sowie auf das von Odin und Thor.

Frigg war die Göttin der Atmosphäre oder vielmehr der Wolken und wurde daher ihren schwankenden Launen nach in weißen oder dunklen Gewändern dargestellt. Sie war die Königin der Götter und genoss als Einzige das Privileg, neben ihrem erhabenen Ehegatten auf dem Thron Hlidskialf zu sitzen, von dem aus sie die ganze Welt überblicken und sehen konnte, was dort geschah. Dem Glauben unserer Vorfahren zufolge verfügte sie über das Wissen der Zukunft, allerdings ließ sie sich niemals dazu hinreißen, es zu offenbaren, und so bewies sie, dass Frauen im Norden ein Geheimnis bewahren konnten.

> Wohl weiß Frigg alles was sich begibt,
> Ob sie es schon nicht sagt.
>
> — *Die Lieder-Edda*, „Ägirs Trinkgelage" 29,
> übersetzt von Karl Simrock

Sie wurde üblicherweise als große, wunderschöne und stattliche Frau abgebildet mit einem Kopfschmuck aus Reiherfedern, der Verschwiegenheit und Vergessenheit symbolisierte, und reinen weißen Gewändern, die in der Taille von einem goldenen Gürtel zusammengehalten wurden, an dem ein Schlüsselbund hing, dem unverkennbaren Zeichen der nordischen Hausfrau, deren besondere Schirmherrin sie gewesen sein soll. Obwohl sie häufig an der Seite ihres Gatten erschien, zog sie es doch vor, sich in ihrem eigenen Palast namens Fensalir aufzuhalten, dem Sumpf- oder Meersaal, wo sie emsig ihr Spinnrad oder ihren Rocken bediente und Fäden spann oder Wolken wob.

Sie benutzte zur Durchführung ihrer Tätigkeit einen wundervollen edelsteinbesetzten Rocken, der nachts am Himmel hell als Sternbild schien, das im Norden unter dem Namen Friggs Spinnrocken bekannt ist, von den Bewohnern im Süden jedoch als Orions Gürtel bezeichnet wird.

Die gütige Göttin lud in ihre Halle Fensalir Ehemänner und Ehefrauen ein, die auf der Erde tugendhaft gelebt hatten, damit sie sich auch nach dem Tod weiterhin aneinander erfreuen konnten, ohne jemals wieder voneinander getrennt zu werden.

> Frigg ist die vornehmste: Ihr gehört der Palast,
> der Fensal heißt, und überaus schön ist.
>
> — *Prosa Edda*, „Gylfis Visionen" 35, übersetzt von Karl Simrock

Frigg galt deshalb als Göttin der Liebe, Ehe und Mutterschaft und wurde besonders von jung verheirateten Paaren und zärtlichen Eltern verehrt. Dieses hohe Amt nahm ihre Gedanken allerdings nicht völlig in Anspruch, da sie Erzählungen nach Gewänder liebte, und jedes Mal, wenn sie vor den versammelten Göttern in Erscheinung trat, war sie edel und geschmackvoll gekleidet und hatte ihren Schmuck dazu passend ausgewählt.

DAS ENTWENDETE GOLD

Friggs Leidenschaft für Schmuck führte sie einst auf traurige Abwege, da sie in ihrem Verlangen nach einem neuen Schmuckstück heimlich Gold von der Statue ihres Ehemanns raubte, die in seinem Tempel aufgestellt war. Das entwendete Edelmetall vertraute sie Zwergen mit der Anweisung an, daraus eine wundervolle Halskette für sie herzustellen. Nachdem die Zwerge das Geschmeide fertiggestellt hatten, war es so glanzvoll, dass es ihre Reize in hohem Maße verstärkte und Odins Liebe zu ihr sogar noch steigerte. Als er allerdings den Diebstahl des Goldes entdeckte, zitierte er die Zwerge wütend zu sich und forderte sie auf, ihm zu offenbaren, wer es gewagt hatte, sein Standbild anzurühren. Da die Zwerge die Königin der Götter nicht verraten wollten, schwiegen sie hartnäckig. Odin musste erkennen, dass ihnen keine Informationen zu entlocken waren, und befahl deshalb, seine Statue über dem Tempeleingang zu platzieren. Anschließend machte er sich an die Arbeit, Runen zu ersinnen, die der Figur die Macht der Sprache verleihen sollten, um den Dieb zu entlarven. Als Frigg diese Nachrichten vernahm, zitterte sie vor Angst und flehte ihre Lieblingsdienerin Fulla an, irgendein Mittel zu finden, um sie vor Allvaters Zorn zu schützen. Fulla, die jederzeit bereit war, ihrer Herrin zu dienen, brach sofort auf und kehrte genauso schnell in Begleitung eines hässlichen Zwergs wieder, der schwor, die Statue am Sprechen zu hindern, wenn Frigg sich herabließe, ihm ein gnädiges Lächeln zu schenken. Nachdem sie dem Zwerg die Erfüllung seines Wunsches versprochen hatte, eilte er zum Tempel, versetzte die Wachen in einen tiefen Schlaf und stürzte das Standbild während ihrer Ohnmacht vom Sockel, dann zertrümmerte er es, sodass es trotz aller Bemühungen Odins niemals Friggs Diebstahl preisgeben würde.

Am Morgen darauf bemerkte Odin den Frevel und war darüber aufs Äußerste erzürnt, und zwar in solchem Maß, dass er nicht nur Asgard verließ und spurlos verschwand, sondern dadurch auch noch alle Wohltaten mit sich fortführte, mit denen er die Götter und Menschen für gewöhnlich überhäuft hatte. Einigen Quellen zufolge nutzten seine Brüder wie schon berichtet seine Abwesenheit, um seine Gestalt anzunehmen und sich seines Throns und seiner Gattin zu bemächtigen. Obwohl sie ihm vollständig glichen, so konnten sie die verlorenen Wohltaten jedoch nicht ersetzen und ermöglichten es den Reifriesen oder Jöten, die Erde zu überfallen und sie fest an ihre kalten Ketten zu legen. Diese bösartigen Riesen rupften die Blätter und Blüten ab, bis sie verwelkten, entlaubten die Bäume, bedeckten die Erde mit einem riesigen weißen Leinentuch und verhüllten sie in undurchdringlichen Nebel.

Nachdem sieben trostlose Monate vergangen waren, besann Odin sich eines Besseren und kehrte zurück. Als er all das Übel sah, das geschehen war, vertrieb er die Usurpatoren und zwang die Reifriesen, die Erde aus ihrem Griff zu lassen und sie aus ihren eisigen Fesseln zu befreien. Dann sandte er all seine Segnungen wieder auf die Erde herab und munterte sie mit dem Licht seines Lächelns auf.

ODINS ÜBERLISTUNG

Es ist bereits ersichtlich geworden, dass Odin, immerhin Gott des Verstandes und der Weisheit, manchmal seiner Gattin Frigg nicht gewachsen war, die sich sicher war, ihr Ziel irgendwie auf Frauenart zu erreichen. Einmal, als das erhabene Paar auf Hlidskialf saß, blickte es mit Interesse auf die Winniler und Vandalen, die sich für eine Schlacht rüsteten, in der die Entscheidung über die zukünftige Vormachtstellung eines der beiden Stämme fallen sollte. Odin schaute zufrieden auf die Vandalen, die ihn laut anriefen, um den Sieg zu erringen, wohingegen Frigg den Bewegungen der Winniler mehr Aufmerksamkeit schenkte, weil sie inständig um ihren Beistand baten. Sie drehte sich zu Odin um und erkundigte sich schmeichelnd, wen er am nächsten Morgen zu bevorzugen gedenke. In der Absicht ihrer Frage auszuweichen, erklärte er, dass er jetzt nichts entscheiden wolle, da es Zeit sei, schlafen zu gehen, er aber am kommenden Morgen denen den Sieg zusprechen würde, die seine Augen als Erste erblicken würden.

Diese Antwort war reiflich überlegt, denn Odin wusste, dass seine Liege so platziert war, dass er beim Aufwachen die Vandalen erspähen würde, und er plante, von dort Ausschau zu halten und nicht abzuwarten, bis er seinen Thron bestiegen hätte. Aber so ausgeklügelt die Sache auch war, Frigg durchkreuzte das Ganze. Sie durchschaute sein Vorhaben und harrte so lange aus, bis er fest schlief, um dann seine Liege geräuschlos derart zu verrücken, dass er ihre Schützlinge als Erste wahrnehmen musste. Anschließend benachrichtigte sie die Winniler, ihren Frauen Rüstungen anzulegen und sie im Morgengrauen in Schlachtordnung aufzustellen, wobei sie ihre langen Haare über Wangen und Brüste wie Bärte binden sollten.

> Nimm all dein Weibervolk,
> Mädchen und Frauen;
> Zieht an die Hosen,
> Die weißen des Kriegers;
> Hüllet die Busen
> In Panzerhemden;
> Geschickt und mit List
> Klebt lange Flechten
> Über die Lippen,
> Und König Odin
> Wird euch für Krieger,
> Gewappnete, bärtige,
> Sicherlich halten,
> Wenn von den Ufern
> Des grauen Meeres
> Bei Sonnenaufgang
> Ihr ihn begrüßet!
>
> — *Hypatia oder Neue Feinde mit altem Gesicht*,
> Kapitel 12, Charles Kingsley, übersetzt von Sophie von Gilsa

Diese Anweisungen wurden aufs Genaueste befolgt, und als Odin am nächsten Morgen erwachte, fiel sein erster bewusster Blick auf Friggs Scharen. Er rief verwundert aus: „Wer sind diese Langbärte?“ (Einer germanischen Sage nach wurden die Winniler wegen ihrer langen Bärte *Langobardi* genannt, woraus ihr

Stammesname Langobarden hergeleitet wurde.) Als Frigg diesen Ausruf hörte, den sie vorhergesehen hatte, schrie sie triumphierend auf, dass Allvater ihnen einen neuen Namen gegeben hatte und nun üblicher nordischer Sitte gemäß moralisch verpflichtet war, ihnen ein Taufgeschenk zu machen.

> Der Name, den du
> Gegeben ihnen,
> Machet nicht Schande
> Ihnen und dir,
> Sie mögen ihn tragen;
> Gib ihnen den Sieg,
> Sie grüßten zuerst dich;
> O Gatte mein!
> Mädchen und Frauen
> Sind alle diese –
> Weiber der Winils.
>
> — *Hypatia oder Neue Feinde mit altem Gesicht*,
> Kapitel 12, Charles Kingsley, übersetzt von Sophie von Gilsa

Odin, der einsehen musste, dass er so geschickt überlistet worden war, hatte dagegen keine Einwände mehr zu erheben. In Erinnerung an den Sieg, den die Winniler Odins Gunst verdankten, behielten sie den Namen bei, den ihnen der König der Götter verliehen hatte, der von da an mit besonderer Huld über sie wachte und ihnen viele Wohltaten erwies, unter anderen, indem er ihnen eine Heimat im sonnigen Süden gab, in den fruchtbaren Ebenen der Lombardei.

FULLA

Frigg hatte eine Reihe wunderschöner Jungfrauen als Dienerinnen, darunter Fulla (Volla), die einigen Quellen nach ihre Schwester war, der sie ihr Schmuckkästchen anvertraute. Fulla kümmerte sich um die Kleidung ihrer Herrin, durfte als Einzige ihre goldenen Schuhe tragen, begleitete sie überallhin, war ihre Vertraute und beriet sie oft, wie sie den Sterblichen am besten half, die ihren Beistand erflehten. Fulla war bildhübsch und hatte langes goldenes Haar, das locker über ihre Schultern fiel und nur von einem goldenen Reif oder Band zusammengehalten wurde. Ihr Haar war das Symbol des reifen, goldenen Getreides und der Reif stand für das Binden der Garbe. Fulla war auch als Abundia oder Abundantia in einigen Teilen Deutschlands bekannt, wo sie als Symbol für die Fülle der Erde galt.

Hlin, Friggs zweite Dienerin, war die Göttin des Trostes, die entsandt wurde, um die Tränen der Trauernden wegzuküssen und Balsam in die von Schmerz erfüllten Herzen zu gießen. Sie lauschte mit immer offenen Ohren den Gebeten der Sterblichen, die sie an ihre Herrin herantrug und ihr manchmal empfahl, wie sie diese am besten beantwortete, um die gewünschte Linderung zu bewirken.

GNA

Gna war Friggs Botin. Sie ritt auf ihrem Pferd Hofwarpnir (Hufwerfer) in fabelhafter Geschwindigkeit durch Feuer und Luft sowie über Land und Meer und wurde deshalb für die Personifikation der erfrischenden Brise gehalten. Während sie so hin und her eilte, sah Gna alles, was auf der Erde geschah, und berichtete ihrer Herrin alles, was sie in Erfahrung gebracht hatte. Einmal, als sie Hunaland überquerte, erblickte sie König Rerir, einen direkten Nachfahren Odins, wie er am Meeresufer saß und seine Kinderlosigkeit beklagte. Nachdem die Königin des Himmels, die auch die Göttin der Schwangerschaft und Geburt war, dies vernommen hatte, nahm sie einen Apfel (das Symbol der Fruchtbarkeit) aus ihrem persönlichen Vorrat, übergab diesen Gna und entsandte sie damit zum König. Sie jagte mit der Schnelligkeit des Elements davon, das sie verkörperte, und als sie über Reris Kopf flog, ließ sie den Apfel mit einem strahlenden Lächeln in seinen Schoß hinunterfallen.

Was fliegt da, was fährt da,
Was lenkt durch die Luft?
Sie antwortete:
Ich fliege nicht, ich fahre nicht,
Ich lenke durch die Luft
Auf Horchwarfnir, den Hamskerpir
Zeugte mit Gardrowa.

— *Prosa Edda*, „Gylfis Visionen" 35,
übersetzt von Karl Simrock

Der König dachte einen Augenblick über die Bedeutung dieser plötzlichen Erscheinung und Gabe nach, dann stürmte er mit pochendem Herz voller Hoffnung nach Hause und überreichte seiner Gattin den Apfel zum Verzehr. Sie gebar ihm zu gegebener Zeit und zu seiner großen Freude einen Sohn namens Wölsung, den großen nordischen Helden, der solche Berühmtheit erlangte, dass er der Namensgeber eines ganzen Geschlechtes wurde.

LOFN, SJÖFN UND SYN

Neben den drei bereits erwähnten Dienerinnen hatte Frigg noch weitere in ihrem Gefolge. Da war die milde und gütige Jungfrau Lofn (Erlaubnis), deren Aufgabe es war, alle Hindernisse auf dem Weg der Liebenden zu beseitigen.

> Ich half' vom Sattel der Lilienschlanken,
> Ich führte sie durch die Tempelschranken,
> Zum Altar Rund', wo sie ernst und laut
> Der Lofn ihr Ehegelübde vertraut.
>
> — *Frithiof: Eine Sage nordischer Vorzeit*, Esaias Tegnér, „Frithiofs Zurückkunft", übersetzt von Ludolph Schley

Sjöfns Auftrag bestand darin, verhärtete Herzen einander geneigt zu machen, Frieden und Eintracht unter den Menschen zu bewahren und Streitigkeiten zwischen Ehemann und Ehefrau zu schlichten. Syn bewachte Friggs Palasttor und weigerte sich, es denjenigen zu öffnen, denen der Zutritt verwehrt war. Als sie einmal das Tor vor einem vermeintlichen Eindringling verschloss, hätte keine Bitte sie veranlassen können, ihre Entscheidung zu ändern. Sie hatte daher den Vorsitz bei allen Gerichtsverhandlungen, und wenn eine Sache abgewiesen wurde, lautete die formelhafte Wendung, dass Syn dagegen war.

GEFJON

Gefjon gehörte ebenfalls zu den Jungfrauen in Friggs Palast und ihr waren all die unvermählt gestorbenen Jungfrauen anvertraut, die sie empfing und für immer glücklich machte.

Einigen Erzählungen zufolge blieb Gefjon keine Jungfrau, sondern heiratete einen der Riesen, mit dem sie vier Söhne zeugte. Dieser Überlieferung gemäß sandte Odin sie aus, um Gylfi, den König von Schweden, aufzusuchen und ihn um Land zu bitten, das ihr selbst gehören sollte. Der König, den ihr Ersuchen erheiterte, versprach ihr so viel Land wie sie an einem Tag und in einer Nacht pflügen konnte. Gefjon, die sich davon nicht entmutigen ließ, verwandelte ihre Söhne in Ochsen, spannte sie vor einen Pflug und begann, eine so breite und tiefe Furche zu ziehen, dass der König und seine Boten verblüfft waren. Gefjon setzte ihre Arbeit ohne irgendein Anzeichen von Müdigkeit fort, und nachdem sie ein großes Stück Land umgepflügt hatte, brach sie es ab und ließ es von den Ochsen hinaus aufs Meer schleppen, wo sie es befestigte und Seeland nannte.

Gefion nahm von Gylfi fröhlich, dem goldreichen,
Die rennenden Rinder rauchten, den Zuwachs Dänemarks,
Vier Häupter, acht Augen hatten die Ochsen,
Die das Erdstück schleppten zu dem schönen Eiland.

— *Prosa Edda*, „Gylfis Visionen" 1,
übersetzt von Karl Simrock

Was die Vertiefung anbelangt, die sie hinterließ, so füllte sie sich schnell mit Wasser und bildete einen See, der zunächst Lögrinn hieß, heute aber als Mälarsee bekannt ist, dessen Buchten sich so verteilen wie die Landzungen auf Seeland. Gefjon heiratete dann Skjöld, einen Sohn Odins, wurde zur Stammmutter des dänischen Königsgeschlechts der Skjöldungen und lebte in der Stadt Lethra oder Hleidra, die sie gründete und sich zur wichtigsten Opferstätte der heidnischen Dänen entwickelte.

EIR, WARA, WÖR UND SNOTRA

Eir, auch eine Dienerin Friggs, wurde für eine äußerst befähigte Heilerin erachtet. Sie sammelte überall auf der Erde Heilpflanzen, um sowohl Wunden als auch Krankheiten zu behandeln, und es war ihre Domäne, dieses Wissen Frauen zu lehren, den einzigen Heilkundigen unter den alten nordischen Völkern.

Die dritte [Asin] ist Eir, die beste der Ärztinnen.

— *Prosa Edda*, „Gylfis Visionen" 35,
übersetzt von Karl Simrock

Wara hörte alle Eide und bestrafte Meineidige, belohnte aber diejenigen, die zu ihrem Wort standen. Dann waren da noch Wör, die alles wusste, was sich auf der Erde ereignen würde, und Snotra, die Göttin der Tugend, die als klug und gesittet betrachtet wurde.

Es verwundert nur wenig, dass Frigg, die von solchen Begleiterinnen umgeben war, als mächtige Gottheit galt, aber trotz ihrer herausragenden Stellung in der nordischen Religion weder einen eigenen Tempel noch ein Heiligtum hatte und kaum verehrt wurde, es sei denn zusammen mit Odin.

HOLDA

Frigg war unter diesem Namen in Süddeutschland unbekannt, wo anderen Göttinnen gehuldigt wurde, deren Eigenschaften den ihren jedoch so sehr glichen, dass sie ganz offensichtlich ein und dieselbe Person waren, obwohl sie völlig unterschiedliche Namen in den verschiedenen Regionen trugen. Eine von ihnen war die freundliche Göttin Holda (Hulda oder Frau Holle), die in ihrer Güte viele reiche Gaben verteilte. Da sie über das Wetter bestimmte, riefen die Menschen angesichts von rieselnden Schneeflocken, dass sie ihr Bett ausschütteln würde, und bei Regen, dass sie ihren Waschtag hätte, und dabei oft auf die weißen Wolken als ihre Wäsche zeigten, die sie zum Bleichen aufgehängt hätte. Wenn graue Wolkenstreifen am Himmel zogen, sagte man, dass sie weben würde, da man sie für eine fleißige Weberin, Spinnerin und Hausfrau hielt. Es heißt, dass sie den Menschen den Flachs schenkte und sie dessen Gebrauch lehrte. In Tirol wird die folgende Geschichte erzählt, wie es zu dieser Gabe von solch unschätzbarem Wert kam.

DIE ENTDECKUNG VON FLACHS

Einst lebte ein Bauer, der jeden Tag seine Frau und Kinder im Tal zurückließ, um seine Schafe zum Weiden in die Berge zu führen. Während er seine Herde beim Grasen am Berghang beobachtete, hatte er häufig die Gelegenheit, seine Armbrust zu benutzen, um eine Gams zu erlegen, deren Fleisch seine Vorratskammer mit Nahrung für viele Tage füllen konnte.

Eines Tages verfolgte er ein edles Wild, das plötzlich hinter einem großen Felsbrocken verschwand, und als er die Stelle erreichte, war er verblüfft, einen Eingang in den benachbarten Gletscher zu erblicken, denn in seinem Jagdfieber war er unbemerkt höher und immer höher geklettert, bis er die Spitze des Berges erklommen hatte, wo der immerwährende Schnee glitzerte.

Der Hirte schritt mutig durch das offene Tor und gelangte in eine wundervolle, edelsteinbesetzte Grotte mit herunterhängenden Tropfsteinen, in deren Mitte eine wunderschöne, in silberne Gewänder gehüllte Frau stand, die von einer Reihe liebreizender Jungfrauen mit Alpenrosen im Haar umgeben war. Überwältigt von den Eindrücken sank der Hirte auf seine Knie und wie im Traum hörte er die königliche Gestalt sprechen, er solle etwas von dem auswählen, was er sähe, und mit sich fortnehmen. Obwohl er vom Glanz der Edelsteine um ihn herum geblendet war, kehrten seine Augen immer wieder zurück auf ein kleines Gebinde blauer Blumen, das die gütige Erscheinung in ihrer Hand hielt, und schließlich fragte er ängstlich, ob er den Strauß bekommen könnte. Holda, denn sie war es, lächelte vor Zufriedenheit, überreichte ihm das Gebinde und sagte ihm, dass er weise gewählt hätte und so lange leben würde wie die Blumen nicht welken und vergehen würden. Sie überließ ihm noch eine gewisse Menge an Samenkörnern, die er auf seinem Feld ausbringen solle, dann schickte sie ihn fort. Donner krachten und die Erde bebte, als sich der bedauernswerte Mann plötzlich wieder auf dem Bergabhang befand. Er begab sich langsam auf den Nachhauseweg zu seiner Frau, der er sein Abenteuer erzählte und die anmutigen blauen Blumen und den Samen zeigte.

Die Frau machte ihrem Ehemann bittere Vorwürfe, dass er keinen einzigen der von ihm als so überaus glänzend beschriebenen Edelsteine mitgebracht hätte, sondern stattdessen Blüten und Samen. Er säte aber dennoch den Samen aus und war überrascht, dass die Menge an Saatgut für einige Hektar reichte.

Schon bald wurden die kleinen grünen Schösslinge sichtbar. Als der Bauer eines Nachts bei Mondschein wie gewöhnlich nach ihnen schaute, weil eine sonderbare Anziehung des von ihm bestellten Feldes ausging und er sich daher häufig fragte, welche Getreideart dort wohl hervorsprösse, nahm er eine verschwommene Gestalt wahr, die mit wie zum Segen gebreiteten Armen über das Feld schwebte. Das Feld erblühte schließlich und unzählige kleine blaue Blumen richteten ihre Blütenkelche nach der goldenen Sonne aus. Nachdem die Blumen verwelkt waren und die Frucht reif war, kam Holda noch einmal, um den Bauer und seine Frau zu lehren, wie Flachs – denn darum handelte es sich – geerntet werden musste und wie er zu Leinen gesponnen, gewoben und gebleicht wurde. Da die Menschen aus der Nachbarschaft bereitwillig sowohl Leinen als auch Flachssamen kauften, wurden der Bauer und seine Frau schon bald reich, und während er pflügte, säte und erntete, spann sie, wob und bleichte das Leinen. Der Mann erreichte ein hohes Alter und sah seine Enkel und Urenkel um ihn herum aufwachsen. Während all dieser Zeit war sein sorgfältig gehüteter Strauß so frisch geblieben wie an dem Tag, als er ihn zuerst nach Hause gebracht hatte, aber eines Tages fiel ihm auf, dass die Blumen in der Nacht zuvor ihre Köpfe hatten hängen lassen und abstarben.

Im Bewusstsein, was das bedeutete und dass auch er sterben musste, erstieg der Bauer noch einmal den Berg bis zum Gletscher und fand den Eingang wieder, den er oftmals vergeblich gesucht hatte. Er durchschritt die Pforte und danach hat man ihn nie wieder gesehen noch etwas von ihm gehört, da sich der Sage nach die Göttin seiner annahm und ihn bat, in ihrer Grotte zu leben, wo jeder seiner Wünsche erfüllt wurde.

TANNHÄUSER

Einer mittelalterlichen Sage nach residierte Holda in einer Grotte im thüringischen Hörselberg, wo sie als Frau Venus bekannt war und als Zauberin galt, die Sterbliche in ihr Reich lockte, um sie dort für immer festzuhalten und ihre Sinne mit allen nur erdenklichen Arten sinnlicher Freuden zu betören. Ihr zweifellos prominentestes Opfer war Tannhäuser, der ein ganzes Jahr lang unter ihrem Bann gestanden hatte, dann aber einen Gefühlsumschwung erlebte, der seinen Geist aus ihren Banden löste und beunruhigende Gedanken über sein Seelenheil hervorrief. Er entkam schließlich ihrer Macht und eilte nach Rom, um seine Sünden zu beichten und Absolution zu erhalten. Als der Papst jedoch von seiner Verbindung mit einer der heidnischen Göttinnen hörte, die die Priester für nichts anderes als Dämoninnen hielten, verkündete er, dass der Ritter sich kaum mehr Hoffnung auf Vergebung machen könnte, als wenn sein Kreuzstab Knospen und Blüten treiben würde.

> Und er, den so ich bat, hub an: –
> „Hast du so böse Lust geteilt,
> dich an der Hölle Glut entflammt,
> hast du im Venusberg geweilt:
> so bist nun ewig du verdammt!
> Wie dieser Stab in meiner Hand
> nie mehr sich schmückt mit frischem Grün,
> kann aus der Hölle heißem Brand
> Erlösung nimmer dir erblühn!" – –
>
> — *Tannhäuser*, 3. Aufzug, dritte Szene, Richard Wagner

Tannhäuser, der durch dieses Urteil tief betrübt war, floh und kehrte trotz allen Flehens seines getreuen Freundes Eckart schon kurz darauf zum Hörselberg zurück, wo er in der Grotte verschwand. Kaum dass er entschwunden war, trafen die Boten des Papstes ein und gaben öffentlich bekannt, dass man ihn begnadigt hätte, weil der verwelkte Stab wie durch ein Wunder erblüht wäre und somit bewiese, dass keine noch so ruchlose Sünde nicht vergeben werden könnte, sofern die Reue aufrichtig wäre.

> Es tat in nächtlich heil'ger Stund'
> der Herr sich durch ein Wunder kund:
> den dürren Stab in Priesters Hand
> hat er geschmückt mit frischem Grün:

dem Sünder in der Hölle Brand
soll so Erlösung neu erblühn!
Ruft ihm es zu durch alle Land',
der durch dies Wunder Gnade fand!
— *Tannhäuser*, 3. Aufzug, dritte Szene, Richard Wagner

Holda besaß auch einen Zauberbrunnen namens Quickborn, der dem berühmten Jungbrunnen gleichkam, und ein Gefährt, mit dem sie von Ort zu Ort fuhr, wenn sie ihr Gebiet inspizierte. Als dieser Wagen einst einen Radschaden hatte, bat sie einen Bauer, diesen zu beheben. Nachdem er das Rad verkeilt hatte, sagte sie ihm, er solle einige Späne als Lohn aufbewahren. Der Mann war empört, dass er eine solch geringe Bezahlung erhalten hatte und behielt deshalb nur eine kleine Menge der Holzsplitter übrig, die sich am nächsten Morgen zu seiner Überraschung allerdings in Gold verwandelt hatte.

Fricka naht, deine Frau,
im Wagen mit dem Widdergespann.
Hei, wie die goldene Geissel sie schwingt!
Die armen Tiere ächzen vor Angst;
wild rasseln die Räder;
zornig fährt sie zum Zank.
— *Die Walküre*, 2. Aufzug, erste Szene, Richard Wagner

EÁSTRE, GÖTTIN DES FRÜHLINGS

Die sächsische Göttin Eástre oder Ostara, eine Frühlingsgöttin, deren Name im englischen Easter (Ostern) ebenso wie im deutschen Ostern erhalten geblieben ist, entspricht ebenfalls Frigg, denn auch sie gilt als Erdgöttin oder vielmehr als Göttin der wiedererwachenden Natur nach dem langen Winterschlaf. Die Germanen verehrten die gütige Göttin offensichtlich so hoch, dass sie selbst nach der Einführung des Christentums eine dermaßen angenehme Erinnerung an sie bewahrten, dass sie sich weigerten, sie wie viele ihrer anderen Gottheiten auf die Stufe einer Dämonin herabzuwürdigen und ihren Namen sogar auf ihr bedeutendes christliches Fest übertrugen. Es war lange Brauch, sich am Osterfeiertag gegenseitig bunte Eier zu schenken, da das Ei für das werdende Leben steht. Die frühen Christen setzten die Tradition fort, verkündigten allerdings, dass das Ei auch das Symbol der Auferstehung sei. In einigen Teilen Deutschlands existieren noch Steinaltäre, die auch als Ostersteine bekannt sind, weil sie der schönen Frühlingsgöttin geweiht waren. Sie wurden von den jungen Leuten mit Blumen geschmückt, die fröhlich beim Schein großer Freudenfeuer um sie herum tanzten, eine Art volkstümlicher Spiele, die trotz der Anprangerungen der Priester und wiederholter Erlasse gegen die Aufführungen bis Mitte des neunzehnten Jahrhunderts praktiziert wurden.

BERTHA, DIE WEISSE FRAU

Frigg, Holda oder Ostara wird in anderen Teilen Deutschlands Brechta, Perchta, Bertha oder die Weiße Frau genannt. Man kennt sie vor allem in Thüringen unter diesen Namen, wo sie in einem ausgehöhlten Berg gelebt haben soll und die Heimchen beaufsichtigte, die Seelen ungeborener und ungetauft gestorbener Kinder. Hier wachte Bertha über die Landwirtschaft, indem sie für die Pflanzen sorgte, die ihre Kinderschar gewissenhaft bewässerte, denn jedes der kleinen Kinder soll zu diesem Zweck einen Krug getragen haben. Solange die Göttin angemessen geachtet wurde und ihr Zufluchtsort unbehelligt blieb, hielt sie sich dort auf, wo sie war. Der Überlieferung nach verließ sie eines Tages die Region mit ihrem Kindertross, der ihren Pflug zog, und siedelte sich woanders an, wo sie ihre gütige Fürsorge fortsetzte. Bertha ist die legendäre Ahnherrin zahlreicher Adelsgeschlechter und soll identisch sein mit der einflussreichen Königin gleichen Namens, der sagenhaften Mutter Karls des Großen, dessen Zeitalter sprichwörtlich wurde, wenn man nämlich vom Goldenen Zeitalter in Deutschland oder Frankreich sprach, sagte man für gewöhnlich „in den Tagen, als Bertha spann".

Diese Bertha soll einen sehr großen und breiten Fuß von der ständigen Betätigung des Tritts ihres Spinnrades ausgebildet haben, weshalb sie in der mittelalterlichen Kunst häufig als eine Frau mit einem „Spreizfuß" dargestellt wird und als la *reine pédauque* (die Königin Gänsefuß) bekannt ist.

Als Stammmutter des deutschen Kaiserhauses soll die Weiße Frau in deren Palast vor einem Tod oder Unglück in der Familie erschienen sein und dieser Aberglaube war so weitverbreitet, dass noch 1884 in einer Zeitung der offizielle Bericht der Wachen vor dem Berliner Stadtschloss veröffentlicht wurde, dem gemäß sie ihren Geist in den Palastkorridoren gesehen hätten.

Da Bertha für ihre Spinnkünste berühmt war, wurde sie als natürliche Schutzherrin der Spinnstubenfrauen erachtet und soll bei Einbruch der Nacht während der Zwölfnächte zwischen Weihnachten und dem 6. Januar durch die Straßen jedes Dorfes umgegangen sein und in jedes Fenster geschaut haben, um die Spinnstuben zu kontrollieren.

Die Frauen, die ihre Arbeit sorgsam durchgeführt hatten, wurden zur Belohnung von ihr mit einem ihrer goldenen Fäden oder einem Rocken voller zusätzlichem feinen Flachs beschenkt. Wo immer sie jedoch eine nachlässige Spinnerin antraf, wurde ihr Spinnrad zerbrochen, ihr Flachs verunreinigt und falls sie es auch noch versäumt hatte, die Göttin zu ehren, weil sie entgegen des Gebots zu viel von dem Gebäck gegessen hatte, das in diesem Zeitraum des Jahres hergestellt worden war, wurde sie grausam bestraft.

In Mecklenburg ist die gleiche Göttin als Frau Gode oder Wode bekannt – die weibliche Form von Wodan oder Odin – deren Erscheinung immer als Omen großen Wohlstands gedeutet wurde. Sie soll auch eine große Jägerin gewesen sein, auf einem Schimmel die Wilde Jagd angeführt und in Hündinnen und alle möglichen wilden Tiere verwandelte Begleiterinnen gehabt haben.

In den Niederlanden wurde sie Vrou-elde genannt, während sie im Norden Deutschlands Nerthus (Mutter Erde) hieß. Ihr geweihter Wagen wurde auf einer Insel aufbewahrt, vermutlich Rügen, wo ihn die Priester gewissenhaft bewachten, bis sie erschien, um ihre alljährliche Fahrt durch ihr Reich zu unternehmen und das Land zu segnen. Die Göttin, deren Gesicht vollkommen von einem dicken Schleier verhüllt war, saß dann auf diesem Wagen, den zwei Kühe zogen, und wurde von ihren Priestern respektvoll begleitet. Wenn sie vorbeifuhr, huldigen ihr die Menschen, indem sie alle kriegerischen Auseinandersetzungen einstellten und ihre Waffen beiseite legten. Sie trugen festliche Kleidung und begannen keinen Streit, bis die Göttin wieder in ihr Heiligtum zurückgekehrt war, wo sowohl der Wagen als auch die Göttin in einem verborgenen See (dem Schwarzen See auf Rügen) gereinigt wurden, der die Sklaven verschlang, die bei der Reinigung geholfen hatten. Anschließend nahmen die Priester die Überwachung des Heiligtumes und Hains der Nerthus oder Hlodyn wieder auf, um ihr nächstes Erscheinen zu erwarten.

In Skandinavien kannte man diese Göttin auch als Huldra. Sie rühmte sich ihres Gefolges aus Waldnymphen, die bisweilen die Gesellschaft der Sterblichen suchten, um sich beim Tanzen auf der Dorfwiese zu vergnügen. Man konnte sie immer an der Spitze eines Kuhschwanzes erkennen, der unter ihren langen schneeweißen Gewändern herausschaute. Diese Huldren beschützten das Vieh auf den Bergwiesen und sollen manchmal einsame Reisende überrascht haben durch die wunderbare Schönheit der Melodien, die sie sangen, um sich die Zeit während ihrer Aufgaben zu verkürzen.

Arthur Rackham 1910

KAPITEL IV

Thor

DER DONNERER

Einigen Mythologen gemäß ist Thor oder Donar der Sohn von Jörd (der Erde) und Odin, andere jedoch halten Frigg, die Königin der Götter, für seine Mutter. Dieses Kind war sehr auffallend wegen seiner Größe und Stärke und verblüffte die versammelten Götter schon bald nach seiner Geburt, indem er spielerisch zehn große Bärenhäute hochhob und fortschleuderte. Obwohl er im Allgemeinen gutmütig war, konnte Thor zuzeiten in Wut geraten, und da er dann sehr gefährlich wurde und seine Mutter ihm nicht gewachsen war, schickte sie ihn fort und vertraute ihn der Pflege von Vingnir (der Geflügelte) und Hlora (Glut) an. Diese Pflegeeltern, die auch als Personifikation des Wetterleuchtens gelten, schafften es rasch, ihren schwierigen Schützling zu lenken und erzogen ihn so weise, dass die Götter sie wegen ihrer geleisteten Dienste dankbar in Erinnerung behielten. Da Thor sich bewusst war, was er ihnen alles verdankte, legte er sich die Namen Wingthor und Hlorridi zu, unter denen er auch bekannt ist.

> Wingthor heiß ich –
> Ich bin weit gezogen –
> Und bin Sidgranis Sohn.
>
> — *Die Edda II. Götterdichtung und Spruchdichtung*, „Das Alwislied" 6, übersetzt von Felix Genzmer

Nachdem er zu voller Größe herangewachsen war und das Alter der Vernunft erreicht hatte, wurde Thor in Asgard in den Kreis der Götter aufgenommen, wo er einen der zwölf Sitze in der großen Ratshalle besetzte. Man übertrug ihm das Reich Thrudvang oder Thrudheim, wo er einen wunderbaren Palast namens Bilskirnir erbaute – den geräumigsten in ganz Asgard – der über fünfhundertundvierzig Hallen für die Beherbergung der Leibeigenen verfügte, die nach ihrem Tod in seinem Wohnsitz willkommen geheißen wurden und die gleiche Behandlung wie ihre Herren in Walhall erhielten, denn Thor war der Gott der Bauern.

Fünfhundert Stockwerke
Und viermal zehn
Weiß ich in Bilskirnirs Bau.
Von allen Häusern, die Dächer haben,
Glaub ich meines Sohns das größte.

— *Die Lieder-Edda*, „Das Lied von Grimnir" 24,
übersetzt von Karl Simrock

Da er der Gott des Donners war, blieb es ihm als Einzigem vollständig verwehrt, die wundervolle Regenbogenbrücke Bifröst zu überqueren, um sie nicht durch die Hitze seiner Anwesenheit in Brand zu setzen. Wenn er mit seinen Mitgöttern am Urdbrunnen unter dem Schatten des heiligen Baumes Yggdrasil zusammenkommen wollte, dann war er gezwungen, seinen Weg dorthin zu Fuß zu machen und die beiden Flüsse Körmt und Örmt sowie die beiden Kerlaug-Ströme bis zum Treffpunkt zu durchwaten.

Thor, der als höchster Gott in Norwegen verehrt wurde, stand jedoch in allen anderen Ländern lediglich an zweiter Stelle in der Rangfolge der Götter. Man nannte ihn auch den „alten Thor", weil er einigen Mythologen zufolge einem älteren Göttergeschlecht angehört haben soll, sicherlich nicht wegen seines tatsächlichen Alters, wurde er doch als Mann in den besten Jahren dargestellt und beschrieben – stattlich, mit muskulösen Gliedmaßen und struppigem rotem Haar und Bart, aus denen in Momenten des Zorns Funkenschauer sprühten.

Erst murmelt Thor in seinen roten Bart,
Die Augenbrau' heruntergezogen ward,
Verschießt aus glühenden Augen heftige Funken,
Kommt, während jedes Wagenrades Rollen
Widerhallt in des Donners Grollen,
Und lässt mit mächt'gen Hammerschlägen
Erde und Himmel stark erbeben,
Wolken reißen oben, die Erde erzittert unten.

— *Valhalla,* J. C. Jones

Die skandinavischen Völker der Wikingerzeit schmückten sein mächtiges Haupt oftmals mit einer Krone, deren Zacken entweder aus einem funkelnden Stern oder aus einer gleichmäßig brennenden Flamme angefertigt waren, sodass sein Kopf unablässig von einer Art Feuerkranz umgeben war, der sein ureigenes Element versinnbildlichte.

THORS HAMMER

Thor war der stolze Besitzer eines Zauberhammers namens Mjölnir (der Zermalmer), den er mit zerstörerischer Kraft gegen seine Feinde, die Reifriesen, schleuderte und der die wunderbare Eigenschaft hatte, immer wieder in seine Hand zurückzukehren, egal, wie weit er ihn geworfen hatte.

Ich bin der Donnerer!
Hier in meinem Nordland,
Meiner Burg und Festung,
Regiere ich für immer!
Hier inmitten der Eisberge
Beherrsche ich die Völker;
Dies ist mein Hammer,
Mjölnir der Gewaltige;
Riesen und Zauberer
Können ihm nicht standhalten!

— *Saga vom heiligen Olav*, Longfellow

Da sein mächtiger Hammer, das Symbol der Blitze, üblicherweise glühend heiß war, hielt er ihn mit einem Eisenhandschuh fest, der Jarngreipr hieß und es ihm ermöglichte, ihn zu handhaben. Er konnte Mjölnir über eine große Entfernung fortstoßen, und seine Kraft, die immer beträchtlich war, wurde verdoppelt, wenn er seinen Zaubergürtel Megingiard anlegte.

Dies ist mein Gürtel:
Immer wenn ich ihn anlege,
Verdoppelt sich die Kraft!

— *Saga vom heiligen Olav*, Longfellow

Thors Hammer wurde von den alten nordischen Völkern als so heilig angesehen, dass sie für gewöhnlich das Zeichen des Hammers machten – so wie die Christen sie später lehrten, das Kreuzzeichen zu schlagen – um alle bösen Einflüsse abzuwehren und sich Segnungen zu erwerben. Dasselbe Zeichen wurde auch über einem Neugeborenen ausgeführt, wenn man Wasser über sein Haupt goss und ihm einen Namen gab. Der Hammer wurde ferner verwendet, um Grenzmarken zu setzen, deren Beseitigung als frevelhaft galt, um die Türschwelle eines neuen Hauses zu segnen oder um eine Ehe feierlich zu besiegeln. Der Thorshammer spielte schließlich auch eine Rolle bei der Weihe des Scheiterhaufens, auf dem die

Leichname der Helden zusammen mit ihren Waffen, Pferden und manchmal mit ihren Frauen und Leibeigenen verbrannt wurden.

In Schweden soll Thor ebenfalls wie Odin einen Schlapphut getragen haben, weshalb die Sturmwolken in diesem Land auch als Thors Hut bekannt waren, ein Ausdruck, der außerdem für die Bezeichnung eines norwegischen Bergs benutzt wurde. Man sagte, dass das Grollen und Getöse des Donners durch das Rollen seines Gefährts entstünden, da er als Einziger unter den Göttern niemals auf einem Pferd ritt, sondern entweder zu Fuß ging oder in seinem ehernen Wagen fuhr, der von den beiden Ziegenböcken Tanngjostr (Zähneknisterer) und Tanngrisnir (Zähneknirscher) gezogen wurde, deren Zähne und Hufe beständig Funken versprühten.

> Dann kamst du als Nächster, O mächtiger Krieger Thor!
> Deinen Hammer über der Schulter, in deinem Wagen gezogen,
> Lenkst du die langmähnigen Ziegen mit versilberten Zügeln.
>
> — *Balder Dead,* Matthew Arnold

Wenn der Gott von Ort zu Ort brauste, nannte man ihn Öku-Thor oder Wagen-Thor, und in Süddeutschland glaubten die Menschen, sein Wagen allein könnte keineswegs den ganzen Lärm verursachen, und so stellten sich vor, dass er mit klappernden und aneinanderstoßenden Kupferkesseln beladen wäre, weshalb sie das Krachen des Gewitters als Gekessel bezeichneten.

THORS FAMILIE

Thor war zwei Mal verheiratet. Seine erste Frau, die Riesin Jarnsaxa (Eisenmesser), gebar ihm zwei Söhne, Magni (der Starke) und Modi (der Mutige), die ausersehen waren, ihren Vater und die Götterdämmerung zu überleben und über die neue Welt zu herrschen, die wie ein Phönix aus der Asche der ersten entstehen würde. Die zweite war seine goldhaarige Gattin Sif, mit der er auch zwei Kinder zeugte, seinen Sohn Lorride und eine Tochter namens Thrud, eine junge Riesin, die für ihre Größe und Kraft berühmt war. Gemäß des Sprichworts „Gegensätze ziehen sich an“ wurde Thrud vom Zwerg Alwis umworben, dem sie sehr gewogen war. Eines Abends, als dieser Freier, der als Zwerg das Tageslicht meiden musste, sich in Asgard vorstellte und um ihre Hand anhielt, verweigerten die versammelten Götter ihre Zustimmung nicht. Sie hatten kaum ihr Einverständnis gegeben, als Thor, der abwesend war, völlig unvorhergesehen erschien, einen verachtenden Blick auf den winzigen Liebhaber warf und verkündete, dass er erst erweisen müsste, dass seine Kenntnisse seine kleine Statur ausgleichen würden, ehe er seine Braut gewinnen könnte.

Um Alwis' Geisteskräfte auf die Probe zu stellen, befragte ihn Thor in der Sprache der Götter, Wanen, Elfen und Zwerge und verlängerte seine Prüfung geschickt bis zum Sonnenaufgang, als die ersten Strahlen des Lichts auf den armen Zwerg fielen und ihn versteinerten. Da stand er nun, ein immerwährendes Beispiel für die Macht der Götter, um allen Zwergen als Warnung zu dienen, die es wagen sollten, sie herauszufordern.

> Aus einer Brust alter Kunden
> Vernahm ich nie so viel.
> Mit schlauen Listen, verlorst du die Wette,
> Der Tag verzaubert dich, Zwerg:
> Die Sonne scheint in den Saal.
>
> — *Die Lieder-Edda*, „Das Lied von Alwis" 36,
> übersetzt von Karl Simrock

SIF DIE GOLDHAARIGE

Sif, Thors Gattin, rühmte sich ihres wunderbaren goldenen Haarschopfs, der sie wie ein strahlender Schleier von Kopf bis Fuß umhüllte. Da sie auch ein Symbol der Erde war, galt ihr Haar als Inbegriff des hohen Grases oder der reifen Ähren auf den Erntefeldern des Nordens. Thor war sehr stolz auf das wunderschöne Haar seiner Frau. Man stelle sich daher seine ungeheure Fassungslosigkeit vor, als er eines Morgens erwachte und sie geschoren vorfand, so kahl und jeder Zierde entblößt wie der Ackerboden, wenn das Getreide geschnitten worden ist und nichts als die Stoppeln übrigbleiben. In seinem gewaltigen Zorn sprang er auf und schwor, den Urheber dieser Freveltat zu bestrafen, hinter der er sofort und zu Recht Loki vermutete, den hinterhältigen Ränkeschmied, der immer danach trachtete, irgendeine Bosheit zu begehen. Thor schulterte seinen Hammer Mjölnir und machte sich augenblicklich auf die Suche nach Loki, der versuchte, dem erzürnten Gott aus dem Weg zu gehen, indem er seine Gestalt veränderte. Das war allerdings vollkommen zwecklos, denn schon bald hatte Thor ihn eingeholt, packte ihn kurzerhand an der Gurgel und erdrosselte ihn beinahe, ehe er Lokis flehenden Blicken nachgab und seinen kräftigen Griff löste. Als er wieder zu Atem gekommen war, bat Loki um Verzeihung, aber alles Flehen war völlig umsonst, bis er schließlich versprach, Sif einen neuen Haarschopf zu beschaffen, der genauso schön und üppig wäre wie der erste.

Und dass ich schaffe der Sif ein Haar
Von Gold, eh ein Tag noch verronnen;
Sie soll dann gleichen dem Frühlingsjahr,
Und glänzen so hell wie die Sonnen!

— Adam Gottlob Oehlenschläger, *Die Götter Nordens: Episches Gedicht in drei Büchern*, „Loke schafft den Asen Zwerggeschmeide", übersetzt von Gustav Thormod Legis

Thor willigte ein und ließ den Verräter ziehen. Loki kroch schnell ins Erdinnere, wo Schwarzalbenheim lag, um den Zwerg Dwalin zu bitten, nicht nur das wertvolle Haar herzustellen, sondern auch jeweils ein Geschenk für Odin und Freyr, deren Zorn er besänftigen wollte.

Der Zwerg war seinem Anliegen gewogen und fertigte den Speer Gungnir, der niemals sein Ziel verfehlte, und das Schiff Skidbladnir, das immer günstige Winde hatte und sowohl durch die Luft als auch auf dem Wasser segeln konnte sowie die magische Eigenschaft besaß, dass es alle Götter und ihre Pferde aufnehmen konnte, sich aber ganz klein zusammenfalten ließ und in eine Tasche passte. Schließlich spann er die feinsten Goldfäden, aus denen er das für Sif benötigte Haar schuf, und erklärte, dass sobald es ihren Kopf berühren würde, es schnell wüchse und wie ihr eigenes wäre.

Gold ist noch todt; / Doch wie es sich bot
Den Schläfen der klagenden Schönen: / Da ist es belebt,
Und vom Scheitel schwebt / Es geschmeidig, die Göttin zu krönen.

— Adam Gottlob Oehlenschläger, *Die Götter Nordens: Episches Gedicht in drei Büchern*, „Loke schafft den Asen Zwerggeschmeide", übersetzt von Gustav Thormod Legis

Loki war so zufrieden mit diesen Beispielen der Kunstfertigkeit des Zwerges, dass er äußerte, der Sohn Iwalds wäre der Geschickteste der Schmiede. Brock, ein anderer Zwerg, hatte diese Worte mitgehört und rief aus, dass er sicher wäre, sein Bruder Sindri könnte drei Gegenstände erzeugen, die diejenigen überträfen, welche Loki in seinen Händen hielte, und zwar nicht nur hinsichtlich ihres Wertes, sondern auch wegen ihrer magischen Eigenschaften. Loki forderte den Zwerg sofort auf, seine Fähigkeiten unter Beweis zu stellen, und verwettete sein Haupt gegen Brocks auf das Ergebnis dieses Unterfangens hin.

Sindri, den man von der Wette unterrichtet hatte, stimmte zu und nahm Brocks Angebot an, den Blasebalg zu betätigen, ermahnte ihn aber, dass er seine Arbeit ohne Unterlass ausführen müsste und in seinen Anstrengungen nicht für einen

Moment nachlassen dürfte, wenn er wünschte, dass er erfolgreich wäre. Dann warf Sindri etwas Gold ins Feuer und ging hinaus, um die Gunst verborgener Mächte zu erbitten. Unterdessen betrieb Brock fleißig den Blasebalg, während Loki hoffte, ihn daran zu hindern, indem er sich in eine Bremse verwandelte und ihn in die Hand stach. Trotz des Schmerzes fuhr der Zwerg fort, und als Sindri zurückkehrte, zog er einen gewaltigen wilden Eber aus dem Feuer, der wegen seiner goldenen Borsten Gullinborsti hieß und Feuerfunken versprühte, wenn er sich über den Himmel bewegte, da er mit unglaublicher Geschwindigkeit durch die Luft fliegen konnte.

Da zogen sie aus der Esse hohl,
Von den Geschmeiden das erste:
Für Freyr einen goldenen Eber wohl,
Den strahlenden Gullinbörste.

— Adam Gottlob Oehlenschläger, *Die Götter Nordens: Episches Gedicht in drei Büchern*, „Loke schafft den Asen Zwerggeschmeide", übersetzt von Gustav Thormod Legis

Nachdem das erste Werkstück erfolgreich vollendet war, streute Sindri noch etwas mehr Gold ins Feuer und wies seinen Bruder erneut an, nicht mit dem Blasen auszusetzen, solange er fort wäre, um magischen Beistand einzuholen. Dieses Mal stach Loki, immer noch in Gestalt einer Bremse, den Zwerg in die Wange, der aber trotz der Pein weitermachte, und als Sindri wiederkam, zog er aus den Flammen triumphierend den Zauberring Draupnir hervor, das Symbol der Fruchtbarkeit, von dem in jeder neunten Nacht acht gleich schwere Ringe abtropften.

Und wisst auch: ein Ring dieses Werthes war
Im Zwergenreich gar nicht gewöhnlich;
Von ihm triefen all' neun Nächte fürwahr!
Acht Ringe, ihm selber ganz ähnlich.

— Adam Gottlob Oehlenschläger, *Die Götter Nordens: Episches Gedicht in drei Büchern*, „Loke schafft den Asen Zwerggeschmeide", übersetzt von Gustav Thormod Legis

Nun wurde ein Eisenklumpen in die Esse gelegt. Noch einmal richtete Sindri die dringende Warnung an seinen Bruder, ihren Erfolg nicht durch Unachtsamkeit zu gefährden, dann entfernte er sich und ließ Brock abermalig allein zurück, um den Blasebalg wie die ganze Zeit zuvor zu bedienen. Loki war jetzt verzweifelt und unternahm eine letzte Anstrengung. Diesmal stach er immer noch als Bremse getarnt den Zwerg oberhalb des Auges, bis das Blut so stark in Strömen floss, dass

es Brock daran hinderte zu erkennen, was er tat. Hastig hob er seine Hand für eine Sekunde hoch und wischte das Blut beiseite, aber so kurz die Unterbrechung auch war, sie verursachte irreparablen Schaden, und als Sindri seine Arbeit aus dem Feuer holte, stieß er einen Aufschrei des Entsetzens aus, da der Hammer, den er angefertigt hatte, einen zu kurzen Stiel hatte.

> Schnell scheucht ihn hinweg der Zwerg mit der Hand,
> Eh den Hammer er fertig noch brachte:
> Der Schaft um vieles zu kurz sich fand,
> Dennoch man ihn brauchbar gedachte.
>
> — Adam Gottlob Oehlenschläger, *Die Götter Nordens: Episches Gedicht in drei Büchern*, „Loke schafft den Asen Zwerggeschmeide", übersetzt von Gustav Thormod Legis

Ungeachtet dieses Missgeschicks war sich Brock sicher, die Wette zu gewinnen, und zögerte nicht, sich vor den Göttern in Asgard zu präsentieren, wo er Odin den Ring Draupnir überreichte, Freyr den Eber Gullinborsti und Thor den Hammer Mjölnir, dessen Stärke niemand standhalten konnte. Loki hinwiederum gab Odin den Speer Gungnir, Freyr das Schiff Skidbladnir und Thor das goldene Haar. Obwohl Letzteres an Sifs Kopf sofort zu wachsen begann und einhellig als schöner erachtet wurde als ihre eigenen Locken je zuvor gewesen waren, entschieden die Götter, dass Brock die Wette gewonnen hatte, und zwar mit der Begründung, dass der Hammer Mjölnir sich am Jüngsten Tag in Thors Händen als unschätzbar gegen die Reifriesen erweisen würde.

> Und an ihrer Spitze kam Thor,
> Über der Schulter seinen Hammer, den die Riesen kannten.
>
> — *Balder Dead,* Matthew Arnold

In aller Eile floh Loki, um sein Haupt zu retten, wurde aber von Thor gestellt und zurückgebracht. Dann übergab er ihn Brock mit den Worten, dass Lokis Haupt ihm zwar rechtmäßig zustehe, er seinen Hals allerdings nicht berühren dürfe. Angesichts der Tatsache, keine volle Rache nehmen zu können, entschloss sich der Zwerg, Loki durch Zunähen seiner Lippen zu bestrafen. Da sein Schwert die Lippen jedoch nicht durchstechen konnte, benutzte er hierfür die Ahle seines Bruders. Nachdem Loki den Spott der Götter einige Zeit schweigend ertragen hatte, gelang es ihm, den Faden zu durchtrennen und war danach so redselig wie immer.

Trotz seines respekteinflößenden Hammers wurde Thor nicht als schädlicher Sturmgott gefürchtet, der friedliche Gehöfte zerstörte und die Ernte durch plötzliche Hagelstürme und Wolkenbrüche verdarb. Die Menschen im Norden stellten sich vor, dass er ihn gegen die Reifriesen und Felswände schleuderte und Letztere zu Puder zerkleinerte, um die Erde fruchtbar zu machen und daraus Schösslinge treiben zu lassen, die reichlich Früchte tragen würden.

In Deutschland, wo die Oststürme immer kalt und verheerend sind, während die Weststürme warmen Regen und mildes Wetter bringen, soll Thor angeblich immer von West nach Ost rollen, um Krieg gegen die bösen Geister zu führen, die das Land gern in undurchdringliche Nebelschleier hüllen und es in eisige Fesseln legen würden.

THORS REISE NACH JÖTUNHEIM

Da die Riesen ständig kalte Windstöße aus Jötunheim sandten, damit die Knospen im Keim erstickten und das Wachstum der Blumen unterdrückt wurde, entschloss sich Thor, dorthin zu fahren, um ihnen ein besseres Benehmen aufzuzwingen. In Begleitung Lokis zog er in seinem Wagen los, und nachdem sie einen ganzen Tag unterwegs gewesen waren, gelangten sie bei Anbruch der Nacht an die Grenzen der Riesenwelt, wo sie eine Bauernhütte erblickten, in der sie rasten und sich stärken wollten.

Der Hausherr war gastfreundlich, aber sehr arm, und als Thor erkannte, dass er kaum in der Lage wäre, die nötige Menge Essen bereitzustellen, um seinen beileibe nicht geringen Appetit zu stillen, schlachtete er seine beiden Ziegenböcke, kochte sie und bereitete sie für ein Mahl zu. Er lud den Gastgeber und seine Familie ein, sich reichlich vom Fleisch zu nehmen, ermahnte sie aber, alle Knochen unversehrt wieder auf die Bocksfelle zu werfen, die er auf dem Boden ausgebreitet hatte. Der Bauer und seine Familie ließen es sich gut schmecken, aber angestachelt vom hinterhältigen Loki wagte es sein Sohn Thialfi, einen der Knochen zu zerbrechen und das Mark auszusaugen in der Hoffnung, dass sein Ungehorsam nicht entdeckt würde. Am nächsten Morgen berührte der abreisebereite Thor die Bocksfelle mit seinem Hammer Mjölnir, woraufhin die Böcke so lebendig wie zuvor aufsprangen, allerdings schien einer der beiden etwas zu hinken. Als ihm bewusst wurde, dass man seinen Befehlen nicht gefolgt war, hätte Thor beinahe die ganze Familie in seinem Zorn erschlagen. Der Schuldige gestand jedoch seinen Fehler, und der Bauer bot dem erzürnten Gott zum Ausgleich des Verlustes nicht nur seinen Sohn Thialfi an, sondern auch seine Tochter Röskwa, die ihm für immer dienen sollten.

Er trug dem Mann auf, sich gut um seine Böcke zu kümmern, die er bis zu seiner Wiederkunft dort zurückließ, und gebot den beiden Kindern des Bauern,

ihn zu begleiten. Thor machte sich dann mit Loki zu Fuß auf den Weg und nach einem sehr langen strapaziösen Tagesmarsch befand er sich bei Anbruch der Dunkelheit in einem rauen und unwirtlichen Land, das von einem nahezu undurchdringlichen Nebel verhüllt wurde. Nachdem Thor einige Zeit vergeblich Ausschau gehalten hatte, erblickte er durch den Nebel hindurch die undeutlichen Umrisse von etwas, das wie ein seltsam geformtes Haus aussah. Seine Türöffnung war so breit und hoch, dass sie eine ganze Seite des Gebäudes einzunehmen schien. Sie betraten das merkwürdige Haus, und da sie weder Feuer noch eine Beleuchtung fanden, warfen sich Thor und seine Begleiter abgekämpft und unverrichteter Dinge auf den Boden, um zu schlafen, allerdings wurden sie schon bald von einem sonderbaren Lärm und einem anhaltenden Erzittern des Bodens unter ihnen gestört. Aus Furcht, dass das Hauptdach während dieses Erdbebens einstürzen könnte, flüchteten sich Thor und seine Gefährten in einen anderen Gebäudeflügel, wo sie schnell in einen tiefen Schlaf fielen. Bei Tagesanbruch begaben sich Thor und seine Begleiter ins Freie, sie kamen jedoch nicht sehr weit voran, weil sie auf die liegende Gestalt eines schlummernden Riesen stießen. Da begriffen sie, dass die eigenartigen Töne, die sie um ihre Nachtruhe gebracht hatten, von seinen Schnarchgeräuschen herrührten. In diesem Augenblick erwachte der Riese, erhob sich, streckte sich ausgiebig und schaute sich nach seiner fehlenden Habe um. Eine Sekunde später ergriff er einen Gegenstand, den Thor und seine Gefährten in der Dunkelheit irrtümlich für ein Haus gehalten hatten. Sie bemerkten dann zu ihrer Überraschung, dass es sich um nichts anderes handelte als einen riesigen Fausthandschuh und dass der Hausflügel, in dem sie die Nacht verbracht hatten, das Fach für den Daumen des Riesen war. Als Skrymir, der Riese, erfuhr, dass Thor und seine Begleiter auf dem Weg nach Utgard waren, wie das Riesenreich auch genannt wurde, unterbreitete er ihnen den Vorschlag, sie dorthin zu führen, und nachdem er mit ihnen den ganzen Tag gegangen war, brachte er sie an einen Ort, den er für die Übernachtung geeignet erachtete. Ehe er sich zur Ruhe legte, bot er ihnen den Proviant aus seinem Beutel an, dessen Knoten Skrymir allerdings derart geschürzt hatte, dass weder Thor noch seine Gefährten sie trotz gewaltiger Anstrengungen lösen konnten.

Hart schienen dir Skrymis Knoten;
Du mußtest der Mahlzeit darben,
Ob du vor Heißhunger vergingst.

— *Die Lieder-Edda*, „Ägirs Trinkgelage“ 62,
übersetzt von Karl Simrock

UTGARDLOKI

Erzürnt wegen Skrymirs Schnarchen, das sie wach gehalten hatte, verabreichte ihm Thor dreimal heftige Hiebe mit seinem Hammer. Diese Schläge, die das Ungeheuer eigentlich hätten auslöschen sollen, riefen stattdessen bloß schläfrige Bemerkungen hervor, dass ihm etwa ein Laubblatt, ein Stück Borke oder ein Zweig aus einem Vogelnest über seinem Kopf auf sein Gesicht gefallen wären. Früh am Morgen verließ Skrymir Thor und seine Gefährten und zeigte ihnen den kürzesten Weg zu Utgardlokis Burg, die aus großen Eisblöcken mit riesigen Eiszapfen als Säulen errichtet war. Die Götter, die durch die Gitterstäbe des großen Tores schlüpften, stellten sich mutig dem König der Riesen Utgardloki vor, der sie erkannte, aber vorgab, von ihrer geringen Größe sehr überrascht zu sein. Er bekundete einen Wunsch, sich nämlich selbst davon zu überzeugen, was sie leisten könnten, da er oft ihre Kühnheit hatte rühmen hören.

Loki, der länger gehungert hatte, als ihm lieb war, verkündete sofort seine Bereitschaft, mit wem auch immer um die Wette zu essen. Der König ließ daraufhin einen Holztrog voller Fleisch in die Halle tragen, platzierte dann Loki an das eine Ende und seinen Koch Logi an das andere und gebot ihnen, den Gewinner zu ermitteln. Obwohl Loki wahre Wunder vollbrachte und schon bald die Mitte des Trogs erreichte, bemerkte er, dass er zwar alles Fleisch von den Knochen gegessen hatte, sein Gegner jedoch sowohl beides als auch den Trog verschlungen hatte.

Zufrieden lächelnd sagte Utgardloki, es sei offensichtlich, dass sie hinsichtlich des Essens nicht viel ausrichten könnten. Dies ärgerte Thor dermaßen, dass er äußerte, wenn Loki nicht so essen könnte wie der gefräßige Koch, dann wäre er aber zuversichtlich, das größte Gefäß im Haus leeren zu können, so unstillbar wäre sein Durst. Sofort wurde ein Horn hereingebracht und Utgardloki erläuterte, dass gute Trinker es in einem Zug ausleeren könnten, Menschen mit mäßigem Durst in zwei Zügen, schwache Trinker in drei. Dann setzte Thor den Gefäßrand an seine Lippen und nahm einen so tiefen Schluck, dass er glaubte zu zerplatzen, als er aber seinen Kopf erhob, war die Flüssigkeit dennoch wieder bis nahezu an den Rand zurückgeschwappt. Ein zweiter und dritter Versuch, das Horn auszutrinken, erwiesen sich als genauso erfolglos. Thialfi stellte sich für ein Wettrennen zur Verfügung, aber Hugi, ein junger Bursche, der gegen ihn antrat, überflügelte ihn schon bald, obwohl Thialfi bemerkenswert schnell rannte.

Thor schlug als Nächstes vor, seine Stärke durch Heben eines Gewichts vorzuführen, und erhielt die Aufgabe, die Katze des Riesen hochzustemmen. Er benutzte die Gelegenheit, seinen Gürtel Megingiard umzugürten, der seine Kraft enorm verstärkte, und zog und zerrte an dem Tier, konnte aber nur eine Tatze vom Boden hochdrücken.

Gar stark ist Thor, o Jüngling! wenn er kräftig spannt
Sein Megingjard, um felsenfeste Hüft', und schlägt.

— *Die Frithiofs-Sage,* Esaias Tegnér, 24,
„Die Versöhnung", übersetzt von A. E. Wollheim

Ein letzter Anlauf auf seiner Seite, ein Ringkampf mit Utgardlokis alter Amme Elli, der einzige Gegner, der für einen so kümmerlichen Burschen wie Thor als wert erachtet wurde, endete ebenfalls vollkommen verheerend, und nachdem die Götter ihre Niederlage eingestehen mussten, wurden sie aufs Angenehmste gastfreundlich bewirtet.

Am folgenden Tag wurden sie zu den Grenzen von Utgard eskortiert, wo der Riese ihnen höflich mitteilte, dass er hoffe, sie würden ihn niemals mehr aufsuchen, da er sich gezwungen gesehen hätte, Magie gegen sie einzusetzen. Dann erzählte er ihnen, dass er der Riese Skrymir wäre und von Thors Hammer erschlagen worden wäre, wenn er keine Vorkehrungen während seines vorgetäuschten Schlafs getroffen hätte, indem er einen Berg zwischen seinem Kopf und Thors Hieben gesetzt hätte – die tiefen Spalten am Berghang, auf die er zeigte, würden dies zweifelsfrei bezeugen. Anschließend klärte er sie darüber auf, dass Lokis Gegner Logi gewesen war, ein wildes Feuer; dass Thialfi ein Rennen gegen Hugi, den Gedanken, gemacht hatte, einen schnelleren Läufer als ihn gäbe es nicht; dass darüber hinaus Thors Trinkhorn mit dem Meer verbunden war, wo seine tiefen Schlücke eine spürbare Ebbe ausgelöst hätten; dass ferner die Katze in Wirklichkeit die furchtbare Midgardschlange war, die die Welt umschlingt und Thor beinahe aus dem Meer gezogen hätte; und schließlich dass Elli, seine Amme, das Greisenalter war, dem niemand widerstehen könnte. Nachdem er diese Erklärungen beendet und sie noch einmal eindringlich gewarnt hatte, niemals mehr zurückzukehren, da er sich sonst genötigt fühlen würde, sich durch ähnliche Sinnestäuschungen verteidigen zu müssen, verschwand Utgardloki. Der zornige Thor schwang daraufhin seinen Hammer und hätte gern Utgardlokis Burg zerstört, aber diese war unter einem solchen Nebel verborgen, dass er sie nicht erkennen konnte, und so musste er nach Thrudvang heimfahren, ohne dem Riesengeschlecht seine beabsichtigte heilsame Lektion erteilt zu haben.

Der starke Thor zog oftmals gegen Jotunheim;
Trotz Göttergurts, trotz seines Handschuhpaars von Stahl,
Sitzt immer noch Utgarda-Loke auf dem Thron;
Das Böse weicht der Kraft nicht, denn es selbst ist Kraft.

— *Die Frithiofs Sage*, Esaias Tegnér, 24, „Die Versöhnung",
übersetzt von A. E. Wollheim

THOR UND HRUNGNIR

Als Odin einst durch die Lüfte auf seinem achtbeinigen Pferd Sleipnir jagte, wurde der Riese Hrungnir auf ihn aufmerksam und schlug ihm ein Rennen vor, da sein Hengst Gullfaxi es zweifellos mit Sleipnir an Schnelligkeit aufnehmen könnte. Im Verlauf des folgenden hitzigen Wettritts achtete Hrungnir nicht auf die Richtung, in die sie sich bewegten, und stürmte mit seinem Pferd in der vergeblichen Hoffnung, Odin doch noch zu überholen, nahe an die Tore Walhalls heran. Als er bemerkte, wo er sich befand, erblasste der Riese vor Schreck, weil er sich bewusst wurde, sein Leben aufs Spiel gesetzt zu haben, indem er sich in die Hochburg seiner Erzfeinde, der Götter, begeben hatte.

Die Asen waren jedoch zu ehrenhaft, um die ungünstige Lage eines Feindes auszunutzen und ihm Gewalt anzutun, sondern baten ihn stattdessen in ihren Festsaal, wo er reichlich dem himmlischen Met zusprach, den man ihm vorsetzte. Schon bald war er so angeregt, dass er sich seiner Stärke rühmte und verkündete, er würde eines Tages kommen, um sich Asgard anzueignen und es zusammen mit den Göttern auszulöschen, wobei er allerdings Freya und Sif, denen er bewundernde Blicke zuwarf, verschonen würde.

Die Götter, die sich darüber im Klaren waren, dass er nicht mehr voll zurechnungsfähig war, ließen ihn unbehelligt weiterreden. Als Thor jedoch von einer seiner Reisen zurückkehrte und Hrungnirs Drohung hörte, seine geliebte Sif zu entführen, geriet er furchtbar in Rage. Erzürnt schwang er seinen Hammer in der Absicht, den Prahler zu vernichten, was die Götter allerdings niemals zugelassen hätten. Sie warfen sich daher zwischen den zornigen Donnerer und ihren Gast und flehten ihn an, die heiligen Regeln der Gastfreundschaft zu respektieren und ihre Friedensstätte nicht durch das Vergießen von Blut zu entweihen.

Thor ließ sich schließlich dazu bewegen, seinen Zorn zu mäßigen, allerdings zwang er Hrungnir, Zeit und Ort für einen *Holmgang* festzulegen, wie ein Duell im Norden genannt wurde. Auf diese Weise herausgefordert, gelobte Hrungnir, Thor in drei Tagen an den Grenzen seines Reiches in Griottunagard zu treffen, und reiste nach diesem jähen Schreck ziemlich ernüchtert ab. Als seine Riesengenossen erfuhren, wie unüberlegt er gewesen war, tadelten sie ihn zwar aufs Heftigste, berieten sich aber untereinander, wie sich das Beste aus dieser schwierigen Situation machen ließe. Hrungnir erzählte ihnen, dass er das Vorrecht besäße, von einem Knappen begleitet zu werden, der Thialfi in einen Kampf verwickeln würde. Sie fertigten daraufhin eine Kreatur aus Lehm, die gewaltige neun Meilen hoch und entsprechend breit war und den Namen Mökkurkalfi (Nebelkalb oder Nebelwade) erhielt. Da sie kein menschliches Herz finden konnten, das auch nur annähernd groß genug für die Brust des Ungeheuers war, setzten sie ihm das einer

Stute ein, das jedoch unruhig schlug und zudem vor Furcht zitterte. Am Tag des Duells erwarteten der Riese und sein Knappe ungeduldig die Ankunft ihrer jeweiligen Gegner am verabredeten Ort. Der Riese besaß nicht nur ein Herz und Schädel aus Stein, sondern auch einen Schild und eine Keule aus demselben Material, sodass er sich für nahezu unbesiegbar hielt. Nachdem Thialfi vor seinen Herrn getreten war, hörte man kurz darauf ein mächtiges Rumpeln und Poltern, was den Riesen fürchten ließ, dass sein Feind durch den Boden zu ihm vordringen und ihn von unten angreifen würde. Auf einen Hinweis von Thialfi hin stellte er sich daher auf seinen Schild.

Einen Augenblick später jedoch erkannte er seinen Fehler, während nämlich Thialfi Mökkurkalfi mit einem Spaten attackierte, erschien Thor im Eiltempo auf dem Schauplatz und schleuderte seinen Hammer in Richtung auf das Gesicht seines Gegners. Hrungnir, der den Schlag abwenden wollte, riss seine Steinkeule hoch, die jedoch in Stücke ging. Die Teile flogen über das gesamte Areal, wo sie danach sämtliches dort auffindbares Geröll bildeten, allerdings drang auch ein Splitter tief in Thors Stirn ein. Während der Gott ohnmächtig zu Boden sank, prallte der Hammer gegen Hrungnirs Haupt, traf den Riesen tödlich und ließ ihn neben Thor so auf auf die Erde stürzen, dass eines seiner schweren Beine über dem bewusstlosen Gott lag.

> Davon fängst du nun an, / Daß ich focht mit Hrungnir,
> Dem keckdreisten Riesen, / Der einen Kopf aus Stein hatte;
> Dennoch mußt er stürzen / Und in den Staub sinken.
>
> — *Die Edda II. Götterdichtung und Spruchdichtung*,
> „Das Harbardlied" 15, übersetzt von Felix Genzmer

Thialfi, der in der Zwischenzeit den großen Lehmriesen mit seinem feigen Stutenherz unschädlich gemacht hatte, eilte nun seinem Herrn zu Hilfe, allerdings waren seine Anstrengungen genauso vergeblich wie die der anderen Götter, die er schnell herbeigerufen hatte, um Thor von der erdrückenden Last des Riesenbeins zu befreien. Während sie ratlos dort herumstanden und sich fragten, was sie als Nächstes tun sollten, erschien Thors kleiner Sohn Magni, der verschiedenen Überlieferungen nach nur drei Tage oder drei Jahre alt war. Wie dem auch immer sei, er ergriff schnell den Fuß des Riesen, erlöste schließlich ohne jede Unterstützung seinen Vater und verkündete, dass es für ihn ein Leichtes gewesen wäre, sowohl den Riesen als auch seinen Knappen zu vernichten, hätte man ihn nur früher darum gebeten. Diese Demonstration der Stärke, die die Götter aufs Höchste erstaunte, half ihnen zugleich die Wahrheit der verschiedenen Prophezeiungen zu verstehen, die allesamt voraussagten, dass ihre Nachkommen sie an

Macht überträfen und sie nicht nur überleben würden, sondern auch an der Reihe wären, einen neuen Himmel und eine neue Erde zu beherrschen.

Thor schenkte seinem Sohn zur Belohnung für seine rechtzeitige Hilfe den Hengst Gullfaxi (Goldmähne), der ihm aufgrund seiner Eroberung zu Recht zugefallen war. Magni ritt seitdem dieses sagenhafte Pferd, das dem berühmten Sleipnir fast an Schnelligkeit und Ausdauer gleichkam.

GROA, DIE ZAUBERIN

Nachdem er vergeblich versucht hatte, den Steinsplitter aus seiner Stirn zu entfernen, kehrte Thor betrübt nach Thrudvang heim, wo auch Sifs liebevolle Bemühungen nichts auszurichten vermochten. Sie beschloss daher, eine Zauberin namens Groa (die Grünende) kommen zu lassen, die für ihre Heilkünste und die Wirksamkeit ihrer Zaubersprüche und Beschwörungen bekannt war. Groa bekundete sofort ihre Bereitschaft, alles in ihrer Macht stehende für den Gott zu unternehmen, der ihr so häufig Wohltaten erwiesen hatte, und begann feierlich, die wirkmächtigen Runen vorzutragen, unter deren Einfluss Thor die zunehmende Lockerung des Steins verspürte. Seine Erleichterung über die Aussicht einer schnellen Erlösung ließ in Thor den Wunsch aufkeimen, die Zauberin sofort zu belohnen. Im Bewusstsein, dass nichts einer Mutter größere Freude bereiten könne als die Hoffnung, ein lang vermisstes Kind zu sehen, erzählte er ihr, dass er kürzlich die Eliwagar oder Eisströme überquert hätte, um ihren kleinen Sohn Örwandil aus der rohen Gewalt der Reifriesen zu befreien, und es ihm gelungen wäre, ihn in einem Korb davonzutragen. Da der kleine Schlingel aber darauf beharrt hätte, eine seiner nackten Zehen durch ein Loch im Korb heraushängen zu lassen, wäre sie abgefroren, und Thor hätte sie versehentlich abgebrochen und in den Himmel geworfen, wo sie wie ein Stern scheint, der im Norden als „Örwandils Zehe" bezeichnet wird.

Erfreut über diese Neuigkeiten hielt die Seherin in ihren Beschwörungen inne, um ihrem Glück Ausdruck zu verleihen, hatte darüber aber vergessen, an welcher Stelle sie stehen geblieben war, sodass sie mit ihren Zaubersprüchen nicht mehr fortfahren konnte und der Steinsplitter in Thors Stirn stecken blieb, wo er sich niemals mehr herausnehmen ließ.

Da Thors Hammer ihm stets gute Dienste geleistet hatte, war er das wertvollste Gut, das er besaß. Als er eines Morgens aufwachte und bemerkte, dass der Hammer verschwunden war, war sein Entsetzen groß. Sein Wutschrei und seine Enttäuschung veranlassten Loki, ihn aufzusuchen, und ihm vertraute Thor das Geheimnis an, dass sein Hammer verloren gegangen war, und er fügte hinzu, wenn die Riesen dies erführen, sie bald einen Versuch wagen würden, Asgard zu erstürmen und die Götter zu vernichten.

Wild ward Wingthor, als er erwachte
Und seinen Hammer vorhanden nicht sah.
Er schüttelte den Bart, er schlug das Haupt,
Allwärts suchte der Erde Sohn.
Und es war sein Wort, welches er sprach zuerst:
„Höre nun, Loki, und lausche der Rede:
Was noch auf Erden niemand ahnt,
Noch hoch im Himmel: mein Hammer ist geraubt."

— *Die Lieder-Edda*, „Thryms-Sage" 1 und 2,
übersetzt von Karl Simrock

THOR UND THRYM

Loki sagte, dass er den Dieb aufspüren und den Hammer wiedererlangen könnte, falls Freya ihm ihr Falkengewand überlassen würde, und so eilte er nach Folkwang, um es auszuleihen. Sein Gang dorthin war erfolgreich und anschließend flog er in Vogelgestalt über den Fluss Ifing und über die kahlen Landstriche von Jötunheim, wo er den Aufenthalt des Diebes vermutete. Dort entdeckte er an einem Berghang Thrym, den Fürsten der Reifriesen. Geschickt befragte er ihn und erfuhr schon bald, dass Thrym den Hammer gestohlen und ihn tief unter der Erde verborgen hatte. Darüber hinaus fand er heraus, dass nur wenig Hoffnung bestand, den Hammer zurückzuerhalten, es sei denn, Freya würde dem Riesen als Braut geschmückt zugeführt.

Verhohlen hab ich / Den Hammer Thors
Unter der Erde / Wohl acht Meilen;
Wieder heimwärts / Holt ihn niemand,
Führt man als Frau / Mir Freyja nicht her.

— *Die Edda II. Götterdichtung und Spruchdichtung*,
„Das Thrymlied" 8, übersetzt von Felix Genzmer

Verärgert über die Dreistigkeit des Riesen kehrte Loki nach Thrudvang zurück, woraufhin Thor vorschlug, Freya aufzusuchen und sie davon zu überzeugen, sich für das Wohl der Allgemeinheit zu opfern. Als die beiden Asen der Göttin der Schönheit erläutert hatten, was sie von ihr verlangten, geriet sie dermaßen in Wut, dass sogar ihre Halskette zerriss. Sie entgegnete ihnen, dass sie niemals ihren geliebten Gatten für irgendeinen anderen Gott verlassen würde, schon erst recht nicht, um einen abscheulichen Riesen zu heiraten und in Jötunheim zu leben, wo alles äußerst trostlos wäre und sie schon bald an ihrer Sehnsucht nach den grünen Feldern und Blumenwiesen Asgards sterben müsste. Loki und Thor sahen ein, dass weiteres Überreden zwecklos war, und so begaben sich wieder nach Hause und dachten dort über einen neuen Plan nach, wie sich der Hammer wiederbeschaffen ließe. Auf den Rat Heimdalls hin, der jedoch nur äußerst widerwillig angenommen wurde, borgte sich Thor Freyas Kleider und ihre Halskette aus und verhüllte sich mit einem dicken Schleier. Loki, der sich als Dienerin verkleidet hatte, bestieg dann mit ihm den von den Ziegenböcken gezogenen Wagen, und so machte sich das seltsam vermummte Paar auf den Weg nach Jötunheim, wo sie die jeweiligen Rollen als Göttin der Schönheit und ihrer Dienerin zu spielen gedachten.

> Bald waren heim / Die Böcke getrieben,
> An die Sielen geschirrt, / Sie sollten rennen.
> Berge barsten, / Es brannte der Grund:
> Aus fuhr da Thor / Nach Thursenheim.
>
> — *Die Edda II. Götterdichtung und Spruchdichtung*,
> „Das Thrymlied“ 21, übersetzt von Felix Genzmer

Thrym begrüßte seine Gäste am Palasteingang, überglücklich bei dem Gedanken, sich endlich den unstrittigen Besitz der Göttin der Schönheit zu sichern, nach dem er sich lange vergeblich gesehnt hatte. Er führte sie zur Festhalle, wo Thor, die erwählte Braut, sich auszeichnete durch den Verzehr eines Ochsen, von acht riesigen Lachsen sowie sämtlichen für die Frauen zubereiteten Kuchen und Süßigkeiten – all diese unterschiedlichen Delikatessen wurden schließlich mit zwei Fässern Met hinuntergespült.

Der Riesen-Bräutigam beobachtete diese gastronomischen Leistungen mit großem Erstaunen, woraufhin Loki, der ihn beruhigen wollte, ihm vertraulich zuflüsterte, dass die Braut so sehr in ihn verliebt wäre, dass sie seit acht Tagen nicht auch nur einen einzigen Bissen hätte zu sich nehmen können. Als Thrym dann die Braut zu küssen begehrte, zuckte er angesichts des Feuers in ihren Augen entsetzt zurück, das Loki als feurigen Blick der Liebe erklärte. Die Schwester des Riesen, die die üblichen Geschenke einforderte, wurde nicht einmal wahrgenommen, was Loki veranlasste, dem verwunderten Thrym erneut zuzuflüstern, dass Liebe Menschen geistesabwesend machen würde. Berauscht von Leidenschaft und Met, dem auch der Bräutigam in reichlichen Mengen zugesprochen hatte, befahl er seinen Dienern, den heiligen Hammer hervorzuholen, um die Heirat zu weihen, und sobald er gebracht worden war, legte er ihn selbst in den Schoß der vermeintlichen Freya. Im nächsten Augenblick ergriff eine mächtige Hand den kurzen Stiel, und schon bald darauf hatte der furchtbare Thor den Riesen, seine Schwester und alle geladenen Gäste zerschmettert.

> Da hob Thrym an, der Thursenfürst:
> „Bringt mir den Hammer, die Braut zu weihen,
> Legt den Miölnir der Maid in den Schoß
> Und gebt uns zusammen nach ehelicher Sitte."
> Da lachte dem Hlorridi das Herz im Leibe,
> Als der hartgeherzte den Hammer erkannte.
> Thrym traf er zuerst, den Thursenfürsten,
> Und zerschmetterte ganz der Riesen Geschlecht.
>
> — *Die Lieder-Edda*, „Thryms-Sage" 30 und 31,
> übersetzt von Karl Simrock

Die Götter, die einen rauchenden Haufen von Ruinen hinter sich ließen, fuhren schnell zurück nach Asgard, wo Thor erleichtert die ausgeliehenen Kleider an Freya zurückgab und die Asen die Wiedererlangung des Hammers mit einem Freudenfest begingen. Als Odin das nächste Mal von seinem Thron Hlidskialf auf diesen Teil von Jötunheim blickte, sah er die Trümmer bedeckt mit grünen Schösslingen, da Thor seinen Feind nämlich besiegt und daher auch dessen Land in Besitz genommen hatte, blieb das Gebiet von da an nicht länger kahl und trostlos, sondern brachte Früchte im Überfluss hervor.

THOR UND GEIRRÖD

Loki lieh sich einst Freyas Falkengewand aus und flog wie so häufig auf der Suche nach Abenteuern in einen anderen Teil Jötunheims, wo er sich oben auf dem Giebel von Geirröds Haus niederließ. Schon bald wurde dieser Riese auf ihn aufmerksam und befahl einem seiner Diener, den Vogel zu fangen. Belustigt über die plumpen Versuche des Burschen, ihn zu ergreifen, flatterte er von einer Stelle zur anderen, wobei er sich nur bewegte, wenn der Riese kurz davor war, ihn zu packen, doch unversehens, als er sich in der Entfernung verschätzte, war er zum Gefangenen geworden.

Geirröd, der sich von den glänzenden Augen des Vogels angezogen fühlte, schaute ihn sich genau an und kam zu dem Schluss, dass es ein verwandelter Gott war, und da er feststellte, dass er ihn nicht gesprächig machen konnte, sperrte er

Loki in einen Käfig, in dem er ihn drei Monate ohne Essen und Trinken hielt. Überwältigt von Hunger und Durst offenbarte Loki seine Identität und wurde auf sein Versprechen hin freigelassen, Thor zu überreden, Geirröd ohne Hammer, Kraftgürtel oder Eisenhandschuh aufzusuchen. Loki floh dann zurück nach Asgard und erzählte Thor, dass er königlich unterhalten worden wäre und dass sein Gastgeber den großen Wunsch geäußert hätte, den mächtigen Donnergott kennenzulernen, über den er solch wunderbare Geschichten gehört hätte. Thor, der sich von der hinterlistigen Rede geschmeichelt fühlte, stimmte einer Freundschaftsreise nach Jötunheim zu, und so brachen die beiden Götter auf, ohne die drei wundervollen Waffen mitzuführen. Sie waren noch nicht weit gegangen, da gelangten sie zum Haus der Riesin Grid, einer der vielen Frauen Odins. Als sie Thor unbewaffnet erblickte, warnte sie ihn, sich vor Verrat zu hüten, und lieh ihm daher ihren Stärkegürtel, Eisenhandschuh und Stab. Einige Zeit nachdem sie Grid verlassen hatten, erreichten sie den Fluss Wimur, auf dessen Überquerung sich der Donnerer, der das Waten gewöhnt war, vorbereitete und Loki sowie Thialfi ermahnte, sich an seinem Gürtel festzuklammern.

In der Mitte des Stroms ereilte sie ein plötzlicher Wolkenbruch und Hochwasser. Das Wasser begann zu steigen und zu tosen, und obwohl sich Thor mit aller Kraft auf seinen Stab lehnte, wäre er beinahe von der Gewalt der gurgelnden Strömung fortgerissen worden.

Wachse nicht Wimur, nun ich waten muß
Hin zu des Joten Hause.
Wiße, wenn du wächsest, wächst mir die Asenkraft
Ebenhoch dem Himmel.

— *Die Edda (Nordische Mythologie und Epos)*, „Skalda“,
Thors Fahrt nach Geirrödsgard,
übersetzt von Karl Simrock

Thor entdeckte nun stromaufwärts Geirröds Tochter Gialp, die er zu Recht für die mutmaßliche Urheberin des Sturms hielt. Er nahm daher einen großen Stein aus dem Fluss, warf ihn auf sie und murmelte dabei, dass die beste Stelle zur Dämmung eines Flusses die Quelle wäre. Das Wurfgeschoss hatte die beabsichtigte Wirkung, da die Riesin floh und das Wasser abebbte, sodass Thor sich zwar erschöpft, aber sicher am gegenüberliegenden Ufer an einem kleinen Sperberbaumstrauch aus dem Fluss herausziehen konnte. Dies ist seitdem als „Thors Rettung“ bekannt, die okkulten Kräften zugeschrieben wird. Nach einer kurzen Rast setzten Thor und seine Gefährten ihre Reise fort, als sie aber Geirröds Halle erreichten, war er so ermattet, dass er sich müde in den einzigen vorhandenen Stuhl fallen ließ. Zu seiner Überraschung jedoch fühlte er, wie sich der Sitz unter ihm hob, und voller Furcht, gegen die Dachsparren gepresst zu werden, stieß er den geborgten Stab gegen die Decke und drückte den Stuhl kraftvoll wieder nach unten, woraufhin ein furchtbares Getöse, abruptes Geschrei und Schmerzgestöhn zu hören waren. Als Thor nachsehen kam, da schien es, als ob die Töchter des Riesen, Gialp und Greip, sich unter seinen Stuhl geschlichen hatten in der Absicht, ihn heimtückisch zu erschlagen, wofür sie nun ihre gerechte Strafe erhalten hatten und zerschmettert am Boden lagen.

> Einstmals übt ich die Asenstärke / In des Joten Hause,
> Da Gialp und Greip, Geirröds Töchter, / Mich zum Himmel hoben.
>
> — *Die Edda (Nordische Mythologie und Epos)*, „Skalda",
> Thors Fahrt nach Geirrödsgard, übersetzt von Karl Simrock

Nun erschien Geirröd und forderte Thor zu einem Kräfte- und Geschicklichkeitsvergleich auf, aber ohne ein vorher vereinbartes Zeichen warf er einen glühenden Eisenkeil in Richtung auf Thor, der aber ein scharfes Auge hatte und ein geübter Fänger war. Der Gott hielt das Wurfgeschoss mit dem Eisenhandschuh der Riesin fest und schleuderte es auf seinen Gegner mit einer solchen Kraft zurück, dass es nicht nur die Säule durchschlug, hinter der sich Geirröd geflüchtet hatte, sondern auch ihn selbst und auch die Wand des Hauses, um schließlich tief in der Erde draußen zu versinken.

Thor schritt dann zum Leichnam des Riesen, der beim Durchdringen des Keils zu Stein geworden war, und stellte ihn an einem gut sichtbaren Platz auf als Denkmal seiner Stärke und seines Sieges, den er über seine furchteinflößenden Feinde errungen hatte – die Bergriesen.

DIE VEREHRUNG THORS

Viele Orte, die Thor für gewöhnlich aufsuchte, tragen seinen Namen, etwa die Hauptstadt der Färöer Thorshavn, aber auch Familien, die behaupten, von ihm abzustammen. Er ist noch lebendig in Namen wie Thunderhill in Surrey und in Familiennamen wie Thornburn und Thorwaldsen, aber am auffälligsten im Namen eines Wochentags, dem von Thor abgeleiteten englischen Thursday.

> Auf der ganzen Erde
> Ist es noch immer Thors Tag!
>
> — *Saga vom heiligen Olav,* Longfellow

Thor galt als äußerst wohltätige Gottheit, weshalb er weithin geachtet wurde und ihm zu Ehren Tempel unter anderem in Moeri, Uppsala und Stavanger errichtet wurden, wo ihn die Menschen an seinem Hauptfeiertag, dem Julfest, um ein erfolgreiches Jahr anflehten. Es war bei diesem Anlass Brauch, einen großen Klotz der ihm geweihten Eiche zu verbrennen als Symbol für die Wärme und das Licht des Sommers, die die Dunkelheit und Kälte des Winters vertreiben sollten. Bräute waren ausnahmslos in Rot gekleidet, Thors Lieblingsfarbe, die symbolisch für die Liebe stand, und daher wurden im Norden Verlobungsringe immer mit einem roten Stein eingefasst.

Thors Tempel und Standbilder waren wie die Odins aus Holz und wurden unter der Herrschaft König Olavs des Heiligen größtenteils zerstört. Alten Chroniken nach bekehrte dieser Monarch seine Untertanen mit Gewalt. Besonders erzürnt war er über die Bewohner einer Provinz, die ein grobes, reich verziertes Bildnis Thors anbeteten, vor das sie jeden Abend Essen stellten, und da am nächsten Morgen nichts mehr vorhanden war, glaubten sie, der Gott hätte es verzehrt. Als man 1030 die Einwohner aufforderte, sich vom Götzen zugunsten des wahren Gottes loszusagen, willigten sie ein, sofern der nächste Morgen bewölkt wäre. Nach einer ganzen Nacht im Gebet blickte Olav auf einen wolkenverhangenen Tag, doch erklärten die starrsinnigen Menschen, dass sie erst an die Macht seines Gottes glauben könnten, wenn am nächsten Tag die Sonne schiene.

Olav verbrachte die Nacht noch einmal im Gebet, als aber die Dämmerung einsetzte, war der Himmel zu seiner großen Enttäuschung bedeckt. Er versammelte die Menschen dennoch in der Nähe der Thorstatue, und nachdem er seinem wichtigsten Getreuen heimlich befohlen hatte, das Götzenbild mit seiner Streitaxt zu zerschmettern, wenn die Leute ihre Augen für einen Augenblick abwenden würden, begann er seine Ansprache. Während ihm alle zuhörten, zeigte er plötzlich auf den Himmel, wo die Sonne sich langsam ihre Bahn durch die Wolken brach, und rief aus: „Seht unseren Gott!" Die Menschen drehten sich alle herum, um sich zu vergewissern, was er meinte, und diese Gelegenheit nutzte der Gefolgsmann, um auf das Abbild des Abgotts einzuschlagen, das den Axthieben nur kurz standhielt und aus dessen hohlem Inneren Mäuse und andere Schädlinge heraussprengten. Nun erkannten sie, dass das Essen, das sie ihrem Gott vorgesetzt hatten, nur von Ungeziefer vertilgt worden war, und von da an gaben sie ihre Verehrung für Thor auf und nahmen endgültig den Glauben an, den Olav ihnen so lang und vergeblich aufzuzwingen versucht hatte.

KAPITEL V

Tyr

DER KRIEGSGOTT

Tyr, Tiu oder Ziu war der Sohn Odins und einer Reihe von Mythologen zufolge soll seine Mutter entweder Frigg, die Königin der Götter, gewesen sein oder eine wunderschöne Riesin, deren Name unbekannt ist, die aber die Personifizierung der tobenden See war. Er ist der Gott des Kampfes und des Rechts und einer der zwölf Hauptgötter in Asgard. Obwohl er dort offenbar keine besondere Wohnung besaß, war er jederzeit in Vingolf oder Walhall willkommen. Er besetzte darüber hinaus einen der zwölf Sitze in der großen Ratshalle Gladsheim.

> In der Halle Gladsheim, die aus Gold gebaut ist,
> Sind zwölf goldene Stühle im Kreis aufgestellt,
> Und in der Mitte ein höherer, Odins Thron.
>
> — *Balder Dead*, Matthew Arnold

Als Gott der Tapferkeit und des Krieges wurde Tyr regelmäßig von den Völkern des Nordens angerufen, die ihn genauso wie Odin anflehten, ihnen den Sieg zu verleihen. Dass er in der Rangfolge direkt nach Odin und Thor kam, belegt sein Name Tiu, nach dem ein englischer Wochentag, der Tiu's day, benannt worden ist, der zum heutigen Tuesday verschmolzene Dienstag im englischen Kalender. Unter dem Namen Ziu war Tyr einer der Hauptgötter der Alamannen, deren Hauptstadt ursprünglich *Ciesburc* hieß, das heutige Augsburg. Dieses Volk, das den Gott auf seine Weise verehrte, tat dies gewöhnlich unter dem Emblem eines Schwertes, seinem charakteristischen Attribut, und hielt ihm zu Ehren große Schwerttänze ab, bei denen verschiedene Figuren aufgeführt wurden. Manchmal bildeten die Teilnehmer zwei lange Reihen, kreuzten ihre Schwerter mit den Spitzen nach oben und forderten den Tapfersten unter ihnen auf, einen großen Satz darüber zu machen. Manchmal legten die Krieger die Schwertspitzen in Form einer Rose oder eines Rades eng aneinander, und wenn diese Figur vollendet war, baten sie ihren Anführer, sich auf das so geformte Geflecht aus flachen, glänzenden Stahlklingen zu stellen, und dann trugen sie ihn darauf im Triumph durch das Lager. Die Schwertspitze wurde als so heilig betrachtet, dass es üblich wurde, darauf Eide zu schwören.

> ...Hierher, Ihr Herren, kommt
> Und legt die Hände wieder auf mein Schwert;
> Schwört auf mein Schwert,
> Niemals von dem, was ihr gehört, zu sprechen.
>
> — *Hamlet,* 1. Akt, fünfte Szene, William Shakespeare,
> übersetzt von August Wilhelm Schlegel

Eine Besonderheit der Verehrung dieses Gottes bei den Franken und einigen anderen nordischen Völkern bestand darin, dass Druiden oder Goden genannte Priester ihm Menschenopfer auf ihren Altären darbrachten, üblicherweise als Ritzen des Blutaars oder Blutadlers, bei dem ein tiefer Schnitt auf jeder Seite der Wirbelsäule gemacht wurde, sodass die freigelegten Rippen wie Adlerschwingen zur Seite geklappt werden konnten, um schließlich die Eingeweide durch die entstandene Öffnung herauszunehmen. Es wurde jedoch nur mit Kriegsgefangenen auf diese Weise verfahren, wobei es unter den nordeuropäischen Völkern als ehrenvoll galt, diese Tortur ohne Stöhnen zu ertragen. Diese Opferhandlungen wurden vermutlich auf sogenannten Dolmen, grob behauenen Steinaltären, durchgeführt, die bis heute unter anderem in Nordeuropa erhalten geblieben sind. Da Tyr als Schwertgott angesehen wurde, erachtete man es für unerlässlich, die ihn bezeichnende Rune in jede Schwertklinge einzuritzen, eine Methode, die die *Edda* allen anempfahl, die den Sieg davontragen wollten.

> Siegrunen schneide, wenn du Sieg willst haben;
> Grabe sie auf des Schwertes Griff;
> Auf die Seiten Einige, Andere auf das Stichblatt
> Und nenne zweimal Tyr.
>
> — *Die Lieder-Edda*, „Das Lied von Sigurdrifa“ 6,
> übersetzt von Karl Simrock

Tyr war identisch mit dem Gott der Sachsen Saxnot (von *sax*, Kurzschwert) und mit Eru, Heru oder Cheru, der Hauptgottheit der Cherusker, den sie auch als Sonnengott verehrten, weil sie dessen glänzende Schwertklinge für ein Symbol der Sonnenstrahlen hielten.

Dieses besondere Schwert erhaschte
Einen Lichtstrahl von der Sonne!

— *Valhalla*, J. C. Jones

TYRS SCHWERT

Einer alten Sage nach wurde Cherus Schwert von denselben Zwergen angefertigt, nämlich Iwalds Söhnen, die auch Odins Speer hergestellt hatten. Es wurde von seinem Volk sehr heiliggehalten, dem er es zur Aufbewahrung anvertraut hatte mit dem Hinweis, dass wer immer es besäße, sicher sein könnte, über seine Feinde zu triumphieren. Obwohl es im Tempel gut bewacht wurde, wo es so platziert war, dass die ersten Strahlen der Morgensonne darauf fielen, verschwand es eines Nachts auf geheimnisvolle Weise. Eine Wala oder Seherin, die die Priester daraufhin aufsuchten, offenbarte ihnen, dass die Nornen verfügt hätten, dass derjenige, der das Schwert einsetzen würde, zwar die Welt erobern würde, aber dadurch auch umkäme. Trotz allen Flehens weigerte sie sich, ihnen mitzuteilen, wer es entwendet hatte oder wo es sich befand. Einige Zeit nach diesem Vorfall traf ein großer und würdevoller Fremder in Köln ein, wo Vitellius, der römische Präfekt, gerade schmauste, als er ihn von seinen Leckerbissen wegholen ließ. In Anwesenheit der römischen Soldaten überreichte er ihm das Schwert und teilte ihm mit, dass es ihm Ruhm und Ansehen brächte, und rief ihn zum Kaiser aus. Diese Proklamation wurde von den versammelten Legionen bejubelt, und Vitellius war so ohne irgendeine persönliche Anstrengung unternommen zu haben, unversehens die Ehre eines gewählten Kaisers von Rom zugefallen.

Der neue Herrscher war jedoch so damit beschäftigt, seiner Leidenschaft für Essen und Trinken zu frönen, dass er der göttlichen Waffe nur wenig Beachtung schenkte. Eines Tages, nachdem er sich gemächlich auf den Weg nach Rom gemacht hatte, ließ er es achtlos im Vorraum seines Zeltes hängen. Ein germanischer Krieger nutzte die Gelegenheit, es gegen sein eigenes rostiges Schwert auszutauschen, was dem betrunkenen Kaiser jedoch unbemerkt blieb. Als er in Rom ankam, erfuhr er, dass die Legionen des Ostens Vespasian zum Kaiser erhoben hatten und dass er sich zu diesem Zeitpunkt auf dem Heimweg befand, um sich den Thron zu sichern.

Erst als er nach der heiligen Waffe zur Verteidigung seiner Rechte suchte, entdeckte Vitellius den Raub, und überwältigt von abergläubischer Furcht, unternahm er keinen Versuch zu kämpfen. Er verkroch sich in eine dunkle Ecke seines Palastes, aus der er schändlich vom erzürnten Pöbel zum Fuß des Kapitols geschleift wurde. Dort erfüllte sich dann die Prophezeiung, da der germanische

Krieger, der sich der gegnerischen Partei angeschlossen hatte, in diesem Moment vorbeikam und Vitellius das Haupt mit dem heiligen Schwert abschlug.

Der Germane wechselte nun von einer Legion zur anderen und durchquerte viele Länder, aber wo immer er und sein Schwert auftauchten, da war der Sieg gewiss. Nachdem er große Ehre und Anerkennung erworben hatte und alt geworden war, zog sich dieser Mann aus dem aktiven Dienst an die Ufer der Donau zurück, wo er seine wertvolle Waffe heimlich unter seiner Hütte vergrub, um sie während seiner letzten Lebensjahre bewachen zu können. Als er auf seinem Sterbebett lag, flehte man ihn an, das Versteck zu offenbaren, aber er weigerte sich standhaft und sagte, dass es nur derjenige entdecken würde, dessen Bestimmung die Eroberung der Welt wäre, dem Fluch jedoch nicht entrinnen könnte. Die Jahre vergingen, während die Flut barbarischer Invasionen Welle auf Welle über diesen Teil des Landes hereinbrach – zuletzt die furchtbaren Hunnen unter Führung Attilas, der „Geißel Gottes". Als er auf dem Fluss vorbeifuhr, sah er einen Bauer, der traurig die Klaue seiner Kuh untersuchte, die sich an einem im langen Gras verborgenen scharfen Gegenstand verletzt hatte, der sich bei genauem Nachsehen als Spitze eines aus der Erde herausragenden Schwertes herausstellte.

Attila bemerkte die wunderbare Verarbeitung und den ausgezeichneten Erhaltungszustand dieser Waffe, was ihn sofort ausrufen ließ, dass sie Cherus Schwert wäre. Er schwenkte es sofort über seinem Kopf und verkündete, die Welt zu erobern. Schlacht um Schlacht wurde von den Hunnen geschlagen, die der Saga nach überall siegreich waren, bis Attila sich kriegsmüde in Ungarn niederließ und die wunderschöne Burgunderprinzessin Ildico zur Frau nahm, deren Vater er erschlagen hatte. Diese Prinzessin, die ihm die Ermordung ihrer Sippe nicht verzieh und auf Rache sann, nutzte den Vorteil seiner Betrunkenheit in der Hochzeitsnacht aus, um sich das göttliche Schwert anzueignen, mit dem sie ihn in ihrem Bett tötete, sodass sich noch einmal die Prophezeiung erfüllte, die vor vielen Jahren ausgesprochen worden war.

Das Zauberschwert verschwand abermals für eine lange Zeit, ehe es erneut, aber nun zum letzten Mal, vom Herzog von Alba, dem General Karls V., ausgegraben wurde, der kurz darauf in der Schlacht von Mühlberg (1547) den Sieg errang. Die Franken führten gewöhnlich jährliche Kampfspiele zu Ehren des Schwertes durch, als sie aber den heidnischen Göttern zugunsten des Christentums abschworen, da sollen die Priester viele der göttlichen Attribute auf die Heiligen übertragen haben, und dieses einzigartige Schwert wurde zum untrüglichen Kennzeichen des Heiligen Erzengels Michael.

Tyr, dessen Name mit Tapferkeit und Weisheit gleichbedeutend ist, galt den Menschen des Nordens auch als der Gott, dem die weißarmigen Walküren, Odins Dienerinnen, zur Verfügung standen, und sie glaubten, dass er es wäre, der die

Krieger bestimmte, die die Walküren nach Walhall trugen, um die Götter am Jüngsten Tag in ihrem Kampf zu unterstützen.

Gondul und Skogul
Sandte Gauta-Tyr
Könige zu erkiesen,
Wer aus Yngwi's Geschlecht
Sollte mit Odin fahren
In Walhall zu wohnen.

— *Snorri Sturluson's Weltkreis (Heimskringla)*, Bd. 2,
„Sage Hakon's des Guten" 33, übersetzt von Ferdinand Wachter

DER FENRISWOLF

Während Odin als einäugig beschrieben wurde, schilderte man Tyr im Allgemeinen als einarmig. Es gab für Tyrs Einarmigkeit unterschiedliche Erklärungsversuche, so vermuteten einige Kenner der Materie, dass Tyr nur einer Seite der Kampfteilnehmer den Sieg zusprechen könnte, wohingegen andere meinten, dass das Schwert schließlich nur eine Klinge besäße. Wie dem auch immer sei, unsere Vorfahren haben die folgende Geschichte über den einarmigen Gott erzählt.

Loki lag in Jötunheim heimlich der abscheulichen Riesin Angrboda (Unheilsbringerin) bei, die ihm drei grässliche Kinder gebar, den Wolf Fenris, die Totengöttin Hel, deren eine Hälfte schwarz, die andere fleischfarben ist, und Jörmungand, die entsetzliche Midgardschlange. Er verbarg die Existenz dieser Ungeheuer so lange er konnte, allerdings wurden sie schnell derart groß, dass er sie schon bald nicht mehr in der beengten Höhle lassen konnte, in der sie das Licht der Welt erblickt hatten. Von seinem Thron Hlidskialf aus bemerkte Odin allerdings schon sehr früh ihre Existenz und auch die beunruhigende Schnelligkeit ihres Größenwachstums. Die Furcht, die Ungeheuer könnten noch mehr an Kraft gewinnen, in Asgard einfallen und die Götter vernichten, veranlasste Allvater zu der Entscheidung, sich ihrer zu entledigen. Er begab sich daher nach Jötunheim, wo er Hel in die Tiefen Niflheims stieß und ihr die Herrschaft über die neun düsteren Welten der Toten übergab. Anschließend warf er Jörmungand ins Meer, wo sie so gewaltige Ausmaße erreichte, dass sie sich schließlich um die ganze Erde wickelte und sich in ihren eigenen Schwanz biss.

Mitten in die dunklen Tiefen des Meeres geschleudert,
Mit jedem Tag zu riesiger Größe angewachsen,

Umschloss die Schlange bald die Welt,
Den Schwanz im Maul wie ein Kreis.
Unschädlich blieb sie
Durch Odins Willen.

— *Valhalla,* J. C. Jones

Niemand konnte erahnen, dass die Schlange solch furchterregende Größe in ihrem neuen Element erlangen würde, also beschloss Odin, den Fenriswolf in der Hoffnung nach Asgard zu führen, ihn dort durch freundliche Behandlung zahm und und gefügig zu machen. Aber wie bestürzt waren die Götter, als sie den Wolf sahen, und niemand wagte es, sich ihm anzunähern, um ihn zu füttern, außer Tyr, der sich durch nichts abschrecken ließ. Tag für Tag beobachteten sie, wie Fenris größer, stärker, gefräßiger und wilder wurde, und so versammelten sich die Götter und beratschlagten, auf welche Weise sie ihn am besten beseitigen könnten. Einhellig waren sie der Meinung, dass es ihre Friedensstätte entweihen würde, wenn sie ihn erschlügen, und daher entschieden sie, ihn so fest anzubinden, dass er ihnen keinen Schaden zufügen könnte.

Sie schufen zu diesem Zweck eine starke Fessel namens Läding und schlugen Fenris scherzhaft vor, diese um ihn herumzubinden, um seine vielgerühmte Kraft auf die Probe zu stellen. Im Vertrauen auf seine Fähigkeit, sich selbst befreien zu können, ließ Fenris sich geduldig fesseln, und als alle Götter beiseitegetreten waren, streckte er sich mit aller Macht und schüttelte die Kette mit Leichtigkeit ab.

Die Götter, die ihren Ärger verbargen, priesen stattdessen seine Kraft und fertigten danach die noch stärkere Fessel Droma, die sich der Wolf nach einiger Überredung durch die Götter bereitwillig wie zuvor anlegen ließ. Ein kurzer, heftiger Kampf reichte wieder aus, um die Ketten zu sprengen, und seitdem ist es im Norden sprichwörtlich geworden, „sich aus Läding zu lösen" oder „sich aus Droma loszureißen", wenn es darum geht, große Schwierigkeiten zu bewältigen.

Zwei Mal versuchten die Asen dich fest zu binden,
Zwei Mal konnt'st du dich aus den Fesseln winden;
Weder Eisen noch Kupfer konnten dich bezwingen,
Nichts außer Zauber konnt' dich niederringen.

— *Valhalla,* J. C. Jones

Die Götter mussten nun erkennen, dass die üblichen Fesseln, egal, wie stark sie auch immer wären, niemals etwas gegen die unbändige Kraft des Fenriswolfs ausrichten könnten. Sie sandten daher Skirnir, Freyrs Boten, hinunter nach Schwarzalbenheim, um die Zwerge zu bitten, eine unzerreißbare Fessel herzustellen.

Mit Zauberkunst erschufen die Dunkelalben ein dünnes Seidenband aus so unmerklichen Stoffen wie dem Geräusch einer Katzenpfote, dem Bart einer Frau, den Wurzeln eines Berges, den Sehnen des Bären, dem Atem des Fisches und dem Speichel des Vogels. Als das Band fertiggestellt war, übergaben sie es Skirnir und beteuerten, dass keine Kraft ausreichen würde, um es zu zerreißen, und dass je mehr daran gezerrt würde, es desto stärker würde.

> Zuletzt wurd' Gleipnir von Dunkelalben erdacht,
> Mit starken Zaubern in Schwarzalbenheim gemacht,
> Von Skirnir zu Odin gebracht,
> Wie Seide so fein, wie Luft so leicht,
> An Zauberkraft aber unerreicht.
>
> — *Valhalla,* J. C. Jones

Die Götter fuhren mit Fenris und diesem Band namens Gleipnir auf die Insel Lyngwi im See Amswartnir und baten ihn erneut, seine Kraft daran auszuprobieren. Obwohl Fenris noch stärker geworden war, misstraute er dem Band, das so dünn aussah. Er weigerte sich daher, sich damit fesseln zu lassen, es sei denn, dass einer der Asen sich bereit erklären würde, seine Hand als Pfand in sein Maul zu legen, und dass dabei keine Zauberkünste gegen ihn eingesetzt würden.

Die Götter nahmen die Entscheidung mit Bestürzung auf und schreckten alle bis auf Tyr zurück. Da ihm bewusst wurde, dass die anderen es nicht wagen würden, sich auf Fenris' Bedingung einzulassen, trat Tyr mutig nach vorn und schob seine Hand in das Maul des Ungeheuers. Die Götter befestigten Gleipnir nun an Fenris' Hals und Pfoten, und als sie sahen, dass selbst seine größten Anstrengungen fruchtlos blieben, jubelten sie und lachten vor Freude. Tyr konnte ihre Begeisterung jedoch nicht teilen, da der Wolf dem Gott angesichts seiner Gefangennahme die Hand an der Stelle abbiss, die seitdem Wolfsgelenk heißt.

> Loki: Schweig du, Tyr! Du taugst zum Kampfe nicht
> Zu gleicher Zeit mit Zweien.
> Deine rechte Hand ist dir geraubt,
> Fenris fraß sie, der Wolf.
> Tyr: Der Hand muss ich darben; so darbst du Fenris.
> Eins ist schlimm wie das andre;
> Auch der Wolf ist freudenlos: gefeßelt erwartet er
> Der Asen Untergang.
>
> — *Die Lieder-Edda*, „Ägirs Trinkgelage" 38 und 39,
> übersetzt von Karl Simrock

Nach dem Verlust seiner rechten Hand war Tyr nun gezwungen, mit dem verstümmelten Arm seinen Schild zu halten und mit der linken Hand sein Schwert zu führen, aber er besaß eine so große Geschicklichkeit, dass er seine Feinde wie zuvor erschlagen konnte.

Trotz allen Ringens des Wolfes zogen die Götter das Ende der Fessel Gelgia durch den Felsen Gióll, den sie an dem Felsbrocken Thwiti befestigten und alles tief in der Erde versenkten. Fenris stieß mit weit aufgerissenem Maul solch furchtbares Geheul aus, dass die Götter ihn zum Schweigen bringen wollten und ihm daher ein Schwert ins Maul steckten, dessen Griff den unteren Gaumen berührte und die Spitze den oberen, sodass eine Gaumensperre entstand. Der Geifer floss sodann in Strömen und bildete den Fluss Wan. Es war die Bestimmung des Wolfes so bis zum Untergang der Götter angekettet zu bleiben, wenn er seine Fesseln sprengen und sich für das ihm zugefügte Unrecht rächen würde.

> Der Fenriswolf wird sich
> von seinen Fesseln befreien
> und über die Felder
> der Menschen herfallen.
>
> — *Das Hakonlied*, zitiert nach Harry Eilenstein,
> *Die frühen Skalden-Lieder*

Einigen Mythologen zufolge steht dieser Mythos sinnbildlich für Verbrechen, die durch die Macht des Gesetzes bestraft und unschädlich gemacht werden, wohingegen andere darin das unterirdische Feuer erkennen wollen, das niemandem Schaden zufügen kann, solang es gefesselt bleibt, die Welt jedoch mit Zerstörung und Leid überzieht, sobald es entfesselt wird. Es wird zudem auf den Umstand verwiesen, dass während Odins zweites Auge auf dem Grund von Mimirs Quelle ruht, sich Tyrs zweite Hand (Schwert) im Rachen von Fenris befindet – aber er benötigt schließlich keine zwei Waffen wie auch der Himmel keine zwei Sonnen braucht.

Verschiedene Orte erinnern noch heute an die Verehrung Tyrs, wobei sie mehr oder weniger modifizierte Formen seines Namens tragen, etwa Tübingen, das von Ziu abgeleitet ist. Die Germanen weihten den Eisenhut (Aconitum) dem Kriegsgott und nannten die Giftpflanze vermutlich wegen ihrer Wirkung und helmförmigen Blüte Tyrs-Helm.

BROEK

KAPITEL VI

Bragi

DER URSPRUNG DER DICHTUNG

Als in Zeiten der Streitigkeiten zwischen den Asen und Wanen Friedensverhandlungen geführt wurden, brachte man zur Besiegelung des Friedens ein Gefäß in die Versammlung, in das beide Parteien feierlich spuckten. Die Götter schufen aus diesem Speichel Kwasir, ein für seine Weisheit und Güte berühmtes Wesen, das weit in der Welt herumkam und alle ihm gestellten Fragen beantwortete, sodass die Menschen daraus Lehren und Nutzen ziehen konnten. Die Zwerge, denen Kwasirs große Gelehrtheit bekannt wurde, begehrten sein Wissen, und als sie ihn eines Tages im Schlaf überraschten, da erschlugen ihn zwei von ihnen, nämlich Fjalar und Galar, auf heimtückische Weise und fingen jeden seiner Blutstropfen in drei Gefäßen auf, dem Kessel Odrörir und den Schalen Son sowie Bodn. Nachdem sie dieses Blut mit Honig gut vermischt hatten, erzeugten sie eine Art Getränk, das so anregend war, dass jeder, der es zu sich nahm, ein Dichter wurde und so anmutig singen konnte, dass er alle Herzen mit Sicherheit eroberte.

Obwohl die Zwerge diesen wunderbaren Met für ihren eigenen Bedarf gebraut hatten, kosteten sie ihn nicht einmal und versteckten ihn an einem geheimen Ort, ehe sie sich auf die Suche nach weiteren Abenteuern machten. Sie waren noch nicht weit gekommen, als sie nahebei an einem steil abfallenden Ufer auf den tief schlafenden Riesen Gilling trafen, den sie boshaft als Mitwisser ins Wasser rollten, sodass er ertrank. Anschließend eilten sie zu seiner Wohnung, und während einige mit einem riesigen Mühlstein auf das Dach kletterten, betraten andere das Haus und teilten der Riesin mit, dass ihr Mann gestorben wäre. Diese Nachricht betrübte die arme Kreatur zutiefst, woraufhin sie aus dem Haus stürzte, um Gillings Überreste zu betrachten. Als sie durch die Tür ging, ließen die niederträchtigen Zwerge den Mühlstein auf ihren Kopf fallen und töteten sie. Einer anderen Erzählung nach luden die Zwerge den Riesen, der nicht schwimmen konnte, zum Fischen ein und ermordeten ihn, indem sie ihn in einem lecken Boot hinausrudern ließen, das unter seinem Gewicht versank.

Der begangene Doppelmord blieb jedoch nicht lange ungesühnt, denn Gillings Sohn Suttung sann auf Rache und begab sich daher schnell auf die Suche nach den Zwergen. Er ergriff sie schließlich und brachte sie weit aufs Meer hinaus zu einer Schäre, wo sie mit Beginn der nächsten Flut zweifellos umgekommen wären, hätten sie nicht ihr Leben gerettet, indem sie dem Riesen versprachen, ihm ihren kürzlich hergestellten Met zu überlassen. Sobald er sie an Land gesetzt hatte, überreichten sie ihm den wertvollen Trank, den er seiner Tochter Gunnlöd mit der Ermahnung anvertraute, ihn Tag und Nacht zu hüten und Götter sowie Sterbliche daran zu hindern, davon zu kosten. Um diesen Auftrag besser erfüllen zu können, trug Gunnlöd die drei Gefäße in einen hohlen Berg, wo sie mit höchster Aufmerksamkeit Wache hielt und keinen Verdacht schöpfte, dass Odin ihr Versteck bereits entdeckt hatte dank der scharfen Augen seiner immer wachsamen Raben Hugin und Munin.

DIE SUCHE NACH DEM TRANK

Obwohl Odin schon die Runenlehre gemeistert und aus Mimirs Quelle getrunken hatte und bereits der Weiseste der Götter war, wollte er trotzdem auch die Macht des Trunkes kennenlernen, der aus Kwasirs Blut entstanden war, und wurde von dem unbedingten Wunsch beseelt, in den Besitz der Zauberflüssigkeit zu gelangen. Er setzte zu diesem Zweck seinen Schlapphut auf, hüllte sich in seinen weiten blauen Mantel und reiste nach Jötunheim. Auf dem Weg zur Behausung des Riesen kam er an einem Feld vorbei, auf dem neun hässliche Knechte Heu mähten. Odin hielt für einen Augenblick inne, beobachtete sie bei der Arbeit und bemerkte, dass ihre Sensen sehr stumpf zu sein schienen, und daher schlug er ihnen vor, sie zu schärfen – ein Angebot, das die Knechte begierig annahmen.

Odin zog einen Wetzstein vom Gürtel, begann die neun Sensen zu schärfen und gab ihnen einen solchen Schliff, dass die Knechte hocherfreut waren und den Stein erwerben wollten. Er willigte ein und warf den Wetzstein hoch in die Luft. Als die neun Knechte jedoch alle zugleich nach vorn sprangen, um ihn zu fangen, fügten sie sich mit ihren scharfen Sensen gegenseitig Verletzungen zu. Im Zorn über ihren jeweiligen Leichtsinn fingen sie an, sich zu bekämpfen, und hörten erst auf, bis alle sich gegenseitig umgebracht hatten.

Ziemlich unbeeindruckt von dieser Tragödie setzte Odin seine Reise fort und erreichte kurz darauf das Haus des Riesen Baugi, einem Bruder Suttungs, der ihn gastfreundlich aufnahm. Im Lauf ihrer Unterhaltung erzählte ihm Baugi, dass er sich in großen Schwierigkeiten befände, da Erntezeit wäre und all seine Arbeiter sich auf der Wiese gegenseitig erschlagen hätten.

Odin, der sich sich dem Riesen gegenüber Bölwerk nannte, bot ihm sogleich seine Dienste an und versprach ihm, genauso viel wie die neun Knechte zu leisten und den ganzen Sommer über fleißig zu arbeiten. Er forderte als Lohn am Ende der Saison einen einzigen Schluck aus Suttungs Zaubermet. Sie trafen sofort eine Vereinbarung miteinander und Baugis neuer Knecht Bölwerk mühte sich während des ganzen Sommers unermüdlich ab, wobei er den Vertrag mehr als nur erfüllte, und konnte noch vor Beginn der Herbstregenzeit die gesamte Getreideernte sicher einbringen.

Als die ersten Wintertage kamen, begab sich Bölwerk zu seinem Herrn und verlangte den ihm zustehenden Lohn. Baugi zögerte und zauderte jedoch und musste Bölwerk eingestehen, dass er es nicht offen wagen würde, seinen Bruder Suttung nach dem Met zu fragen, sondern es stattdessen mit einer List versuchen wolle. Bölwerk und Baugi schritten daraufhin gemeinsam zu dem Berg, in dem Gunnlöd wohnte. Da ihnen nichts Besseres einfiel, als ein Loch zu bohren, um sich Zutritt zu der geheimen Höhle zu verschaffen, holte Odin seinen zuverlässigen Bohrer Rati hervor und gebot dem Riesen, mit aller Kraft ans Werk zu gehen, damit er anschließend ins Innere kriechen könnte.

Baugi, der schweigend gehorchte, zog nach kurzer Zeit das Werkzeug zurück und erklärte, dass er den Berg durchbohrt hätte und Odin ohne Schwierigkeit durchschlüpfen könnte. Der Gott misstraute dieser Aussage jedoch und blies in das Loch. Als ihm Staub und Späne entgegenflogen, befahl er Baugi, weiterzubohren und ihn nicht noch einmal zu betrügen. Der Riese tat, was ihm aufgetragen war, und als er dieses Mal den Bohrer herausholte, vergewisserte sich Odin erneut und stellte fest, dass die Arbeit tatsächlich vollendet war. Er verwandelte sich danach in eine Schlange und wand sich mit solch bemerkenswerter Schnelligkeit, dass er es schaffte, dem scharfen Bohrer zu entkommen, den Baugi voller Heimtücke hinter ihm durch das Loch herschob, um ihn zu töten.

Ratis Mund
Ließ ich mir Raum schaffen
Und durchfressen den Fels;
Oben und unten
Standen der Eisriesen Wege;
So setzt ich mich selber ein.

— *Die Edda II. Götterdichtung und Spruchdichtung,*
„Die Odinsbeispiele. Das zweite Beispiel" 3,
übersetzt von Felix Genzmer

DER RAUB DES TRANKES

Nachdem Odin in das Innere des Berges vorgedrungen war, nahm er wieder seine gewöhnliche göttergleiche Gestalt mit übergeworfenem Sternenmantel an und stellte sich in der Höhle mit herunterhängenden Tropfsteinen der wunderschönen Gunnlöd vor. Er wollte ihre Liebe gewinnen, um sie zu verleiten, ihm einen Schluck aus den ihr anvertrauten Gefäßen zu gewähren.

Betört von seinem leidenschaftlichen Werben war Gunnlöd bereit, sich ihm hinzugeben, und nachdem er drei Tage mit ihr an ihrem Zufluchtsort zugebracht hatte, schaffte sie die Gefäße aus dem Versteck herbei, und erlaubte ihm, aus allen einen Schluck zu kosten.

> Von Odrörir,
> Dem edelsten Met,
> Tat ich einen Trunk.
>
> — *Die Edda II. Götterdichtung und Spruchdichtung,*
> „Odins Runengedicht" 4, übersetzt von Felix Genzmer

Odin nutzte diese Gelegenheit weidlich aus und nahm so tiefe Schlücke, dass er alle drei Gefäße vollständig leerte. Nun, da er alles, was er wollte, erhalten hatte, flüchtete er aus der Höhle, legte seine Adlerflügel an, stieg hoch zum Himmel und schwebte einen Augenblick lang über den Bergspitzen, um dann in Richtung Asgard zu fliegen.

Noch war er weit entfernt vom Reich der Götter, als ihm plötzlich bewusst wurde, dass er einen Verfolger hatte, denn Suttung hatte sich ebenfalls in einen Adler verwandelt und kam ihm geschwind näher und näher, um ihn zu zwingen, den erbeuteten Met zurückzugeben. Odin flog daher immer schneller und spannte jeden Nerv an, um Asgard zu erreichen, bevor sein Feind ihn einholen würde, und als er sich seinem Ziel näherte, beobachteten die versammelten Götter sorgenvoll das Rennen.

Die Asen erkannten sofort, dass Odin nur mit knapper Not entrinnen würde, und sammelten daher hastig alle brennbaren Materialien, die sie auftreiben konnten, und als er über ihre Wallanlagen flog, entzündeten sie die Brennstoffe, deren hoch züngelnden Flammen die Flügel Suttungs während seiner Verfolgung des Gottes versengten, sodass der Riese mitten ins Feuer stürzte, in dem er verbrannte. Was Odin betrifft, so flog er dorthin, wo die Götter Gefäße für den geraubten Met bereitgestellt hatten, und spie den Trunk in solch atemloser Hast in die Behälter, dass einige Tropfen danebenfielen, sich über den Boden ergossen und schließlich den Anteil der Dichterlinge und Versemacher bildeten. Die Götter behielten den

Rest des Trankes für sich selbst und gewährten einem bevorzugten Sterblichen gelegentlich einen Schluck davon, wodurch er schon bald darauf wegen seiner einfühlsamen Lieder weltweite Berühmtheit erlangen würde.

> Die betörte Schöne
> Hab ich schlau benutzt;
> Nichts ist Weisen verwehrt;
> Denn Odrörir
> Ist nun aufgestiegen
> Zur Wohnung des Weltenherrn.
>
> — *Die Edda II. Götterdichtung und Spruchdichtung,* „Die Odinsbeispiele. Das zweite Beispiel" 5, übersetzt von Felix Genzmer

Da die Menschen und Götter diese unschätzbare Gabe der Dichtung Odin verdankten, waren sie immer bereit, ihm ihre Dankbarkeit zu bekunden, und benannten nicht nur die Dichtkunst (óðr) nach ihm, sondern verehrten ihn auch als Schutzherrn der Beredsamkeit, der Dichtung, des Gesanges und aller Skalden.

DER GOTT DER MUSIK

Obwohl Odin die Dichtkunst errungen hatte, benutzte er sie selbst nur selten. Es blieb seinem Sohn Bragi, dem Kind Gunnlöds, vorbehalten, der Gott der Poesie und Musik zu werden und die Welt mit seinen Liedern zu verzaubern.

> Braga, der greise
> Goldsaiten greifend,
> Singet dann süßern
> Sang als vorher.
>
> — *Die Frithiofs-Sage*, Esaias Tegnér, 21, „Rings Todtenlied", übersetzt von A. C. Wollheim

Sobald Bragi in der Tropfsteinhöhle geboren war, wo Odin Gunnlöds Zuneigung gewonnen hatte, überreichten ihm die Zwerge eine goldene Zauberharfe und brachten ihn auf eines ihrer Schiffe und sandten ihn hinaus in die weite Welt. Als das Boot langsam aus der unterirdischen Dunkelheit herausfuhr und an der Schwelle zum Reich Nains, dem Zwerg des Todes, vorbeiglitt, richtete sich der schöne und tugendhafte junge Gott Bragi, der bis dahin kein Lebenszeichen von sich gegeben hatte, plötzlich auf, ergriff seine neben ihm liegende goldene Harfe und stimmte das wundervolle Lied des Lebens an, das manchmal hoch zum Himmel aufstieg und dann tief nach unten zum grässlichen Reich Hels sank, der abscheulichen Göttin des Todes.

> Die Esche Yggdrasil ist der Bäume erster,
> Skidbladnir der Schiffe,
> Odin der Asen, aller Rosse Sleipnir,
> Bifröst der Brücken, Bragi der Skalden.
>
> — *Die Lieder-Edda*, „Das Lied von Grimnir" 44,
> übersetzt von Karl Simrock

Während er musizierte, segelte das Schiff ruhig über sonnenbeschienene Gewässer und erreichte schon bald die Küste. Bragi ging dann zu Fuß weiter, durchquerte den kahlen und stillen Wald und spielte dabei auf seiner Harfe. Beim Klang der zarten Töne seiner Musik begannen die Bäume zu knospen und zu erblühen und zahllose Blumen aus dem Gras darunter hervorzusprießen.

Hier begegnete er Iwalds Tochter Idun, der hübschen Göttin der ewigen Jugend, der die Zwerge hin und wieder erlaubten, die Erde zu besuchen, und wenn sie erschien, zeigte sich die Natur immer von ihrer lieblichsten und angenehmsten Seite.

Es war nicht weiter verwunderlich, dass zwei solche Wesen sich zueinander hingezogen fühlten, und so konnte Bragi sehr bald die schöne Göttin als seine Gemahlin gewinnen. Sie eilten zusammen nach Asgard, wo beide herzlich begrüßt wurden, und nachdem Odin Runen auf Bragis Zunge geritzt hatte, verfügte er, dass Bragi der himmlische Sänger und Dichter von Liedern zur Ehre der Götter und der von ihm in Walhall willkommen geheißenen Einherjer sein sollte.

DIE VEREHRUNG BRAGIS

Da Bragi der Gott der Dicht- und Redekunst sowie des Gesangs war, benannten die nordischen Völker nicht nur die Dichtung (Bragr) nach ihm, sondern bezeichneten auch Skalden je nach Geschlechtszugehörigkeit als „Bragr der Männer" oder „Bragr der Frauen". Hochverehrt von allen nordischen Völkern, stießen die Menschen deshalb bei feierlichen oder festlichen Anlässen, vor allem bei Bestattungszeremonien und am Julfest, auf Bragis Wohl an.

Wenn es an der Zeit war, diesen Trinkspruch auszubringen, dann wurde das Getränk in einem Bragafull, dem Bragibecher, dargereicht, über dem zuvor das heilige Zeichen des Hammers geschlagen wurde. Der neue Herrscher oder das Oberhaupt der Familie verpflichtete sich zu einer großen Heldentat, die innerhalb eines Jahres ausgeführt werden musste, es sei denn, man wollte als ehrlos gelten. Diesem Beispiel folgend machten alle Gäste für gewöhnlich ähnliche Versprechungen und erzählten, was sie zu tun gedächten. Da einige von ihnen, die bereits zuvor mächtig dem Alkohol zugesprochen hatten, bei solchen Ereignissen ziemlich prahlerisch über ihre Absichten sprachen, scheint diese Sitte auf eine Verbindung zwischen dem Namen des Gottes und dem zwar vulgären, aber sehr ausdrucksstarken englischen Verb „to brag“ (prahlen) zu verweisen.

In der Kunst wird Bragi allgemein als älterer Mann mit langem weißen Haar und Bart sowie goldener Harfe dargestellt, der mit seinen geschickten Fingern dem Instrument solch zauberhafte Klänge entlocken konnte.

KAPITEL VII

Idun

DIE ÄPFEL DER JUGEND

Einigen Mythologen zufolge wurde Idun, Personifizierung des Frühlings und der unsterblichen Jugend, weder geboren noch würde sie jemals den Tod schmecken. Sie wurde von den Göttern herzlich empfangen, als sie zusammen mit Bragi nach Asgard kam. Um noch größere Zuneigung von ihnen zu erlangen, versprach sie den Göttern, dass sie täglich ihre wunderbaren Äpfeln kosten dürften, die sie in ihrem Kästchen aufbewahrte und die Macht besaßen, ewige Jugend und Schönheit all denen zu verleihen, die sie verzehrten.

Goldene Äpfel wachsen in ihrem Garten;
sie allein weiß die Äpfel zu pflegen!
Der Frucht Genuß frommt ihren Sippen
zu ewig nie alternder Jugend.

— *Rheingold*, 2. Szene, Richard Wagner

Dank der zaubermächtigen Frucht konnten die nordischen Götter, die einem vermischten Geschlecht entstammten und nicht alle unsterblich waren, Alter und Krankheiten von sich fernhalten und blieben durch alle Zeiten hindurch stark, schön und jung. Diese Äpfel galten daher als äußerst kostbar und wurden von Idun in ihrem Zauberkästchen sorgfältig behütet. Egal, wie viele sie herausnahm, die Anzahl an Äpfeln, die sie verteilte, änderte sich jedoch nie, und es waren einzig die Götter, denen sie den Genuß der Frucht gewährte, obwohl Zwerge und Riesen begierig waren, sich in ihren Besitz zu bringen.

Anmutige Iduna, unsterblich du bleibst,
An Walhalls Pforte du erscheinst,
Im Kästchen ein reicher Schatz
Gold'ner Äpfel findet darin Platz;

Solch wundersame Früchte geben
Alternden Asen neues Leben.

— *Valhalla*, J. C. Jones

DIE GESCHICHTE VON THJAZI

Eines Tages unternahmen Odin, Hönir und Loki einen ihrer üblichen Ausflüge auf die Erde, und nachdem sie lange gewandert waren, gelangten sie in eine menschenleere Gegend, wo sie keine geeignete Unterkunft fanden. Müde und sehr hungrig erblickten die Götter eine Ochsenherde, erschlugen eines der Tiere, bereiteten eine Kochgrube und setzten sich daneben, während sie darauf warteten, dass das Fleisch durchgegart war.

Zu ihrer Überraschung jedoch blieb das Fleisch trotz der großen Hitze ziemlich roh. Als sie erkannten, dass irgendein Zauber im Spiel sein müsste, schauten sie sich um, ob sie entdecken könnten, was sie am Kochen hinderte, und plötzlich sahen sie einen Adler, der über ihnen auf einem Baum hockte. Da der Vogel wusste, dass die Wanderer ihn in Verdacht hatten, sprach er zu ihnen und gestand, dass er derjenige wäre, der das Feuer davon abhalten würde, seine übliche Kraft zu entfalten. Er machte ihnen allerdings das Angebot, den Zauber aufzuheben, wenn die Götter ihm so viel Fleisch überlassen würden, wie er verspeisen könnte. Die Götter willigten ein, woraufhin der Adler sich herabgleiten ließ und die Flammen mit seinen großen Schwingen anfachte, sodass das Fleisch im Nu gekocht war. Der Adler schnappte sich sofort Dreiviertel des Ochsen, was Loki so erzürnte, dass er eine große Stange ergriff und damit auf den gefräßigen Vogel einzuschlagen begann, allerdings dabei die Zauberfertigkeiten des Adlers außer Acht ließ. Zu Lokis großer Bestürzung steckte die Stange plötzlich fest im Steiß des Adlers, während er gleichzeitig das andere Ende mit seinen Händen umklammerte. Der Adler schleifte Loki über Steine und durch Dornensträucher hinter sich her, manchmal schleppte er ihn auch durch die Luft, sodass ihm seine Arme beinahe ausgerissen worden wären. Er flehte umsonst um Gnade und bat den Adler, ihn loszulassen, der allerdings so lange weiterflog, bis Loki seinem Entführer jedes Entgelt als Gegenleistung für seine Freigabe versprach.

Der angebliche Adler, der niemand anderes als der Sturmriese Thjazi war, ging schließlich auf Lokis Vorschlag ein, allerdings unter einer Bedingung. Loki musste ihm unter Eid geloben, dass er Idun aus Asgard fortlocken würde, damit Thjazi sich ihrer und ihrer Zauberfrucht bemächtigen könnte.

Nachdem er freigekommen war, kehrte Loki zu Odin und Hönir zurück, denen er allerdings vorsichtshalber nicht eröffnete, unter welcher Voraussetzung er seine Freiheit erhalten hatte. Loki begann im Anschluss an ihre Heimkehr nach Asgard mit den Planungen, wie er Idun unter einem Vorwand aus der Umgebung Asgards wegführen könnte. Einige Tage später, als Bragi abwesend war und sich auf einer seiner Sängerreisen befand, suchte Loki Idun in den Hainen von Brunnaker auf, wo sie ihren Wohnsitz hatte. Dort beschrieb er ihr listig einige Äpfel, die nahebei wüchsen und die, wie er verlogen erläuterte, den ihren gleichen würden. Er lockte sie mit einer Kristallschale voller Früchte von Asgard weg, die sie mit denen vergleichen wollte, die Loki so hoch gelobt hatte. Kaum dass Idun Asgard verlassen hatte, ließ der Betrüger Loki sie im Stich, und ehe sie sich in ihrer himmlischen Wohnung in Sicherheit bringen konnte, schwebte der Sturmriese Thjazi von Norden auf seinen Adlerschwingen heran, ergriff sie mit seinen Krallen und trug sie geschwind in seinen unwirtlichen und trostlosen Hof Thrymheim.

Thrymheim heißt der sechste,
Wo Thjazi wohnte,
Der furchtbare Frostriese.

— *Die Edda II. Götterdichtung und Spruchdichtung*,
„Das Grimnirlied" 9, übersetzt von Felix Genzmer

Getrennt von ihren geliebten Gefährten, grämte sich Idun, wurde zunehmend blasser und trauriger, weigerte sich allerdings standhaft, Thjazi auch nur ein winziges Stückchen ihrer Zauberfrüchte zu geben, die, wie er wusste, ihm Schönheit verleihen sowie seine Stärke und Jugend stetig erneuern würden.

Jedes schwere Leid,
Das Odins Halle ereilt,
Verursacht Lokis Niedertracht.
Er war's, der aus Walhalls Sicherheit
Iduna, die lautere, lockte arglistig fort;
Ihr Kästchen war beschwert
Mit Äpfeln von höchstem Wert,
Den Göttern verleihen sie Unsterblichkeit,
In Thiassis Turm liegen sie an geheimem Ort.

— *Valhalla*, J. C. Jones

Die Zeit verging. Die Götter schenkten der Abwesenheit Iduns zunächst wenig Beachtung, weil sie glaubten, dass sie ihren Gatten begleitet hätte und bald zurückkommen würde, aber allmählich ließ die Wirkung ihrer letzten Apfelmahlzeit nach. Sie fühlten das Herannahen des Alters und sahen ihre Jugend und Schönheit langsam entschwinden, was sie so erschreckte, dass sie mit der Suche nach der vermissten Göttin begannen.

Eine intensive Nachforschung ergab, dass man sie letztmalig in Begleitung Lokis ausgemacht hatte, und als Odin ihn zu sich befahl, um ihn zu befragen, musste er zugeben, dass er sie an den Sturmriesen verraten hatte.

Höhnisch und spöttisch die Miene war,
Da war's in Walhall schnell ganz klar,
Es war des Verräters Loki Art,
Wie Idun weggelockt ward
Zum finstr'en Turmverlies,
Wo des Jötunn Macht sie beließ.

— *Valhalla*, J. C. Jones

IDUNS RÜCKKEHR

Die Haltung der Götter wurde nun äußerst bedrohlich, und es war Loki bewusst, dass sein eigenes Leben in erheblicher Gefahr schwebte, sollte er kein Mittel finden, um die Göttin zu befreien.

Er versicherte den ungehaltenen Göttern, dass er in seinen Anstrengungen jeden Stein umdrehen würde, um Iduns Rettung sicherzustellen. Er borgte sich Freyas Falkengewand, flog nach Thrymheim, wo er Idun allein vorfand, die ihre Verschleppung aus Asgard und die Trennung von ihrem geliebten Bragi betrauerte. Loki verwandelte die schöne Göttin gemäß einigen Erzählungen in eine Nuss, anderen zufolge in eine Schwalbe, ergriff sie fest mit seinen Klauen und trat schleunigst die Heimreise nach Asgard an. Er hoffte, die schützenden Mauern der Götterburg zu erreichen, ehe Thjazi zurückkehrte, der zum Fischen hinaus auf die Nordsee gerudert war.

In der Zwischenzeit hatten sich die Götter auf dem Festungswall der himmlischen Stadt versammelt und beobachteten die Rückkehr Lokis mit noch größerer Sorge als seinerzeit die Odins, der damals auf der Suche nach Odrörir war. Sie erinnerten sich an den Erfolg ihrer damaligen List und häuften große Mengen an Brennmaterial auf, das sie jederzeit entfachen konnten.

Plötzlich sahen sie Loki kommen, entdeckten aber direkt hinter ihm einen großen Adler. Das war der Riese Thjazi, der überraschend nach Thrymheim heimgekehrt war und bemerkte, dass seine Gefangene von einem Falken davongetragen worden war, den er sogleich für einen der Götter hielt. Nachdem er sein Adlerkleid rasch angelegt hatte, nahm er sofort die Verfolgung auf und holte seine Beute schnell ein. Loki verdoppelte seine Anstrengungen, als er sich den Mauern Asgards näherte, und ehe Thjazi ihn packen konnte, erreichte er sein Ziel und ließ sich erschöpft inmitten der Götter niedersinken. Es wurde keinen Augenblick gezögert, um die aufgehäuften Brennmaterialien anzuzünden, und während Thjazi seinerseits über die Mauern flog, zwangen ihn die Flammen und der Rauch, verletzt und halb benommen unten auf dem Boden zu landen, wo er eine leichte Beute für die Götter war, die unbarmherzig über ihn herfielen und ihn erschlugen.

Die Asen waren hocherfreut über Iduns Rückkehr und verzehrten hastig die wertvollen Äpfel, die sie wohlbehalten heimgebracht hatte. Sobald sie spürten, wie sie mit jedem Biss in die Äpfel ihre gewohnte Stärke und gutes Aussehen wiedererlangten, äußerten sie verständnisvoll, dass es kein Wunder wäre, wenn auch die Riesen sich danach sehnten, die Äpfel ewiger Jugend zu kosten. Sie gelobten deshalb, Thjazis Augen als Sternenkonstellation an den Himmel zu setzen, um eventuell aufkeimende Zornesausbrüche der Riesen zu besänftigen, wenn sie erführen, dass sie einen ihrer Angehörigen ermordet hatten.

Ich erschlug Thjazi,
Den trutzgewaltgen Riesen,
Warf empor die Augen
Von Alwaldis Sohn
An den heitern Himmel.
Das ist das mächtigste Mal
Meiner Taten,
Das jedermann seitdem sieht.

— *Die Edda II. Götterdichtung und Spruchdichtung*,
„Thor und Odin im Männervergleich" 19,
übersetzt von Felix Genzmer

DIE GÖTTIN DES FRÜHLINGS

Die physikalische Erklärung dieses Mythos ist naheliegend. Idun, das Symbol des Pflanzenwachstums, wird im Herbst gewaltsam verschleppt, als Bragi abwesend ist und die Vögel ihren Gesang einstellen. Thjazi, der kalte Winterwind, hält sie im frostigen, kargen Norden gefangen, wo sie nicht gedeihen kann, bis Loki, der Südwind, den Samen oder die Schwalbe heimbringt, die beide Vorboten des wiederkehrenden Frühlings sind. Jugend, Schönheit und Kraft, die Idun gewährt, stehen symbolisch für die wiedererwachende Natur im Frühling nach dem Winterschlaf, wenn Farbe und Vitalität auf die Erde zurückkommen, die zerfurcht und grau geworden war.

IDUN SINKT HERAB IN DIE UNTERWELT

Da das Verschwinden Iduns (das Pflanzenwachstum) ein alljährlich sich wiederholendes Ereignis ist, lässt sich vermuten, dass es noch andere Mythen gibt, die sich mit diesem tiefgründigen Phänomen befassen, und tatsächlich existiert ein solch weiterer Lieblingsmythos der alten Skalden, der allerdings nur in einer bruchstückhaften und sehr unvollständigen Form überliefert wurde. Dieser Darstellung nach saß Idun einst auf den Zweigen der heiligen Esche Yggdrasil, fiel in Ohnmacht, verlor ihren Halt, sank herab auf den Boden und von dort bis in die tiefsten Tiefen Niflheims. Dort lag sie, blass und reglos, die

Augen fest und voller Entsetzen auf die grauenvolle Umgebung von Hels Reich gerichtet, zudem zitterte sie stark wie jemand, der von durchdringender Kälte überwältigt wird.

Im Tale weilt die vorwissende Göttin
Hinab von Yggdrasils Esche gesunken,
Alfengeschlechtern Idun genannt,
Die Jüngste von Iwalts älteren Kindern.

Schwer erträgt sie dies Niedersinken
Unter des Laubbaums Stamm gebannt.
Nicht behagt es ihr bei Nörwis Tochter,
An heitere Wohnung gewöhnt so lang.

— *Die Lieder-Edda*, „Odins Rabenzauber" 6 und 7,
übersetzt von Karl Simrock

Als Odin sich bewusst wurde, dass sie nicht heimkehren würde, bat er Bragi, Heimdall und einen weiteren Gott, sich auf die Suche nach ihr zu begeben. Er überreichte ihnen ein Wolfsfell, um sie darin einzuhüllen, damit sie nicht unter der Kälte leiden müsste, und drängte sie schließlich, nichts unversucht zu lassen, sie aus ihrer furchtbaren Stumpfheit zu erwecken, die, wie er ahnte, bereits vollständig Besitz von ihr ergriffen hatte.

Die Sieggötter sehen die Sorge Nannas
Um die niedre Wohnung: sie geben ihr ein Wolfsfell.

— *Die Lieder-Edda*, „Odins Rabenzauber" 8,
übersetzt von Karl Simrock

Idun ließ sich teilnahmslos das warme Wolfsfell von den Göttern umlegen, weigerte sich aber beharrlich, zu sprechen oder sich zu bewegen. Ihr Gatte befürchtete auf Grund ihres merkwürdigen Verhaltens, dass sie eine Vision schrecklicher Ereignisse erlebt haben musste. Die Tränen flossen ununterbrochen über ihre bleichen Wangen, und Bragi, der von ihrer Traurigkeit übermannt war, forderte die beiden anderen Götter nach einiger Zeit auf, ohne ihn nach Asgard zurückzugehen, und gelobte, dass er seiner Frau zur Seite stünde, bis sie bereit wäre, Hels finsteres Reich zu verlassen. Der Anblick ihres unermesslichen Leidens drückte ihn dermaßen nieder, dass er keinen Sinn hatte für seine üblicherweise fröhlichen Lieder, und so blieben die Saiten seiner Harfe stumm, solang er sich in der Unterwelt aufhielt.

Den Zephirn glich, die durch Blüthen gleiten,
Dem Harfenton sie von Bragas Saiten.

— *Die Frithiofs-Sage*, Esaias Tegnér, 12,
„Frithiofs Rückkehr", übersetzt von A. E. Wollheim

In diesem Mythos symbolisiert Iduns Herabsinken von Yggdrasil das Fallen der Blätter im Herbst, die welk und hilflos auf dem kalten, kahlen Boden liegen, bis sie dem Blick unter dem Schnee verborgen sind, der durch das Wolfsfell versinnbildlicht wird, das Odin, der Himmel, nach unten sendet, um sie zu wärmen, wobei das Schweigen der Vögel das Verstummen von Bragis Harfe widerspiegelt.

KAPITEL VIII

Njörd

GEISEL DER GÖTTER

Wir haben bereits gehört, wie die Asen und Wanen nach dem grausamen Krieg, den sie gegeneinander geführt hatten, Geiseln austauschten, und dass Hönir, Odins Bruder, nach Wanenheim ging und fortan dort lebte, während Njörd mit seinen zwei Kindern Freyr und Freya seinen Wohnsitz seitdem in Asgard hatte.

> In Wanenheim schufen ihn weise Mächte
> Und gaben ihn Göttern zum Geisel.
>
> — *Die Lieder-Edda*, „Das Lied von Wafthrudnir" 39,
> übersetzt von Karl Simrock

Als Herrscher über die Winde und über das Meer in den Küstenregionen erhielt Njörd den in Küstennähe gelegenen Palast Noatun, wo er den Erzählungen nach die furchtbaren Stürme stillte, die der Meeresriese Ägir entfachte.

> Njörd, der Gott der Stürme, den die Fischer kennen;
> Nicht geboren im Himmel – in Wanenheim wurd' er erzogen,
> Bei Menschen, lebt aber als Geisel bei den Göttern;
> Er kennt jede Flussmündung und jede Felsenbucht,
> Umsäumt von dunklen Kiefern, und Sandbänke, wo Seevögel
> schreien.
>
> — *Balder Dead*, Matthew Arnold

Er war auch der Schutzherr von Handel und Fischerei, und da beide Tätigkeiten sich eigentlich nur während der kurzen Sommermonate mit Erfolg ausüben ließen, galt er in gewisser Weise als deren Personifikation.

DER GOTT DES SOMMERS

Njörd wird in der Kunst als ein sehr stattlicher Gott in der Blüte seines Lebens dargestellt, der ein kurzes grünes Übergewand angelegt hat und auf dem Kopf eine Krone aus Muscheln und Seetang trägt oder einen braunen Schlapphut mit Adler- oder Reiherfedern. Als Personifizierung des Sommers wurde er angerufen, um die wütenden Stürme zu beruhigen, die während der Wintermonate die Küsten verheerten. Man flehte ihn außerdem an, die Frühlingswärme zu beschleunigen, um dadurch das Heizen im Winter überflüssig zu machen.

Da die Landwirtschaft nur während der Sommerzeit und hauptsächlich entlang der Fjorde oder Meeresbuchten betrieben wurde, bat man ihn auch um gute Ernten, es soll ihm nämlich Freude bereitet haben, denjenigen Wohlstand zu verleihen, die ihm ihr Vertrauen schenkten.

Njörds erste Frau war einigen Mythologen zufolge seine Schwester Nerthus, Mutter Erde, die, wie schon berichtet, in einigen Teilen Deutschlands mit Frigg identisch war, in Skandinavien allerdings als eigenständige Gottheit erachtet wurde. Wie dem auch sei, Njörd wurde jedenfalls gezwungen, sich von ihr zu trennen, als man ihn nach Asgard beorderte, wo er einen der zwölf Sitze in der großen Ratshalle innehatte. Er nahm dort an jeder Versammlung der Götter teil und zog sich nur nach Noatun zurück, wenn die Asen seine Dienste nicht benötigten.

> Noatun ist die elfte [Halle]: da hat Niördr
> Sich den Saal erbaut.
> Ohne Mein (Fehl) und Makel der Männerfürst
> Waltet hohen Hauses.
>
> — *Die Lieder-Edda*, „Das Lied von Grimnir" 16,
> übersetzt von Karl Simrock

In seiner Halle an der Meeresküste beobachtete er mit Freude die hin und her fliegenden Möwen und betrachtete die eleganten Bewegungen der Schwäne, seinen Lieblingsvögeln, die ihm heilig waren. Er verbrachte zudem manche Stunde damit, dem ausgelassenen Treiben der zahmen Seehunde zuzuschauen, die zu ihm kamen und sich zu seinen Füßen im Sonnenschein wärmten.

SKADI, GÖTTIN DES WINTERS

Kurz nach Iduns Rückkehr aus Thrymheim und Thjazis Tod innerhalb der Grenzen Asgards waren die Götter außerordentlich überrascht und bestürzt,

Skadi zu erblicken, die Tochter des Riesen, die eines Tages in ihrer Mitte erschien, um Rache für die niederträchtige Ermordung ihres Vaters zu nehmen. Obgleich sie die Tochter eines hässlichen alten Hrimthursen war, sah Skadi, die Göttin des Winters, wunderschön aus in ihrer silbernen Rüstung mit glitzerndem Speer, scharfspitzigen Pfeilen, kurzem weißen Jagdanzug, weißen Fell-Beinstulpen und breiten Schneeschuhen. Die Götter konnten nicht umhin, ihr Verlangen als vollkommen gerechtfertigt anzuerkennen, weshalb sie ihr Frieden und Buße anboten. Skadi war jedoch dermaßen wutentbrannt, dass sie sich dem Kompromiss verweigerte und unnachgiebig Leben für Leben forderte. Loki wollte jedoch unbedingt ihren Zorn besänftigen und glaubte, wenn es ihm gelingen sollte, ihren kalten Lippen ein Lächeln zu entlocken, der Rest einfach wäre. Und so begann er, allerlei Schabernack zu treiben, indem er einen unsichtbaren Strick um eine Ziege legte, sie an sich band und urkomische Bewegungen vollführte, die die Ziege imitierte. Der Anblick war so grotesk, dass alle Götter vor Vergnügen kreischten und sogar Skadi lächeln musste.

Die Götter nutzten diese entspannte Atmosphäre aus und erhoben ihren Blick zum Himmel, wo sie auf die Augen ihres Vaters hindeuteten, die wie strahlende Sterne der nördlichen Hemisphäre leuchteten. Sie erzählten ihr, dass sie sie dort platziert hatten, um ihm alle gebotene Ehre zu erweisen, und fügten abschließend hinzu, dass sie sich irgendeinen der auf der Versammlung anwesenden Götter als Ehemann erwählen könnte, sofern sie bereit wäre, deren Attraktivität allein anhand ihrer nackten Füße zu beurteilen.

Mit verbundenen Augen, damit sie nichts anderes als die Füße der im Kreis um sie herum stehenden Götter erkennen konnte, schaute Skadi sich um, und ihr Blick fiel auf zwei wunderschön geformte Füße. Sie war sich sicher, dass sie Balder gehörten, dem Gott des Lichts, dessen heiteres Gesicht sie bezaubert hatte, weshalb sie diese Füße auswählte.

Nachdem man ihr die Binde abgenommen hatte, entdeckte sie jedoch zu ihrem großen Bedauern, dass sie Njörd ausgesucht hatte, dem sie dennoch ihre Treue versprach. Sie verbrachte trotz ihrer Enttäuschung herrliche Flitterwochen in Asgard, wo alle daran Freude zu haben schienen, Skadi höchsten Respekt zu erweisen. Danach führte Njörd seine Braut heim nach Noatun, wo das gleichförmige Rauschen der Wellen, das Gekreische der Möwen und die Schreie der Seehunde Skadis Schlaf allerdings dermaßen störten, dass sie schließlich verkündete, es wäre ihr unmöglich, dort noch länger zu verweilen, und ihren Mann anflehte, sie in ihre Heimat Thrymheim zurückzubringen.

Nicht schlafen konnt ich am Ufer der See
Vor der Vögel Lärm;

Da weckte mich vom Waßer kommend
Jeden Morgen die Möve.

— *Prosa-Edda*, „Gylfis Visionen" 23,
übersetzt von Karl Simrock

Njörd war bemüht, seine neue Frau zufriedenzustellen, und willigte ein, mit ihr nach Thrymheim zu gehen und dort zusammen mit ihr neun von insgesamt jeweils zwölf Nächten zu verbringen, sofern sie sich die restlichen drei Nächte in Noatun aufhalten würden. Als er jedoch die Bergregion erreichte, empfand er das Rauschen des Windes in den Kiefern, den donnernden Abgang der Lawinen, das Krachen des Eises, das Tosen der Wasserfälle und das Heulen der Wölfe genauso unerträglich wie seiner Frau die Geräusche am Meer erschienen waren. Er konnte deshalb seinen Jubel jedes Mal kaum verbergen, wenn die Zeit seines Exils abgelaufen war und er sich wieder in Noatun befand.

Leid sind mir die Berge; nicht lange war ich dort,
Nur neun Nächte.
Der Wölfe Heulen dauchte mich widrig
Gegen der Schwäne Singen.

— *Prosa-Edda*, „Gylfis Visionen" 23,
übersetzt von Karl Simrock

DIE TRENNUNG VON NJÖRD UND SKADI

Njörd und Skadi, Personifizierungen von Sommer und Winter, wechselten somit regelmäßig ihre Aufenthaltsorte, während sie drei kurze Sommermonate am Meer zubrachte, blieb er widerwillig neun lange Wintermonate bei ihr in Thrymheim. Schließlich kamen sie zu der Einsicht, dass ihre Lebensweisen niemals zueinanderpassen würden, und entschieden, sich für immer zu trennen. Sie kehrten anschließend in ihre jeweilige Heimat zurück, wo sie ihren gewohnten Beschäftigungen wieder nachgehen konnten.

Thrymheim heißt die sechste [Halle], wo Thiassi hauste,
Jener mächtige Jote;
Nun bewohnt Skadi, die scheue Götterbraut,
Des Vaters alte Veste.

— *Prosa-Edda*, „Gylfis Visionen" 23,
übersetzt von Karl Simrock

Skadi widmete ihre Zeit nun wieder ganz der Jagd und verließ ihr Reich nur noch einmal, um den halb-historischen Odin zu heiraten, dem sie einen Sohn namens Säming gebar, den ersten norwegischen König und vermutlichen Stammvater eines Königsgeschlechts, welches das Land lang beherrschte.

Anderen Erzählungen zufolge ehelichte Skadi allerdings Uller, den Gott des Winters. Da Skadi eine geschickte Schützin war, wird sie mit Bogen und Pfeilen abgebildet, und als Göttin der Jagd wird sie zumeist von einem der wolfsähnlichen Eskimohunde begleitet, die im Norden weitverbreitet sind. Skadi wurde von Jägern und Winterwanderern angerufen, deren Schlitten sie über Schnee und Eis lenken sollte, damit sie sicher ihr Ziel erreichten.

Skadis Zorn gegenüber den Göttern, die ihren Vater, den Sturmriesen, erschlagen hatten, ist ein Symbol für die unnachgiebige Starrheit der von Eis vollkommen bedeckten Erde, die letztendlich durch das ausgelassene Spiel Lokis (die Hitzeblitze) aufgeweicht wird, schließlich lächelt und die Umarmung Njörds (des Sommers) zulässt. Seine Liebe kann sie jedoch nicht länger als drei Monate des Jahres festhalten (versinnbildlicht im Mythos der Nächte), sehnt sie sich doch die ganze Zeit insgeheim nach den Winterstürmen und ihren gewohnten Aktivitäten in den Bergen.

DIE VEREHRUNG NJÖRDS

Man glaubte, dass Njörd die im Hafen ein- und auslaufenden Schiffe segnete, weshalb seine Tempel an den Meeresküsten gelegen waren, wo üblicherweise Eide in seinem Namen geschworen wurden, und auf jedem Fest trank man auf sein Wohl, wobei er ausnahmslos zusammen mit seinem Sohn Freyr genannt wurde. Da man annahm, dass alle Wasserpflanzen ihm zugehörten, erhielt eine von ihnen, der Meerschwamm (Spongia marina), im Norden die Bezeichnung „Njörds Handschuh", die lange gebräuchlich blieb.

KAPITEL IX

Freyr

DER HERRSCHER ÜBER ALBENHEIM

Freyr, von den Germanen auch Frô genannt, war der Sohn Njörds und der Nerthus oder Skadis. Er wurde in Wanenheim geboren und gehörte daher zum Geschlecht der Wanen, den Gottheiten des Wassers und der Luft. Man hieß ihn dennoch herzlich willkommen in Asgard, als er dort zusammen mit seinem Vater als Geisel eintraf. So wie es unter den nordischen Völkern Sitte war, einem Kind anlässlich seines ersten Zahnes ein wertvolles Geschenk zu machen, überließen die Asen Freyr bereits im frühen Kindesalter das wundervolle Reich Albenheim, die Heimat der Lichtalben.

> Albenheim gaben
> Die Asen Freyr
> Vor Zeiten als Zahngeschenk.
>
> — *Die Edda II. Götterdichtung und Spruchdichtung,*
> „Das Grimnirlied" 4, übersetzt von Felix Genzmer

Hier hatte Freyr, Gott des Sonnenscheins und warmen Sommerregens, seinen Wohnsitz, der von der Gemeinschaft der Elfen und Feen wie verzaubert war. Sie folgten bedingungslos jedem seiner Befehle und hasteten auf ein Zeichen von ihm hin und her, um alle in ihrer Macht stehenden Wohltaten zu verteilen, da sie ausgesprochen segensreiche Geister waren.

Freyr erhielt von den Göttern ein magisches Schwert (ein Symbol der Sonnenstrahlen), das die Eigenschaft hatte, allein erfolgreich zu fechten, sobald es aus der Scheide herausgezogen wurde. Freyr setzte dieses Schwert hauptsächlich gegen die Reifriesen ein, die er fast so sehr hasste wie Thor, und weil er diese glänzende Waffe trug, wurde er manchmal mit den Schwertgöttern Tyr oder Saxnot verwechselt.

Kurzschaftig der Hammer des siegenden Thor,
elllang ist bei Frei nur das Schwert.

— *Die Frithiofs-Sage*, Esaias Tegnér, 15,
„Wikingerbalk", übersetzt von Gottlieb Mohnike

Die Zwerge in Schwarzalbenheim überreichten Freyr den goldborstigen Eber Gullinborsti, eine Personifizierung der Sonne. Die strahlenden Borsten dieses Tieres standen symbolisch für die Sonnenstrahlen selbst oder das goldene Getreide, das auf Freyrs Geheiß hin auf den Erntefeldern Midgards wogte, oder für die Landwirtschaft, da der Eber, der den Boden mit seinen scharfen Hauern umwühlte, die Menschheit als Erster das Pflügen gelehrt haben soll.

Dort war Freyr, und er saß
Auf dem goldborstigen Eber, der einst, wie man sagt,
Die braune Erde umpflügte und grün machte für Freyr.

— *The Lovers of Gudrun*, William Morris,
zitiert nach: C. L. ten Cate, *Wan god mast gift...*

Freyr saß manchmal rittlings auf seinem wunderbaren Eber, der eine hohe Geschwindigkeit erzielte, spannte ihn aber auch hin und wieder vor seinen goldenen Wagen, der, wie man sagte, mit Früchten und Blumen beladen war, die er großzügig überall auf dem Erdboden verstreute.

Der Fruchtbarkeitsgott war darüber hinaus der stolze Besitzer nicht nur des furchtlosen Rosses Blodughofi, das auf sein Kommando hin durch Feuer und Wasser ritt, sondern auch des Zauberschiffs Skidbladnir, das die Wolken versinnbildlichte. Dieses Schiff segelte sowohl über Land als auch auf dem Meer, hatte immer günstige Winde und war dermaßen biegsam, dass es einerseits so gewaltige Ausmaße annehmen konnte, um die Götter, ihre Pferde und ihre gesamte Ausrüstung zu transportieren, sich aber andererseits so einfach wie ein Tuch zusammenfalten ließ und Platz in einer Tasche fand.

Iwalts Söhne
Gingen in Urtagen
Skidbladnir zu schaffen,
Das beste der Schiffe,
Für den schimmernden Freyr,
Niörds nützen Sohn.

— *Die Lieder-Edda*, „Das Lied von Grimnir" 43,
übersetzt von Karl Simrock

WERBEN UM GERDA

In einem der Lieder der *Edda* wird erzählt, dass Freyr es einst wagte, sich auf Odins Thron Hlidskialf zu setzen, um von diesem erhöhten Sitz aus seinen Blick über die weite Erde schweifen zu lassen. Als er in den kalten Norden schaute, sah er eine wunderschöne junge Frau in das Haus des Reifriesen Gymir treten und in dem Moment, da sie ihre Hand hob, um den Riegel zu öffnen, erleuchtete ihre strahlende Schönheit Meer und Himmel.

Einen Augenblick später verschwand dieses reizende Geschöpf, das Gerda (Gerd) hieß und als Personifizierung des aufflammenden Nordlichts galt, im Haus seines Vaters, woraufhin Freyr sich gedankenversunken auf den Heimweg nach Albenheim begab. Sein Herz sehnte sich danach, dieses entzückende Wesen zu seiner Frau zu machen. Er war so verliebt, dass er melancholisch und selbstvergessen wurde und sich seltsam zu verhalten begann. Sein Vater Njörd war äußerst besorgt um Freyrs Gesundheit und befahl deshalb seinem treuen Diener Skirnir, die Ursache für diese plötzliche Veränderung herauszufinden. Nach einiger Überredung gelang es Skirnir schließlich, von Freyr einen Bericht zu erhalten, wie er auf Hlidskialf gestiegen war und die schöne Erscheinung erblickt hatte. Er gestand ihm seine Liebe und schiere Verzweiflung ein, dass Gerda niemals seine Bitte erhören würde, da sie die Tochter Gymirs und Angrbodas war und zudem eine Verwandte des ermordeten Riesen Thjazi.

Gehen sah ich
In Gymirs Hof,
Die ich minne, die Maid:
Die Arme glänzten,
Von ihnen strahlten
Die Luft und das Land.
Die Maid ist mir lieber,
Als ein Mädchen noch
Je einem Jüngling war;
Von Asen und Alben
Nicht einer uns gönnt,
Zusammen zu sein.

— *Die Edda II. Götterdichtung und Spruchdichtung*,
„Das Skirnirlied“ 6 und 7, übersetzt von Felix Genzmer

Skirnir antwortete jedoch tröstend, dass er keinen Grund erkennen könnte, weshalb sein Herr eine mutlose Haltung in dieser Sache einnehmen sollte, und so bot er ihm an, sich aufzumachen und in seinem Namen um Gerdas Hand anzuhalten, sofern Freyr ihm sein Pferd ausleihen und ihm sein funkelndes Schwert als Belohnung überlassen würde.

Überglücklich über die Aussicht, die wunderschöne Gerda zu gewinnen, händigte Freyr Skirnir bereitwillig das flammende Schwert aus und erlaubte ihm, sein Pferd zu benutzen. Schnell fiel er jedoch zurück in einen Zustand der Träumerei, der ihm mittlerweile zur Gewohnheit geworden war, seitdem er sich verliebt hatte. Er bemerkte daher nicht, dass Skirnir sich noch immer in seiner Nähe aufhielt, und nahm auch nicht wahr, dass dieser geschickt die Spiegelung seines Gesichts von der Oberfläche des Baches stahl, an dessen Ufer er saß, und diese in sein Trinkhorn verschloss, um sie in Gerdas Becher zu gießen. Er wollte durch die Schönheit des Antlitzes das Herz und die Zuneigung der Riesin für seinen Herrn erobern. Ausgestattet mit diesem Bildnis, elf goldenen Äpfeln und dem Zauberring Draupnir, ritt Skirnir fort nach Jötunheim, um seinen Auftrag zu erfüllen. Als er sich Gymirs Wohnsitz näherte, hörte er das laute und fortdauernde Heulen seiner Wachhunde, die die Winterwinde verkörperten. Ein Schäfer, der seine Herde in der Gegend hütete, erzählte Skirnir auf dessen Nachfrage hin, dass es unmöglich wäre, an das Haus heranzukommen wegen des ihn umringenden Feuerwalls. Skirnir wusste jedoch, dass Blodughofi rasend schnell durch jedes Feuer galoppieren würde, gab seinem Pferd daraufhin die Sporen, erreichte unversehrt die Pforte des Riesen und wurde nur wenig später zur anmutigen Gerda vorgelassen.

Um die junge Schönheit dem Antrag seines Herrn gewogen zu machen, zeigte Skirnir ihr zunächst das gestohlene Porträt und präsentierte ihr anschließend die goldenen Äpfel sowie den Zauberring, deren Annahme sie jedoch hochmütig ablehnte und erklärte, dass ihr Vater mehr als genug Gold besäße.

Nicht brauch ich den Ring,
Ob auch verbrannt er ward
Mit dem jungen Odinssohn!
Nicht fehlt mir Gold
In Gymirs Hof,
Da mit Schätzen ich schalten kann.

— *Die Edda II. Götterdichtung und Spruchdichtung*,
„Das Skirnirlied" 22, übersetzt von Felix Genzmer

Entrüstet über ihre Verachtung, drohte ihr Skirnir nun, sie mit seinem Zauberschwert zu enthaupten. Da Gerda sich aber davon nicht im Geringsten einschüchtern ließ und ihm ruhig die Stirn bot, griff er auf Zauberkünste

zurück. Während er Runen auf seinen Stab ritzte, sagte er ihr, wenn Sie nicht einlenken würde, ehe der Zauber vollendet wäre, sie entweder zu ewiger Keuschheit verdammt wäre oder zur Heirat eines alten Reifriesen, den sie niemals lieben könnte.

In helle Panik versetzt durch die schreckliche Beschreibung ihrer freudlosen Zukunft, sollte sie weiterhin auf ihrer Ablehnung beharren, lenkte Gerda schließlich ein und gelobte, Freyrs Frau zu werden. Sie entließ Skirnir mit dem festen Versprechen, ihren zukünftigen Bräutigam nach Ablauf von neun Nächten in einem Hain namens Barri zu treffen, wo sie seine Traurigkeit vertreiben und ihn glücklich machen würde.

Barri heißt er,
Den wir beide kennen,
Der Hag der Heimlichkeit:
Nach neun Nächten
Wird dort Njörds Sohne
Gunst schenken Gerd.

— *Die Edda II. Götterdichtung und Spruchdichtung*,
„Das Skirnirlied" 40, übersetzt von Felix Genzmer

Äußerst zufrieden über seinen Erfolg machte sich Skirnir eiligst zurück auf den Weg nach Albenheim, wo Freyr schon höchst erwartungsvoll dem Ergebnis der Werbungsreise entgegenfieberte. Als er vernahm, dass Gerda sich bereit erklärt hatte, sich mit ihm zu vermählen, strahlte er nur so vor Freude, sobald Skirnir ihm jedoch eröffnete, dass er sich neun Tage würde gedulden müssen, bevor er die versprochene Braut zu Gesicht bekäme, wandte er sich traurig ab und verkündete, dass ihm die Zeit bis dahin endlos lang erschiene.

Lang ist eine Nacht, länger sind zweie:
Wie mag ich dreie dauern?
Oft daucht' ein Monat mich minder lang
Als eine Nacht des Harrens.

— *Die Lieder-Edda*, „Skirnirs Fahrt" 42,
übersetzt von Karl Simrock

Trotz dieser Verzweiflung eines Liebenden ging die Zeit des Wartens schließlich zu Ende, und Freyr hastete freudig zum grünen Hain, wo er getreu der Verabredung Gerda vorfand, die seine glückliche Gattin wurde und stolz neben ihm auf dem Thron saß.

> Freyr nahm Gerda, Gymirs Tochter,
> Der Riesen anverwandt und der Aurboda.
>
> — *Die Lieder-Edda*, „Das Hyndlalied“ 29,
> übersetzt von Karl Simrock

Der Ansicht einiger Mythologen nach ist Gerda nicht die Personifizierung der Aurora borealis (Nordlicht), sondern der Erde, die hart, kalt und unnachgiebig die Schmuck- und Fruchtbarkeitsgaben (die Äpfel und den Ring) des Frühlingsgottes verschmäht und den Sonnenstrahlen trotzt (Freyrs Schwert). Sie willigt erst in seinen Kuss ein, als sie erfährt, dass sie andernfalls ewige Unfruchtbarkeit erleiden müsse oder ganz der Gewalt der Riesen anheimfalle (Eis und Schnee). Die neun Nächte des Wartens sind ein typisches Kennzeichen der neun Wintermonate, an deren Ende die Erde die Braut der Sonne wird und in den Hainen die Bäume sprießen und Blätter sowie Blüten treiben.

Es heißt, dass Freyr und Gerda Eltern eines Sohnes namens Fjölnir wurden, dessen Geburt Gerda über den Verlust ihres Bruders Beli hinwegtröstete. Letzterer hatte Freyr angegriffen und wurde von ihm erschlagen, obwohl der Sonnengott ohne sein einzigartiges Schwert kämpfen musste und gezwungen war, sich mit einem Hirschgeweih zu verteidigen, das er hastig von der Wand seines Wohnsitzes heruntergerissen hatte. Neben seinem treuen Begleiter Skirnir hatte Freyr zwei weitere Bedienstete, das Ehepaar Byggvir und Bejla, die Spreu und Gülle verkörperten – zwei in der Landwirtschaft als Düngemittel eingesetzte Substanzen – und deshalb als zuverlässige Diener Freyrs galten, auch wenn ihre Nebeneigenschaften etwas unangenehm waren.

DER HISTORISCHE FREYR

Snorri Sturluson berichtet in seiner *Heimskringla*, einer Chronik der frühen norwegischen Könige, dass Freyr eine historische Person namens Yngvi-Freyr war, der nach dem Tod des halb-historischen Odin und Njörds in Uppsala herrschte. Während seiner Regierungszeit erfreuten sich die Menschen eines solchen Wohlstands und Friedens, dass sie verkündeten, ihr König müsse ein Gott sein, und deshalb begannen, ihn als solchen anzurufen. Als er starb, war ihre Bewunderung für ihn dermaßen angewachsen, dass die Priester es nicht wagten, diese Tatsache zu offenbaren und ihn in einen Grabhügel legten, statt seinen Körper wie bis dahin üblich zu verbrennen. Sie teilten den Menschen mit, dass Freyr, dessen Name im Nordischen „Herr“ bedeutet, „in den Hügel gegangen war“, ein Ausdruck, der schließlich im Norden synonym mit „Tod“ gebraucht wurde. Erst drei Jahre später bemerkten die Menschen, die weiterhin ihre Abgaben an den König entrichteten, indem sie Gold-, Silber- und Kupfermünzen durch drei verschiedene Öffnungen in den Hügel warfen, dass Freyr tot war. Da Frieden und Wohlstand ununterbrochen andauerten, beschlossen sie, dass sein Leichnam niemals verbrannt werden dürfte und begründeten so die Sitte der Grabhügelbestattung, die damals an vielen Orten die Feuerbestattung verdrängte. Einer der drei Grabhügel nahe Gamla Uppsala wird ihm noch immer zugeschrieben. Seine Statuen waren in den dortigen Tempeln aufgestellt, und sein Name wurde in allen feierlichen Eiden erwähnt, deren übliche Formel lautete: „So helfe mir Freyr, Njörd und der Allmächtige Ase" (Odin).

DIE VEREHRUNG FREYRS

Das Tragen von Waffen war beim Betreten von Freyrs Tempeln grundsätzlich verboten. Die berühmtesten Tempel befanden sich im norwegischen Trondheim und isländischen Thvera, wo ihm Ochsen oder Pferde geopfert wurden, in deren Blut man einen schweren Goldring tauchte, bevor der oben angeführte Eid darauf geleistet wurde.

Freyrs Statuen wurden wie die aller anderen nordischen Gottheiten grob in Holzblöcke gehauen. Das letzte dieser heiligen Bildnisse scheint Olav der Heilige zerstört zu haben, der, wie wir gesehen haben, viele seiner Untertanen gewaltsam bekehrte. Freyr war nicht nur der Gott des Sonnenscheins, der Fruchtbarkeit, des Friedens und des Wohlstands, sondern galt auch als Schutzherr der Pferde und Reiter sowie Befreier aller Gefangenen.

> Freyr ist der beste von allen, die Bifröst
> Trägt zu der hohen Halle:
> Keine Maid betrübt er, keines Mannes Weib,
> Einen Jeden nimmt er aus Nöten.
>
> — *Die Lieder-Edda*, „Ägirs Trinkgelage" 37,
> übersetzt von Karl Simrock

DAS JULFEST

Freyr und Thor war in jedem Jahr ein Monat geweiht, der Jul- oder Thorsmonat, der in der längsten Nacht des Jahres begann, die man als Mutternacht bezeichnete. Dieser Monat war eine Zeit der Feiern und Freude, da er die Wiederkehr der Sonne ankündigte. Man nannte dieses Fest *Yule* (Rad), weil man annahm, dass die Sonne einem Rad ähnelte, das sich schnell über den Himmel drehte. Diese Analogie führte zu einem einzigartigen Brauch in England, Deutschland und in Teilen Frankreichs an den Ufern der Mosel. Die Menschen versammeln sich bei diesem bis heute verbreiteten Brauch einmal im Jahr auf einem Berg oder Abhang, wo sie ein großes mit Stroh umwundenes Rad anzünden, das dann lichterloh den Hügel so lange herunterrollt, bis es schließlich zischend ins Wasser eintaucht.

Das volck auch den mißglauben hat/
Sie nemen ein alt Wagenradt.
Umbbindens dick mit stro und werck/
Und treibens auff ein hohen berg.
Wann sie die Sonn sehn untergan/
den hellen Abendsteren da stan•
Ein groß feur man daneben hat/
dann zündens an dasselbig radt•
Und rüffen laut an einem hauffen/
Lassens damit den berg nab lauffen•
Dasselb also schröcklich steht/
Als wann die Son rot untergeht.
Dazu haben sie solchen glauben/
das lauffend radt thu alls hinrauben•
Nem auch ihn alles unglück ab/
Und führs mit ihm den berg hinab•
Das volgendt jar ein jeder sey/
Von aller seuch und kranckheit frey•
Auch von der bösen Zauberey.

— Thomas Naogeorgus, *Regnum Papisticum,*
deutsche Fassung von Burkhard Waldis,
Das Bäbstische Reich, Buch IV, Kapitel XXIV

Alle nordischen Völker betrachteten das Julfest als das wichtigste des Jahres und begingen es mit Tänzen, Festen und Gelagen, wobei sie auf jeden Gott unter Nennung seines Namens tranken. Als die Bekehrung der nordischen Heiden einsetzte, glaubten die ersten christlichen Missionare, die die hohe Beliebtheit des Festes erkannten, es wäre am besten, die Menschen zunächst zu ermuntern, auf das Wohl des Herrn und seiner zwölf Aposteln anzustoßen. Zu Ehren Freyrs aß man anlässlich der Julfeiern Eberfleisch. Der Kopf des Tieres war mit Lorbeer und Rosmarin garniert und wurde mit großer Feierlichkeit in die Speisehalle getragen, ein Brauch, der lange lebendig blieb, wie die folgenden Zeilen zeigen:

Caput apri defero
Reddens laudes Domino
Den Eberkopf, ich bringe ihn,
Mit Kränzen bunt, mit Rosmarin
Und bitt' euch, singt mit frohem Sinn
Qui estis in convivio.

— *Queen's College Carol*, Oxford, Übersetzung anonym,
in: *Washington Irvings sämmtliche Werke*, Band 4,
„Gottfried Crayon's Skizzenbuch"

Das Familienoberhaupt legte seine Hand auf die geweihte Speise, die als „Opfer-Eber" bezeichnet wurde, und schwor, seiner Familie treu zu dienen und alle seine Pflichten zu erfüllen, woraufhin alle Anwesenden vom Höchsten bis zum Niedrigsten seinem Beispiel folgten. Das Gericht durfte nur von einem Mann zerteilt werden, der einen tadellosen Ruf und erprobte Tapferkeit besaß, da der Eberkopf ein heiliges Symbol war, das jedermann Ehrfurcht einflößen sollte. Der Eberkopf wurde daher häufig als Helmzier der nordischen Könige und Helden benutzt, deren Mut unbestritten war.

Da Freyrs Name Frô phonetisch „froh" entspricht, war er auch als der „Erfreuende" oder „Frohe" Schutzherr der Freude und des Glücks und wurde deshalb immer von Verheirateten angerufen, die in Harmonie zusammenleben wollten. Alle, denen es für eine gewisse Zeit erfolgreich gelang, wurden öffentlich dafür mit einem Stück Eberfleisch belohnt, das die Engländer und Wiener in späteren Zeiten durch eine Speckseite oder einen Schinken ersetzten.

Ihr sollt nach der Gewonheit unserer Bekentniß schwören,
daß ihr niemals euren Eheverbund übertreten,
es sey Mann oder Frau, so lange ihr verheiratet seyd;
weder durch Zank, Streit und Widerstreben;
oder auf eine andere Art, weder im Bette, noch bei Tische;
daß ihr euch weder mit Worten noch mit der That einander beleidiget;
oder daß, seitdem der Priester über euch das Amen ausgesprochen,
ihr beide gewünschet habet, niemals verheirathet zu seyn;
oder daß ihr in 12 Monahten und einem Tage
auf keine Weise in Gedanken darüber Reue empfunden;
sondern daß ihr einander treu geblieben,

und euch lieb und werth gehalten,
als da ihr einander auf dem heiligen Chor die Hände gegeben.
Wenn ihr auf diesen Bedingungen, ohne alle Furcht,
nach eurem eignen Belieben frei schwören wollt,
so sollt ihr einen Schinken empfangen,
und denselben mit Liebe und guter Erlaubniß mitnehmen:
Denn dieses ist unsere Gewonheit, die zu Dunmow wohl bekannt ist.
Obwohl der Ort uns gehört, so ist der Schinken der eurige.

— zitiert nach: *Sonderbahre Alte Gewonheit zu Dunmow in Essex*,
in: Bremisches Magazin zur Ausbreitung
der Wissenschaften, Künste und Tugend, S.55

Die Einwohner des Dorfes Dunmow in Essex pflegen den alten Brauch bis auf den heutigen Tag. In Wien wurde der Schinken oder die Speckseite an einem der Stadttore, dem Roten Turm, aufgehängt, wo der glückliche Bewerber das begehrte Objekt abnehmen konnte, nachdem er die Richter überzeugt hatte, dass er sein Leben mit seiner Gattin in Frieden zugebracht hatte, ohne unter ihrem Pantoffel zu stehen. Es wird berichtet, dass dieser Schinken in Wien lange nicht beansprucht wurde, bis sich schließlich ein ehrenwerter Bürger vor den Richtern einfand, der eine schriftliche Versicherung seiner Frau mitbrachte, dass sie zwölf Jahre miteinander verheiratet wären und sich niemals gestritten hätten – eine Aussage, die von allen Nachbarn bestätigt wurde. Die Richter, die mit den vorgelegten Nachweisen zufrieden waren, teilten dem Bewerber mit, dass der Preis ihm gehören würde und er nur noch die Leiter darunter hochklettern müsste, um ihn abzuhängen. Voller Freude, sich einen solch feinen Schinken gesichert zu haben, stieg er schnell die Leiter hoch, aber kurz bevor er nach dem Preis greifen konnte, bemerkte er, dass der Schinken, der der Mittagssonne ausgesetzt war, zu schwitzen begann, und ein Fetttropfen auf seinen Sonntagsanzug zu fallen drohte. Hastig trat er den Rückzug an, zog seinen Rock aus und äußerte scherzhaft, dass seine Frau ihn schelten würde, wenn dieser verschmutzt wäre, ein Geständnis, dass die Schaulustigen vor Lachen brüllen ließ und ihn um den Schinken brachte.

Ein anderes Julritual war das Verfeuern eines großen Holzblocks, der eine ganze Nacht durchbrennen musste, was andernfalls als sehr böses Omen galt. Die verkohlten Reste dieses Julholzes wurden sorgfältig aufgesammelt und aufbewahrt, um damit den Block des folgenden Jahres anzuzünden.

Mit den Holzresten aus dem letzten Jahr
Entzünd' den neuen Block ganz und gar

Und damit dies besonders gut gelingt,
Lass deinen Psalter wohl erklingen,
Das soll süßes Glück dir bringen,
Indes der Block im Feuer verglimmt.

— *Hesperides*, Robert Herrick

Dieses Fest war so beliebt in Skandinavien, wo es im Januar gefeiert wurde, dass König Olav erkannte, wie sehr es den nordischen Völkern ans Herz gewachsen war. Er übertrug daher die meisten Bräuche auf das Weihnachtsfest, wobei er viel unternahm, um die ungebildeten Menschen mit ihrem Wechsel der Religion auszusöhnen.

Als Gott des Friedens und Wohlstands soll Freyr häufig auf der Erde erschienen sein und unter dem Namen Yngvi-Freyr Herrscher der Schweden gewesen sein, weshalb seine Nachfahren Ynglinger genannt wurden. Er regierte als Fridleif zudem die Dänen und soll die wunderschöne Freygerda geheiratet haben, die er aus der Gewalt eines Drachen befreit hatte. Sie gebar ihm einen Sohn namens Frodi, der nach einiger Zeit die Nachfolge seines Vaters antrat.

Frodi war Dänemarks König in den Tagen, als Frieden auf der ganzen Erde herrschte, das heißt, zu der Zeit, da Christus in Bethlehem geboren wurde. Da seine Untertanen damals alle Streitigkeiten eingestellt hatten, bezeichnete man diese Epoche im Norden allgemein als Frodis Frieden.

WIE DAS MEER SALZIG WURDE

Es wird erzählt, dass Frodi einst von Hengikiöpt zwei magische Mühlsteine erhielt, die Grotti hießen und so schwer waren, dass weder einer seiner Diener noch der stärkste Krieger sie drehen konnten. Der König war sich bewusst, dass die Mühle verzaubert war und alles mahlen würde, was er wünschte, daher war er bestrebt, sie in Gang zu setzen. Während eines Besuchs in Schweden sah er die beiden Riesinnen Menja und Fenja, die er als Sklavinnen kaufte, weil deren kräftige Muskeln und Statur seine Aufmerksamkeit erregt hatten.

Nachdem er nach Hause zurückgekehrt war, führte er seine neuen Dienerinnen zur Mühle und gebot ihnen, die Mühlsteine zu drehen und ihm Gold, Frieden und Wohlstand zu mahlen. Kurz darauf hatten sie seine Wünsche erfüllt. Die beiden Frauen arbeiteten heiter Stunde um Stunde weiter, bis die Truhen des Königs mit Gold überflossen und Frieden und Wohlstand im ganzen Land weitverbreitet waren.

Wir mahlen dem Frodi Macht und Reichtum
Und goldenes Gut auf des Glückes Mühle.
Er sitz ihm im Schooß und schlaf' auf Daunen
Nach Wunsch erwachend: das ist wohl gemalen.

— *Die Edda (Snorra-Edda)*,
„Skalda", Menja und Fenja 5, übersetzt von Karl Simrock

Wenn Menja und Fenja sich für einen Moment erholen wollten, befahl ihnen der König, dessen Gier geweckt worden war, ihre Arbeit sofort fortzusetzen. Trotz allen Flehens zwang er sie, ununterbrochen weiterzumachen, und gestattete ihnen nicht länger Ruhe als das Singen einer Liedstrophe dauerte. Erschöpft durch seine Grausamkeit, beschlossen die Riesinnen, Rache zu nehmen. Eines Nachts, als Frodi schlief, änderten sie ihr Lied und begannen grimmig, ein bewaffnetes Heer zu mahlen, wodurch der Seekönig Mysing mit einer großen Streitmacht anlanden konnte. Unterdessen schlummerten die Dänen, sodass sie völlig unvorbereitet auf den feindlichen Einfall alle erschlagen wurden.

Ein Heer ist im Anzug, eindringt es hier,
Und verbrennt alsbald die Burg dem Fürsten.

— *Die Edda (Snorra-Edda)*,
„Skalda", Menja und Fenja 18, übersetzt von Karl Simrock

Mysing nahm die Zaubermühle Grotti und die beiden Sklavinnen mit sich fort und brachte sie an Bord seines Schiffes, wo er ihnen auftrug, Salz zu mahlen, das zu jener Zeit ein sehr wertvolles Handelsgut war. Die beiden Frauen gehorchten, ihre Mühlsteine drehten sich unablässig und lieferten Salz im Überfluss. Der Seekönig war allerdings genauso grausam wie Frodi und gönnte ihnen keine Ruhe, weshalb ihn und seine Gefolgsleute eine schwere Strafe ereilte. Es wurde nämlich mithilfe der Zaubermühle eine solch riesige Salzmenge hergestellt, dass Schiff und Mannschaft durch das gewaltige Gewicht schließlich untergingen.

Die schweren Steine versanken im Meer im Pentland Firth oder vor der Nordwestküste Norwegens, wo sie ein tiefes rundes Loch bildeten. Das Wasser, das in den Strudel hineinströmte und in den Löchern in der Mitte der Steine gurgelte, erzeugte einen starken Wasserwirbel, der als Malstrom (Mahlstrom) bekannt ist. Was das Salz betrifft, so löste sich die von den Riesinnen gemahlene gewaltige Menge im Meerwasser auf, das seitdem einen hohen Salzgehalt besitzt.

KAPITEL X

Freya

DIE GÖTTIN DER LIEBE

Freya, die bezaubernde nordische Göttin der Schönheit und Liebe, war die Schwester Freyrs und die Tochter Njörds und der Nerthus oder Skadis. Sie war die schönste und beliebteste aller Göttinnen, die in Deutschland mit Frigg identisch war, in Norwegen, Schweden, Dänemark und Island jedoch als eigenständige Gottheit galt. Die in Wanenheim geborene Freya war auch als Wanadis, die Göttin der Wanen, oder als Wanenbraut bekannt.

Als sie in Asgard eintraf, waren die Götter von ihrer Schönheit und Anmut dermaßen fasziniert, dass sie ihr den Hof Folkwang und die Halle Sessrumnir (Sitze-Räume) schenkten, wobei sie ihr versicherten, dort alle ihre Gäste leicht beherbergen zu können.

> Folkwang ist die neunte [Halle]: da hat Freyja Gewalt,
> Die Sitze zu ordnen im Saal.
> Der Walstatt Hälfte wählt sie täglich,
> Odin hat die andere Hälfte.
>
> — *Die Lieder-Edda*, „Das Lied von Grimnir" 14,
> übersetzt von Karl Simrock

ANFÜHRERIN DER WALKÜREN

Die Liebesgöttin Freya war keineswegs nur sanft und leichtlebig, glaubten die alten nordischen Völker doch, dass sie auch sehr kriegerische Aspekte besaß und als Walfreya oft die Walküren hinunter auf die Schlachtfelder (Walstatt) führte, wo sie eine Hälfte der erschlagenen Helden auswählte und für sich beanspruchte. Sie wurde deshalb häufig mit Brustpanzer und Helm sowie Schild und Speer dargestellt, während ihr Unterkörper mit dem herkömmlichen fließenden Frauengewand bedeckt war.

Freya brachte die ausersehenen Krieger nach Folkwang, wo sie angemessen bewirtet wurden. Sie hieß dort auch alle Jungfrauen und treuen Ehefrauen willkommen, damit sie die Gesellschaft ihrer Liebhaber oder Ehemänner nach dem Tod genießen konnten. Die heldenhaften nordischen Frauen empfanden die Freuden dieses Aufenthaltsortes als dermaßen verlockend, dass sie oftmals in die Schlacht eilten, weil sie dort dasselbe Schicksal zu erleiden hofften wie die von ihnen geliebten Gefallenen. Sie stürzten sich aber außerdem in ihr Schwert oder ließen sich freiwillig auf demselben Scheiterhaufen verbrennen wie der Leichnam des geliebten Menschen.

Da man der festen Überzeugung war, dass Freya jederzeit ein offenes Ohr für die Gebete von Liebenden hatte, wurde sie häufig von ihnen angerufen, und es gehörte zu den üblichen Gepflogenheiten, ihr zu Ehren Lieder zu verfassen, die zu festlichen Anlässen gesungen wurden. Ihr Name findet sich heute noch in dem Verb „freien", dem Werben um eine Braut.

FREYA UND ODUR

Freya, die Göttin mit wallendem Goldhaar und strahlend blauen Augen, wurde manchmal für die Personifizierung der Erde gehalten. Sie heiratete in dieser Eigenschaft Odur, ein Symbol der Sommersonne, den sie von ganzem Herzen liebte. Sie zeugte mit ihm ihre beiden Töchter Hnoss und Gersimi, die dermaßen schön waren, dass alle Kostbarkeiten (*hnossir*), die herrlich und wertvoll waren, nach ihnen benannt wurden.

Solange Odur zufrieden an ihrer Seite lebte, lächelte Freya und war vollkommen glücklich. Aber ach! Der Gott, der in seinem Innersten ein Vagabund war, wurde ihrer Gesellschaft überdrüssig, verließ plötzlich sein Zuhause und wanderte in die weite Welt hinaus. Freya, traurig und einsam, weinte unaufhörlich und vergoss ihre Tränen auf die harten Felsen, die infolge ihrer Berührung aufweichten. Es wird erzählt, dass sie sogar bis ins Innere des Gesteins tropften, wo sie sich in Gold verwandelten. Einige Tränen fielen auch ins Meer, aus denen sich durchscheinender Bernstein bildete.

Ihres Witwenstandes müde und von der Sehnsucht erfüllt, ihren geliebten Mann noch einmal in ihre Arme zu schließen, begann Freya, sich auf die Suche nach ihm zu begeben. Sie durchquerte viele Länder, wo sie unter verschiedenen Namen wie Mardöll, Hörn, Gefn, Syr und Skjalf bekannt wurde. Unterwegs befragte sie alle, die ihr begegneten, ob ihr Gatte an ihnen vorbeigegangen wäre, wobei ihr überall so viele Tränen übers Gesicht liefen, dass in allen Teilen der Welt Gold vorkommt.

C.E. BROCK

Und als nächste kam Freya, mit goldenen Tränen;
Die schönste Göttin im Himmel, von allen
Nach Frea, Odins Frau, am meisten verehrt.
Einst nahm der unstete Oder sie zur Gefährtin,
Verließ sie aber, um in die Ferne zu schweifen;
Seitdem sucht sie ihn und weint Tränen aus Gold.
Namen hat sie viele; Vanadis heißt sie
Auf der Erde, Freya ist ihr Name im Himmel.

— *Balder Dead,* Matthew Arnold

Freya entdeckte Odur schließlich im weit entfernten sonnigen Süden unter blühenden Myrtensträuchern und gewann so ihre Liebe zurück, wurde wieder glücklich, lächelte und strahlte wie eine Braut. Es könnte sein, dass nordische Bräute bis auf den heutigen Tag Brautkränze aus Myrten den hergebrachten aus Orangenblüten in anderen Regionen vorziehen, weil Freya ihren Mann unter diesen Myrten wiederfand.

Odur und Freya machten sich dann zärtlich Hand in Hand auf den Nachhauseweg und angesichts ihres Glücks grünte das Gras, die Blumen erblühten und die Vögel sangen, da die gesamte Natur genauso innig mit Freyas Glück mitfühlte wie sie mit ihr zusammen getrauert hatte, als sie zutiefst betrübt war.

Aus dem Land des Morgens,
Über des Schnees
Schimmernde Triften
Kam nun gegangen
Freya, die Schöne,
Eilig nach Skoring.
Weiß lag das Moorland,
Schneebedeckt vor ihr;
Grün lag das Moorland
Hinter ihr, blühend.
Und aus der Locken
Goldener Schöne
Schüttelt sie Blumen,
Kinder des Frühlings;
Aus ihren Gewändern
Schüttelt sie Südwind;
Rings in den Birken
Weckt sie die Drosseln,

Weckt keuschen Gattinnen
Sehnsucht nach Rückkehr
All ihrer Helden.
Liebe spendend,
Lieb' nur empfangend
Kam sie nach Skoring.

— Aus: *Hypatia, oder Neue Feinde mit altem Gesicht,*
Kapitel 12: „Die Laube der Üppigkeit",
Charles Kingsley, übersetzt von Sophie von Gilsa

Die schönsten Pflanzen und Blumen im Norden wurden Freyas Haar (das Goldene Frauenhaarmoos) oder Freyas Tränen (Frauenmantel) genannt. Diese Göttin soll eine besondere Beziehung zu den Elfen gehabt haben, die sie gern beim Tanzen im Mondschein beobachtete und für die sie ihre schönsten Blumen und ihren süßesten Honig aufbewahrte. Odur, Freyas Gatte, galt nicht nur als Personifizierung der Sonne, sondern auch als Symbol der Leidenschaft oder der berauschenden Freuden der Liebe, sodass unsere Vorfahren meinten, es wäre kein Wunder, dass seine Frau nicht ohne ihn glücklich sein konnte.

FREYAS HALSKETTE

Als Göttin der Schönheit liebte Freya natürlich Gewänder, glitzerndes Zubehör und kostbare Edelsteine über alles. Eines Tages, als sie in Schwarzalbenheim war, dem unterirdischen Königreich, sah sie vier Zwerge die herrlichste Halskette fertigen, die sie je erblickt hatte. Fast außer sich vor Verlangen, diesen unübertrefflichen Halsschmuck zu besitzen, der Brisingamen hieß und ein Symbol der Sterne oder der Fruchtbarkeit der Erde war, flehte Freya die Zwerge an, ihr diesen zu überlassen. Sie weigerten sich allerdings hartnäckig, es sei denn, Freya würde versprechen, mit jedem von ihnen eine Nacht zu verbringen. Nachdem sie sich die Halskette zu diesem Preis gesichert hatte, legte Freya sie sich hastig um. Die Schönheit des Geschmeides erhöhte ihre Reize dermaßen, dass sie es Tag und Nacht anbehielt und nur manchmal überredet werden konnte, es anderen Gottheiten auszuleihen. Thor trug die Kette, als er sich in Jötunheim als Freya ausgab, und Loki begehrte sie und hätte sie gestohlen, wäre da nicht Heimdalls Wachsamkeit gewesen.

Freya war auch die stolze Besitzerin von Falkenschwingen oder eines Falkengewands, das es seinem Träger ermöglichte, wie ein Vogel durch die Luft zu fliegen. Dieser Umhang war von so unschätzbarem Wert, dass Loki ihn sich zweimal

C·E

ausborgte und Freya ihn selbst benutzte, als sie nach ihrem verschwundenen Ehemann Odur suchte.

> Freya entlieh
> Stürmende Schwingen des Falken, als sie
> Einst den Gemahl aufsuchte, den Lieben,
> Sehnsuchtgetrieben.
>
> — *Die Frithiofs-Sage*, Esaias Tegnér, 9,
> „Ingeborgs Klage“, übersetzt von Heinrich Viehoff

Da Freya darüber hinaus als Fruchtbarkeitsgöttin galt, wurde sie manchmal zusammen mit ihrem Bruder Freyr in seinem vom goldborstigen Eber gezogenen Wagen dargestellt, wobei sie äußerst freigebig Früchte und Blumen streut, um die Herzen der Menschen zu erfreuen. Sie besaß außerdem einen eigenen Wagen, in dem sie üblicherweise fuhr. Sie hatte vor diesen Karren zwei Katzen, ihre Lieblingstiere, gespannt, die neben zärtlicher Zuneigung und Sinnlichkeit auch Fruchtbarkeit symbolisierten.

> Dann kam der dunkelbärtige Njörd und nach ihm
> Freyja, dünn bekleidet, um ihre schlanken Fesseln
> Spielten die grauen Katzen.
>
> — *Lovers of Gudrun*, William Morris

Freyr und Freya wurden im gesamten Norden so hoch verehrt, dass ihre Namen in abgewandelten Formen noch immer in der Bedeutung „Herr, Gebieter“ beziehungsweise „Herrin, Gebieterin“ verwendet werden und ein Tag der Woche Freyas Tag genannt wird, der Freitag. Es gab unzählige der Freya geweihte Tempel, die lange von ihren Anhängern instand gehalten wurden, bis Karl der Große den letzten in Magdeburg zerstörte.

DIE GESCHICHTE VON OTTAR UND ANGANTYR

Freya wurde von den Menschen im Norden für gewöhnlich um Erfolg in der Liebe, um Gesundheit und Wohlstand angerufen, manchmal aber auch um Hilfe und Schutz. Sie gewährte dies all denen, die ihr aufrichtig dienten, so wie sie in der Erzählung von Ottar und Angantyr geschildert werden, in der es um zwei Männer geht, die sich seit einiger Zeit um das Anrecht auf den Besitz eines bestimmten Stück Lands stritten und diesen Zwist dem Thing vorlegten. Diese

Gerichtsversammlung verfügte, dass der Mann, der nachweisen könnte, die längste Linie edler Vorfahren zu besitzen, zum Gewinner erklärt werden sollte, und es wurde ein bestimmter Tag festgelegt, um die Ahnentafeln der beiden Kläger zu überprüfen.

Unfähig, sich an mehr als nur einige wenige Namen seiner Vorfahren erinnern zu können, brachte Ottar Freya Opfergaben dar und erflehte ihre Hilfe. Die Göttin erhörte gnädig sein Gebet, erschien vor ihm, verwandelte ihn in einen Eber und ritt auf seinem Rücken zum Wohnsitz der Zauberin Hyndla, einer weithin bekannten weisen Riesin. Drohend und bittend zwang Freya die alte Frau, Ottars Stammbaum bis auf Odin zurückzuverfolgen und dabei jeden Einzelnen mit seinem Namen und seinen Taten zu nennen. Da Freya fürchtete, das Gedächtnis ihres Schützlings könnte so viele Einzelheiten nicht behalten, gebot sie Hyndla, einen Erinnerungstrunk zu brauen, den die Göttin ihm verabreichte.

Trefflichen Trank
Trinken soll er.
Mögen alle Asen
Ottar beistehen!

— *Die Edda II. Götterdichtung und Spruchdichtung,*
„Das Hyndlalied" 36,
übersetzt von Felix Genzmer

So vorbereitet, fand Ottar sich am festgesetzten Tag vor dem Thing ein, trug wortgewandt seine Ahnenreihe vor und zählte so viel mehr Vorfahren als Angantyr auf, dass es leicht war, Ottar das von ihm begehrte Land zuzusprechen.

Helfen muss ich,
Daß der junge Held
Seiner Ahnen
Erbteil habe.

— *Die Edda II. Götterdichtung und Spruchdichtung,*
„Das Hyndlalied" 9, übersetzt von Felix Genzmer

FREYAS EHEMÄNNER

Freya war so wunderschön, dass es nicht verwunderlich war, dass all die Götter, Riesen und Zwerge sich nach ihrer Liebe sehnten und der ein oder andere versuchte, sie als Gattin zu gewinnen. Freya verachtete allerdings die hässlichen

Riesen und lehnte auch Thrym ab, obwohl Loki und Thor sie gedrängt hatten, ihn zum Mann zu nehmen. Sie war jedoch nicht so verstockt, sofern es die Götter selbst betraf, und möchte man verschiedenen Mythologen Glauben schenken, dann soll sie als Personifikation der Erde mit Odin (dem Himmel), Freyr (dem fruchtbaren Regen), Odur (dem Sonnenschein) und anderen vermählt gewesen sein, sodass allem Anschein nach die Anschuldigungen gerechtfertigt waren, die der Erzfeind Loki ihr boshaft entgegenschleuderte, nämlich nacheinander alle Götter geliebt und ihnen beigelegen zu haben.

DIE VEREHRUNG FREYAS

Es war bei festlichen Anlässen Brauch, auf das Wohl Freyas und das der anderen Götter zu trinken, als aber das Christentum im Norden eingeführt wurde, übertrug man diesen Trinkspruch auf die Jungfrau Maria oder die Heilige Gertrud. Freya selbst wurde wie alle anderen heidnischen Gottheiten zur Dämonin oder Hexe erklärt und in die Bergspitzen Norwegens, Schwedens oder Deutschlands verbannt, wobei der Brocken als ihr besonderer Aufenthaltsort und allgemeiner Treffpunkt ihres Hexengefolges in der Walpurgisnacht angesehen wurde.

CHOR DER HEXEN
Die Hexen zu dem Brocken ziehn,
Die Stoppel ist gelb, die Saat ist grün.
Dort sammelt sich der große Hauf,
Herr Urian sitzt oben auf.
So geht es über Stein und Stock,
Es farzt die Hexe, es stinkt der Bock.
— *Faust I*, Johann Wolfgang von Goethe

Da Schwalbe, Kuckuck und Katze in heidnischen Zeiten Freya geweiht waren, wurden ihnen dämonische Eigenschaften zugeschrieben, und bis auf den heutigen Tag werden Hexen immer mit kohlschwarzen Katzen abgebildet.

KAPITEL XI

Heimdall

DER WÄCHTER DER GÖTTER

Während eines Spaziergangs an der Meeresküste erblickte Odin einst neun auf dem weißen Sand tief schlafende wunderschöne Riesinnen, die Wellenjungfrauen Gjalp, Greip, Eistla, Eyrgjafa, Ulfrun, Angeya, Imd, Atla und Jarnsaxa. Der Himmelsgott war so verzückt von diesen Geschöpfen, dass er der *Edda* zufolge allen neun beiwohnte und sie ihm alle zusammen gleichzeitig einen Sohn gebaren, der den Namen Heimdall erhielt.

> Ich bin neun Mütter Sohn
> und von neun Schwestern geboren.
>
> — *Prosa Edda*, „Gylfis Visionen" 27,
> übersetzt von Karl Simrock

Die neun Mütter nährten ihr Baby anschließend mit der Kraft der Erde, der Feuchtigkeit des Meeres und der Wärme der Sonne. Diese einzigartige Ernährung erwies sich als dermaßen kräftigend, dass der junge Gott in bemerkenswert kurzer Zeit zur vollen Größe heranwuchs und sich so alsbald zu seinem Vater nach Asgard begab. Dort betrachteten unterdessen die Götter stolz die Regenbogenbrücke Bifröst, die sie aus Feuer, Luft und Wasser errichtet hatten, drei Materialien, die man noch immer deutlich in ihrem langen Bogen erkennen kann, wo sie in drei Farben leuchten: Rot steht für das Feuer, Blau für die Luft und Grün für die kühlen Tiefen des Meeres.

DER HÜTER DES REGENBOGENS

Die Brücke war die Verbindung zwischen Himmel und Erde und endete unter dem Schatten des mächtigen Weltenbaums Yggdrasil, dicht neben der Quelle, die Mimir bewachte. Der einzige Wermutstropfen, der die vollkommene Freude an diesem prächtigen Schauspiel trübte, war die Furcht, dass die Reifriesen die Brücke überqueren könnten und auf diese Weise ein Einfallstor nach Asgard hätten.

Die Götter, die die Zweckmäßigkeit der Ernennung eines vertrauenswürdigen Wächters erörtert hatten, begrüßten den Neuling als bestens geeignet, um die anstrengenden Pflichten dieser Aufgabe zu erfüllen. Freudig übernahm Heimdall die Verantwortung und hielt von da an Tag und Nacht aufmerksam Wacht über den Regenbogenweg nach Asgard.

Es strahlte hoch in schöner Farbenglut
Am schwärzlichen Gewölk der Regenbogen,
Drauf Asa Heimdal stand so wohlgemuth.

— Adam Gottlob Oehlenschläger,
Die Götter Nordens: Episches Gedicht in drei Büchern,
„Thors Fischerei", übersetzt von Gustav Thormod Legis

Die Götter verliehen ihrem Wächter Sinne, die so fein waren, dass er fähig gewesen sein soll, das Gras auf der Erde oder die Wolle auf den Schafen wachsen zu hören, damit er das Herannahen irgendeines Feindes aus großer Ferne bemerken konnte. Darüber hinaus soll er in der Nacht wie am Tag hundert Meilen weit gesehen und weniger Schlaf als ein Vogel gebraucht haben.

Unter verängstigten Riesen weiter bekannt
Als der, der unbewegt sitzt hoch oben über allen,
Der Himmelswächter, dem nie das Aug' ist zugefallen.

— *Skirner's Expedition*, William Herbert

Heimdall wurde zudem mit einem gleißenden Schwert und einem großartigen Horn namens Gjallarhorn ausgestattet, in das er auf Befehl der Götter immer dann blasen sollte, wenn er ihre Feinde kommen sah, und sie fügten hinzu, dass sein Klang alle Lebewesen im Himmel, auf der Erde und in Niflheim alarmieren würde. Der letzte gewaltige Hornstoß sollte die Ankunft des Tages ankündigen, an dem die Entscheidungsschlacht geschlagen würde.

Des Gjallarhorns, / Des alten, Klang
Kündet das Ende. / Hell bläst Heimdall,
Das Horn ragt auf.

— *Die Edda II. Götterdichtung und Spruchdichtung*,
„Der Seherin Gesicht" 33, übersetzt von Felix Genzmer

Das den zunehmenden Sichelmond symbolisierende Instrument hängte Heimdall immer griffbereit entweder über seinem Kopf an einem Ast der Esche Yggdrasil auf oder platzierte es im Wasser von Mimirs Brunnen neben Odins Auge, dem Sinnbild des Vollmonds.

Heimdalls Palast Himinbjörg (Himmelsburg), der auf dem höchsten Punkt der Brücke gelegen war, wurde häufig von den Göttern aufgesucht, um den köstlichen Met zu trinken, den Heimdall ihnen vorsetzte.

> Himinbiörg, ist die achte [Halle], wo Heimdall soll
> Der Weihestatt walten.
> Der Wächter der Götter trinkt in wonnigem Hause
> Da selig den süßen Meth.
>
> — *Die Lieder-Edda,*
> „Das Lied von Grimnir" 13,
> übersetzt von Karl Simrock

Heimdall wurde immer in prachtvoller weißer Rüstung dargestellt und daher auch der strahlende Gott genannt. Er war zudem bekannt als der helle, unschuldige und anmutige Gott und verdiente diese Attribute völlig zu Recht, war er doch ebenso gütig wie schön, sodass ihn alle Götter liebten. Da er mütterlicherseits mit dem Meer verbunden war, wurde er manchmal zu den Wanen gezählt. Die frühen Skandinavier, insbesondere die Isländer, die das umgebende Meer für das wichtigste Element hielten, glaubten, dass daraus alle Dinge entstanden wären, und schrieben Heimdall daher ein allumfassendes Wissen zu und stellten sich ihn als besonders weise vor.

> Der hellste Gott –
> Künftiges wußt er,
> Den Wanen gleich.
>
> — *Die Edda II. Götterdichtung und Spruchdichtung,*
> „Das Thrymlied" 15,
> übersetzt von Felix Genzmer

Heimdall war darüber hinaus herausgehoben durch seine goldenen Zähne, die aufblitzten, wenn er lächelte, was ihm den Beinamen Gullintani (Goldzahn) einbrachte. Er war auch stolzer Besitzer eines schnellen, goldmähnigen Pferdes namens Gulltop, auf dem er hin und her über die schwankende Regenbogenbrücke ritt, die er mehrmals am Tag überquerte, und wenn er sie am frühen Morgen als Herold des Tages passierte, nannte man ihn Heimdellinger.

Ulfrunas Sohn stieg Argiöl* hinan,
Der Hornbläser, zu den Himmelsbergen.

— *Die Lieder-Edda*, „Odins Rabenzauber" 26,
übersetzt von Karl Simrock

LOKI UND FREYA

Eines Nachts wurde Heimdall durch sein äußerst feines Gehör auf ein Geräusch sanfter, katzenhafter Schritte aufmerksam, die sich in Richtung auf Freyas Palast Folkwang hin bewegten. Heimdall erkannte mit seinen die Dunkelheit durchdringenden Adleraugen, dass Loki die Geräusche verursacht hatte, der heimlich als Fliege in den Palast eingedrungen war, sich anschließend Freyas Bett näherte und versuchte, sich der funkelnden goldenen Halskette Brisingamen zu bemächtigen, dem Symbol der Fruchtbarkeit der Erde.

Heimdall bemerkte, dass sich die Göttin so ins Bett gelegt hatte, dass gegebenenfalls niemand die Halskette aufmachen könnte, ohne sie aufzuwecken. Loki stand für einige Augenblicke zögernd am Bett, begann dann aber die Runen vor sich hin zu murmeln, die es den Göttern ermöglichten, ihre Gestalt nach Belieben zu wechseln. Während er dies tat, sah Heimdall, wie Loki auf die Größe und Form eines Flohs schrumpfte, unter die Bettdecke kroch und Freya in die Seite biss, sodass sie ihre Position veränderte, ohne dabei allerdings im Geringsten in ihrem Schlaf gestört zu werden.

Die Schließe nun in Griffnähe, löste sie Loki vorsichtig, ergriff dann das begehrte Schmuckstück und stahl sich damit wieder auf Normalgröße angewachsen schleunigst davon. Heimdall heftete sich sofort an die Fersen des mitternächtlichen Diebes, stellte ihn und zog sein Schwert aus der Scheide, um Loki das Haupt abzuschlagen, der sich jedoch im Nu in eine flackernde blaue Flamme verwandelt hatte. Gedankenschnell reagierte Heimdall in Form einer Wolke und sandte einen Regenguss nach unten, um das Feuer zu löschen, aber ebenso schnell nahm Loki die Gestalt eines riesigen Eisbären an und öffnete sein Maul, um das Wasser zu schlucken. Unverdrossen wandelte sich auch Heimdall in einen Eisbären und attackierte den Gott heftig. Da der Kampf für Loki verheerend zu werden drohte, veränderte er seine Erscheinung in einen Seehund, was Heimdall ihm gleichtat. Es kam zu einer letzten Auseinandersetzung, die für Loki damit endete, dass er auf die Halskette verzichten musste, die Freya als ihr Eigentum zurückgegeben wurde.

In diesem Mythos symbolisiert Loki die Dürre oder die unheilvollen Auswirkungen unbarmherziger Sonnenglut, die der Erde (Freya) ihre kostbarste Zierde

* Beiname der Brücke Bifröst

(Brisingamen) zu rauben versucht. Als Verkörperung des sanften Regens und Taus liefert sich Heimdall einen erschöpfenden Kampf mit seinem Gegner, der Trockenheit, überwindet ihn und gebietet ihm, seine Beute preiszugeben.

HEIMDALLS NAMEN

Heimdall besitzt eine Reihe weiterer Namen, darunter Hallinskidi und Irmin, weil er zeitweise Odins Platz einnahm und mit diesem Gott ebenso identifiziert wurde wie mit den anderen Schwertgöttern Er, Heru, Cheru und Tyr, die alle wegen ihrer strahlenden Waffen berühmt waren. Er war jedoch allgemein als Hüter des Regenbogens und als Gott des Himmels, des fruchtbaren Regens und Taus bekannt, die der Erde Erfrischung bringen. Heimdall galt unter dem Namen Rig als göttlicher Ahnherr der verschiedenen Stände, auf denen die Menschheit aufgebaut ist, wie es in der folgenden Geschichte erzählt wird.

DIE GESCHICHTE VON RIG

Gehör heisch ich
Heiliger Sippen,
Hoher und niedrer
Heimdallssöhne.

— *Die Edda II. Götterdichtung und Spruchdichtung*, „Der Seherin Gesicht" 1, übersetzt von Felix Genzmer

Eines Tages verließ Heimdall seinen Sitz in Asgard, um auf der Erde zu wandern, wie es die Götter für gewöhnlich taten. Er war noch nicht weit gegangen, als er an der Küste an eine ärmliche Hütte gelangte, wo er Ai (Urgroßvater) und Edda (Urgroßmutter) antraf, ein armes, aber würdevolles Ehepaar. Die Eheleute luden ihn gastfreundlich ein, ihre karge Mahlzeit aus Hafergrütze mit ihnen zu teilen. Heimdall, der sich als Rig ausgab, nahm diese Einladung freudig an und blieb drei ganze Tage bei dem Paar, das er unterdessen viele Dinge lehrte. Nach Ablauf dieser Zeit reiste er weiter. Edda gebar einige Zeit nach seinem Besuch einen dunkelhäutigen, stämmigen Burschen, den sie Thräl (Knecht) nannte.

Schon bald zeigten sich dessen ungewöhnliche Körperkraft und eine große Eignung für alle schweren Tätigkeiten. Als er ausgewachsen war, heiratete er Thyr (Magd), eine kräftig gebaute junge Frau mit sonnengebräunten Händen und Plattfüßen, die ebenso wie ihr Ehemann von früh bis spät arbeitete. Dieses

Paar hatte viele Kinder und von ihm stammten alle Sklaven oder Knechte in den nordischen Ländern ab.

> Sie hausten behaglich
> Und hatten Kinder;
> ...
> Sie bauten Zäune,
> Düngten das Feld,
> Fütterten Schweine,
> Hüteten Geißen,
> Gruben Torf.
>
> — *Die Edda II. Götterdichtung und Spruchdichtung,*
> „Das Merkgedicht von Rig" 12, übersetzt von Felix Genzmer

Nachdem Rig die bescheidene Kate an der unwirtlichen Küste verlassen hatte, stieß er ins Landesinnere vor, wo er schon bald an bestellten Äckern und einem stattlichen Bauernhaus vorbeikam. Er betrat das behagliche Wohnhaus, in dem Afi (Großvater) und Amma (Großmutter) lebten, die ihn baten, ihr Gast zu sein und sich zu ihnen zu setzen, um mit ihnen das einfache, aber reichhaltige Mahl einzunehmen, das sie für sich zubereitet hatten.

Rig bedankte sich für ihre herzliche Gastfreundschaft, verbrachte drei Tage bei seinen Gastgebern und übermittelte ihnen währenddessen alle Arten nützlichen Wissens. Nach seiner Abreise brachte Amma einen kräftigen Jungen mit blauen Augen zur Welt, der den Namen Karl erhielt. Als er heranwuchs, offenbarte er große Fähigkeiten in allem, was die Landwirtschaft anbelangte, und vermählte sich zu gegebener Zeit mit einer üppigen und fleißigen Frau namens Snör, die ihm viele Kinder schenkte, aus denen sich der Stand der Bauern und Freien entwickelte.

> Zu wachsen begann er
> Und wohl zu gedeihn;
> Er schmiedete Schare,
> Scheunen baut er,
> Zähmte Ochsen,
> Zimmerte Häuser,
> Schuf Lastwagen,
> Lenkte den Pflug.
>
> — *Die Edda II. Götterdichtung und Spruchdichtung,*
> „Das Merkgedicht von Rig" 22, übersetzt von Felix Genzmer

Nachdem er sich vom zweiten Ehepaar verabschiedet hatte, zog Rig weiter, bis er einen Hügel erreichte, auf dem eine herrschaftliche Burg errichtet war. Wie schon zuvor wurde er auch hier von Fadir (Vater) und Modir (Mutter) zuvorkommend empfangen, die gut ernährt und edel gekleidet waren und ihm ausgesuchtes Fleisch sowie erlesene Weine vorsetzten.

Rig hielt sich wieder drei Tage bei den Eheleuten auf, anschließend kehrte er nach Himinbjörg zurück, um sein Amt als Wächter der Asenbrücke wieder aufzunehmen. Bald danach gebar die Burgherrin einen hübschen, schlankgewachsenen kleinen Jungen, dem sie den Namen Jarl gab. Schon früh ließ dieses Kind eine große Vorliebe für die Jagd und alle Arten von Kampfübungen erkennen, lernte die Runen zu verstehen und wuchs heran, um große Heldentaten zu vollbringen, die seinen Namen berühmt machten und seinem Geschlecht zu Ruhm verhalfen. Als er zum Mann geworden war, ehelichte Jarl Erna, eine junge Adlige mit schlanker Taille, die seinen Haushalt klug führte und mit ihm viele Kinder zeugte, die alle zu Herrschern bestimmt waren, aus denen ihr jüngster Sohn Konur (König) herausragte, der das dänische Königtum begründete. Dieses Lied der *Edda* verdeutlicht auf erzählerische Weise das äußerst ausgeprägte Standesbewusstsein unter den nordischen Völkern.

Da wuchsen auf
Des Edeln Söhne,
Zähmten Hengste,
Zierten Schilde,
Schälten den Eschenschaft,
Schliffen Pfeile.
Kon der junge,
Kannte Runen,
Zeitrunen
Und Zukunftrunen.

— *Die Lieder-Edda*, „Das Lied von Rigr" 39 und 40,
übersetzt von Karl Simrock

KAPITEL XII

Hermod

DER GÖTTERBOTE

Ein weiterer Sohn Odins und sein besonderer Diener war der strahlende und schöne junge Gott Hermod, der eine hohe Bewegungsschnelligkeit besaß und deshalb als der schnelle oder gewandte Gott bezeichnet wurde.

> Aber da war einer, der Erste von allen Göttern
> in Schnelligkeit, Hermod war sein Name im Himmel;
> Der Leichtfüßigste war er.
>
> — *Balder Dead*, Matthew Arnold

Hermod wurde wegen dieser wichtigen Eigenschaft üblicherweise als Götterbote eingesetzt und eilte auf einen bloßen Wink Odins hin in jeden Teil der Schöpfung. Als besondere Gunstbezeigung gab ihm Allvater eine prunkvolle Brünne und einen ebenso prächtigen Helm, die er anlegte, wenn er in eine Schlacht zog, und manchmal vertraute ihm Odin auch den wertvollen Speer Gungnir an und befahl ihm, diesen über die Köpfe der zum Angriff bereiten Krieger zu werfen, um ihre Begeisterung in rasende Wut zu verwandeln.

> Laden Heervatern in unsre Herzen:
> Er gönnt und giebt das Gold den Werthen.
> Er gab Hermodur Helm und Brünne.
>
> — *Die Lieder-Edda,* „Das Hyndlalied" 2,
> übersetzt von Karl Simrock

Hermod liebte den Kampf, weshalb man ihn oft „den im Streite Mutigen" nannte, und wurde mit dem Himmelsgott Irmin identifiziert. Es wird erzählt, dass er manchmal die Walküren auf ihrem Ritt zur Erde begleitete und regelmäßig die Krieger nach Walhall eskortierte und daher als Führer der auf dem Schlachtfeld gefallenen Helden galt.

„Hermod und Bragi,“
Sprach Heervater,
„Geht zu des Fürsten Empfang!
Denn ein König kommt,
Der kühn mich dünkt,
Zur Halle hierher.“

— *Die Edda II. Götterdichtung und Spruchdichtung*, „Das Hakonlied“ 14, übersetzt von Felix Genzmer

Ein weiteres unverkennbares Kennzeichen Hermods neben Brünne und Helm war ein Stock oder Stab namens Gambantein, den er als Symbol seines Amtes ständig mit sich führte, wo immer er hinging.

HERMOD UND DER WAHRSAGER

Einst, als Odin von vagen Zukunftsängsten niedergedrückt war und von den Nornen keine zufriedenstellenden Antworten auf seine Fragen erhielt, gebot er Hermod, seine Rüstung überzuwerfen und Sleipnir zu satteln, den außer Odin nur er reiten durfte, und ins Land der Finnen fortzueilen. Man nahm an, dass die Menschen, die in den frostklirrenden Polarregionen lebten, nicht nur fähig waren, Kältestürme zu bewirken, die vom Norden heranfegten und viel Eis und Schnee mit sich brachten, sondern insgesamt über große okkulte Kräfte verfügten.

Der bekannteste dieser finnischen Zauberer war Rossthjof, der für gewöhnlich Reisende durch Zauberkräfte in sein Reich lockte, um sie auszurauben und zu erschlagen. Er besaß zudem die Macht, die Zukunft vorauszusagen, wenngleich er dies immer nur widerwillig tat.

Hermod „der Schnelle“ ritt eilends nordwärts mit der Maßgabe, diesen Finnen zu suchen, und hatte anstelle seines eigenen Stabs Odins Runenstab mitgenommen, den Allvater ihm zur Beseitigung jedes Hindernisses überlassen hatte, das Rossthjof heraufbeschwören könnte, um sein Weiterkommen zu unterbinden. Trotz schemenhafter Ungeheuer und unsichtbarer Schlingen und Fallgruben konnte Hermod schließlich den Wohnsitz des Zauberers sicher erreichen, und als der Riese ihn angriff, gelang es dem Gott leicht, ihn zu überwinden. Er band ihn an Händen und Füßen und verkündete, ihn erst freizulassen, wenn er versprechen würde, alles zu offenbaren, was Hermod erfahren wollte. Rossthjof erkannte, dass es keine Hoffnung auf Entrinnen gab, und gelobte seinem Bezwinger, seinem Wunsch nachzukommen. Nachdem seine Fesseln gelöst waren, begann er, Beschwörungen vor sich hin zu murmeln, bei deren bloßem Klang sich die Sonne hinter den Wolken verbarg, die Erde erzitterte und erbebte und die Sturmwinde wie eine Meute hungriger Wölfe heulten.

Der Zauberer zeigte danach zum Himmel und bat Hermod, seinen Blick nach oben zu richten. Der schnelle Gott sah in der Ferne einen großen Strom aus Blut, der sich auf den Boden ergoss und ihn rot färbte. Während er das strömende Blut erstaunt betrachtete, erschien plötzlich eine schöne Frau und einen Augenblick später stand auch ein kleiner Junge neben ihr. Dieses Kind wuchs zur Verblüffung des Gottes mit einer solch bemerkenswerten Schnelligkeit, dass es bald seine volle Größe erreichte, und Hermod bemerkte zudem, dass es wie wild einen Bogen und Pfeile hin und her schwenkte.

Anschließend deutete Rossthjof diese Vorzeichen, die seine Kunst hervorgerufen hatten, und verkündete, dass der Blutstrom auf die Ermordung eines von Odins Söhnen hinwiese. Sollte der Vater der Götter allerdings im Land der Ruthenen (Russland) um Rinda werben und sie für sich gewinnen können, sie ihm dann einen Sohn gebären würde, der in nur wenigen Stunden zu voller Größe heranwüchse und Rache für den Tod seines Bruders nähme.

Rinda im Westen gewinnt den Sohn,
Der einnächtig, Odins Erbe, zum Kampf geht.

— *Die Lieder-Edda*, „Das Wegtamslied" 15,
übersetzt von Karl Simrock

Hermod lauschte aufmerksam den Worten Rossthjofs, und als er nach Asgard zurückgekehrt war, berichtete er Odin alles, was er gesehen und gehört hatte, und so bewahrheiteten sich dessen Ängste. Er hatte nun Gewissheit gefunden, verdammt zu sein, einen seiner Söhne durch einen gewaltsamen Tod zu verlieren. Es tröstete ihn jedoch der Gedanke, dass ein anderer seiner Nachfahren das Verbrechen rächen würde und er dadurch die Genugtuung erführe, die ein wahrer nordischer Krieger immer verlangte.

KAPITEL XIII

Widar

DER SCHWEIGSAME GOTT

Es wird berichtet, dass Odin einst die schöne Riesin Grid begehrte, die in einer Höhle in der Wildnis lebte und schon bald seinem Werben nachgab. Aus dieser Verbindung zwischen Odin (Geist) und Grid (Materie) ging ein Sohn namens Widar hervor, der ebenso stark wie zurückhaltend war und von den frühen Skandinaviern für eine Personifizierung des urzeitlichen Waldes oder der unvergänglichen Naturkräfte gehalten wurde. Während die Götter durch Heimdall eng mit dem Meer verbunden waren, so waren sie darüber hinaus mit den Wäldern und der Natur im Allgemeinen durch Widar „den Schweigsamen" verknüpft, der ausersehen war, deren Zerstörung während der Ragnarök zu überleben und über eine wiedergeborene Erde zu herrschen. Dieser Gott hatte seinen Wohnsitz in Landwidi (weites Land), wo sein mit Zweigen und frischen Blumen geschmückter Palast inmitten eines undurchdringlichen Gesträuchs und in tiefer Stille und Einsamkeit gelegen war, die er liebte.

> Mit Gesträuch begrünt sich und hohem Grase
> Widars Land Widi.
>
> — *Die Lieder-Edda*,
> „Das Lied von Grimnir" 17,
> übersetzt von Karl Simrock

Diese frühe skandinavische Vorstellung eines wortkargen Widars ist wahrhaft erhaben sowie poetisch und wurde von der wilden und zerklüfteten Landschaft des Nordens angeregt. „Wer könnte jemals durch solche Wälder wandern – viele Meilen lang, durch eine grenzenlose Weite, ohne einen Weg, ohne ein Ziel, unter ihren riesigen Schatten, ihrer heiligen Dunkelheit – ohne dabei durchdrungen zu sein von tiefer Ehrfurcht vor der unfassbaren Größe der Natur, die über alles von Menschen Geschaffene hinausgeht, und ohne die Erhabenheit der Idee zu empfinden, die die Grundlage für Widars Wesen bildet?"

WIDARS SCHUH

Widar wird als groß gewachsen, gut gebaut und schön geschildert, angetan mit einer Rüstung, umgürtet mit einem breitklingigen Schwert und beschuht mit einem großen Eisen- oder Lederschuh. Einigen Mythologen zufolge verdankte er dieses eigenartige Schuhwerk seiner Mutter Grid, die wusste, dass er am Jüngsten Tag dazu bestimmt war, gegen das Feuer zu kämpfen, und daher diesen eisernen Schuh ebenso als Schutz gegen das feurige Element schuf wie ihren Eisenhandschuh, der Thor in seinem Kampf gegen Geirröd half. Anderen Quellen nach wurde dieser Schuh jedoch aus Lederresten gefertigt, die nordische Schuster entweder verschenkt oder weggeworfen hatten. Da es unerlässlich war, diesen Schuh so groß und massiv zu konstruieren, damit er den scharfen Zähnen des Fenriswolfes am Jüngsten Tag standhalten könnte, gehörte es zu den religiösen Pflichten nordischer Schuhmacher, so viele Lederflicken wie irgend möglich beizutragen.

DIE PROPHEZEIUNG DER NORNEN

Als Widar seine Mitgötter in Walhall aufsuchte, begrüßten sie ihn freudig, da ihnen bewusst war, dass seine große Körperkraft ihnen in Zeiten der Not gute Dienste leisten würde. Nachdem sie ihn reichlich mit dem goldenen Met bewirtet hatten, bat ihn Allvater, ihn zum Urdbrunnen zu begleiten, wo die Nornen immer fleißig ihr Gewebe spannen. Als Odin sie nach seiner und Widars Zukunft befragte, antworteten die drei Schwestern orakelhaft nacheinander:

„Früh begonnen. Weiter gesponnen. Getan, was ersonnen."

Ihre Mutter Wyrd, die urwüchsige Schicksalsgöttin, fügte noch hinzu: „Mit Freude nochmals gewonnen." Diese rätselhaften Antworten wären vollkommen unverständlich geblieben, hätte die Göttin nicht erklärt, dass die Zeit voranschreiten würde, dass sich alles verändern müsste und dass selbst dann, wenn der Vater in der Entscheidungsschlacht am Letzten Tag fallen sollte, sein Sohn Widar ihn rächen und weiterleben würde, um über eine erneuerte Welt zu herrschen, nachdem er alle Feinde besiegt hätte.

> Auf Rosses Rücken,
> Zu rächen den Vater,
> Verheißt dort der Heldensohn.
>
> — *Die Edda II. Götterdichtung und Spruchdichtung*,
> „Das Grimnirlied" 15, übersetzt von Felix Genzmer

Während Wyrds schicksalhafter Worte rauschten die Blätter des Weltenbaums, als würden sie durch eine Brise bewegt, schlug der Adler auf dem obersten Ast mit seinen Flügeln und unterbrach der Drache Nidhögg für einen Augenblick sein Zerstörungswerk an den Wurzeln des Baumes. Grid, die sich unterdessen zu Vater und Sohn begeben hatte, freute sich mit Odin, als sie vernahm, dass ihr Sohn dazu ausersehen war, die älteren Götter zu überleben und Herrscher über einen neuen Himmel und eine neue Erde zu werden.

Widar und Wali
Sollen im Weihturm hausen,
Wenn Surts Lohe erlosch.

— *Die Edda II. Götterdichtung und Spruchdichtung*,
„Das Wafthrudnirlied" 49, übersetzt von Felix Genzmer

Widar äußerte jedoch kein einziges Wort und machte sich langsam auf den Nachhauseweg zu seinem Sitz Landwidi im Innersten des urzeitlichen Waldes, wo er auf seinem Thron lange nachdachte über Ewigkeit, Zukunft und Unendlichkeit. Sollte er jemals ihre Geheimnisse ergründet haben, dann offenbarte er sie niemals, schließlich beteuerten unsere Vorfahren, dass er „schwieg wie ein Grab" – eine Stille, die darauf anspielte, dass kein Mensch weiß, was ihn im kommenden Leben tatsächlich erwartet.

Widar verkörperte nicht nur die Unvergänglichkeit der Natur, sondern war auch ein Symbol der Wiederauferstehung und Erneuerung und versinnbildlichte die ewige Wahrheit, dass neue Triebe und Blüten hervorbrechen, um die vergehenden zu ersetzen.

Der speziell für ihn angefertigte Schuh diente seiner Verteidigung gegen den Fenriswolf, der seinen Zorn nach Odins Vernichtung direkt auf Widar richtete und ihn mit weit geöffnetem Maul verschlingen wollte. Die alten Normannen erzählten, dass Widar seinen geschützten Fuß erst gegen den Unterkiefer des Ungeheuers drückte, dann den Oberkiefer ergriff und mit ihm kämpfte, bis er den Rachen auseinandergerissen hatte.

Da in dieser Widar-Sage nur ein Schuh erwähnt wird, nehmen einige Mythologen an, dass er nur ein Bein hatte und die Personifizierung einer Wasserhose war, die am Jüngsten Tag plötzlich aufkam, um das wilde Feuer in Gestalt des schreckenerregenden Fenriswolfes zu löschen.

KAPITEL XIV

Wali

WERBEN UM RINDA

Als der König der Ruthenen Billing hörte, dass eine große Streitmacht auf dem Marsch war, um sein Königreich zu überfallen, war er zutiefst bestürzt, da er zu alt geworden war, um wie einst selbst zu kämpfen. Seine Tochter Rinda, sein einziges Kind, war zwar im heiratsfähigen Alter, weigerte sich aber hartnäckig, einen Ehemann aus ihren zahlreichen Verehrern zu wählen und ihrem Vater die Hilfe zu gewähren, die er so schmerzlich benötigte.

Während Billing in seiner Halle seinen quälenden Gedanken nachhing, betrat ein Fremder unerwartet seinen Palast. Als er aufschaute, erblickte er einen Mann mittleren Alters in weitem Umhang und mit breitkrempigem, tief in die Stirn gezogenem Hut, um zu verbergen, dass er nur ein Auge hatte. Der Fremde erkundigte sich höflich nach der Ursache für Billings offensichtliche Niedergeschlagenheit, und da sein Verhalten etwas Vertrauenerweckendes an sich hatte, erzählte ihm der König seine ganze Misere. Am Ende seines Berichts erbot sich der Besucher, das Heer der Ruthenen gegen ihre Feinde zu befehligen.

Nachdem seine Dienste freudig angenommen worden waren, dauerte es nicht lang, bis Odin, denn er war's, einen überwältigenden Sieg errang. Als er im Triumph zurückkehrte, bat er um Erlaubnis, sich mit der Königstochter zu vermählen. Trotz des fortgeschrittenen Alters des Bewerbers hoffte Billing, dass seine Tochter einem so vornehm wirkenden Freier Gehör schenken würde, und erklärte daher sofort sein Einverständnis. Odin, der noch immer unerkannt war, stellte sich der Prinzessin vor und unterbreitete ihr seinen Antrag, den sie jedoch entrüstet ablehnte, und als er sie zu küssen versuchte, ohrfeigte sie ihn sogar.

Obwohl er sich gezwungenermaßen von ihr fernhalten musste, rückte Odin dennoch nicht von seiner Absicht ab, Rinda für sich zu gewinnen, da er durch Rossthjofs Prophezeiung wusste, dass keine andere Frau den ausersehenen Rächer seines gemeuchelten Sohnes gebären konnte. Odin entschied sich daher, in Gestalt eines Goldschmiedes zur Halle Billings zurückzugehen, wo er aufwendigen Silber- und Goldschmuck herstellte. Er fertigte solch kunstvolle Schmuckstücke an, dass der König erfreut zustimmte, als er ihn fragte, ob er der Prinzessin seine Aufwartung machen dürfte. Der Schmuckkünstler, der sich Rosterus nannte, wurde jedoch genauso unsanft von Rinda hinauskomplimentiert wie der erfolgreiche Feldherr zuvor. Obgleich er erneut die Heftigkeit ihrer Ohrfeigen zu spüren bekam, war er nun noch entschlossener denn je zuvor, sie zu erobern.

Als Odin sich ein weiteres Mal zur launischen Königstochter begab, hatte er sich in einen draufgängerischen Krieger verwandelt, da er glaubte, ein junger Kämpfer könnte möglicherweise ihr Herz berühren. Sein neuerlicher Versuch, sie zu küssen, schlug jedoch wieder fehl und führte dazu, dass sie ihn unvermittelt zurückstieß, woraufhin er strauchelte und auf eines seiner Knie fiel.

> Manche schöne Maid, wers merken will,
> Ist dem Freier falsch gesinnt.
> Das erkannt ich klar, als ich das kluge Weib
> Verlocken wollte zu Lüsten.
> Jegliche Schmach that die Schlaue mir an
> Und wenig ward mir des Weibes.
>
> — *Die Lieder-Edda*, „Des Hohen Lied" 101,
> übersetzt von Karl Simrock

Diese dritte Ehrenkränkung erzürnte Odin dermaßen, dass er seinen Zauberstab hervorholte, ihn auf Rinda richtete und solch einen schrecklichen Zauber über sie sprach, dass sie starr und scheinbar leblos in die Arme ihres Dieners sank.

Als die Prinzessin wieder aus ihrer Ohnmacht erwachte, war ihr Freier entschwunden, allerdings bemerkte der König zu seinem großen Entsetzen, dass sie ihren Verstand vollkommen verloren hatte und trübsinnig geworden war. Wenngleich alle Heilkundigen herbeigerufen und all ihre Heilmittel ausprobiert wurden, so blieb Rinda doch teilnahmslos und traurig, weshalb ihr besorgter Vater beinahe jede Hoffnung hatte fahren lassen, bis eine alte Frau erschien, die vorgab, Wecha zu heißen, und ihm anbot, die Heilung der Prinzessin zu übernehmen. Die augenscheinlich alte Frau, die in Wirklichkeit Odin war, verordnete der Patientin als Erstes ein Fußbad. Da dieses aber keine merkliche Wirkung zeigte, schlug sie eine drastischere Behandlung vor. Wecha erklärte, die Patientin müsste zu diesem Zweck ihrer ausschließlichen Pflege anvertraut und gut festgebunden werden, sodass sie auch nicht den geringsten Widerstand leisten könnte. Billing, der bestrebt war, sein Kind zu retten, war bereit, in alles einzuwilligen. Jetzt, da er Rinda ganz in seiner Gewalt hatte, zwang Odin sie, sich ihm zu beugen, und er fügte hinzu, ihre Fesseln und den Zauber erst dann zu lösen, wenn sie ihm getreulich versprochen hätte, seine Frau zu werden.

WALIS GEBURT

Die Prophezeiung des Zauberers Rossthjof, die er einstmals Hermod, dem Boten der Götter, gegenüber verkündet hatte, bewahrheitete sich nun, denn Rinda brachte einen Sohn zur Welt namens Wali (Ali, Bous oder Bûi). Er verkörperte die länger werdenden Tage und wuchs mit solch atemberaubender Schnelligkeit heran, dass er innerhalb eines Tages seine volle Körpergröße erreichte. Dieser junge Gott eilte mit Pfeil und Bogen nach Asgard, ohne sich seine Hände zu waschen oder sein Haar zu kämmen, um Balders Tod an seinem Mörder Hödur zu rächen, dem blinden Gott der Dunkelheit.

Aber sieh! Der Rächer Wali kommt,
Entsprungen im Westen, aus Rindas Schoß,
Wahrer Sohn Odins! Einen Tag war er alt!
Verweilt nicht lang, macht nicht halt,
Kämmt nicht Haar, noch wäscht die Hände,
Ruht nicht aus, sondern erst am Ende,
Bis seine Mission war erfüllt vollkommen
Und Rache für Balders Tod genommen.

— *Valhalla*, J. C. Jones

In diesem Mythos widersetzt sich Rinda, die Personifizierung der hart gefrorenen Erdrinde, unnachgiebig dem warmen Werben der Sonne in Gestalt Odins, der sie vergebens darauf hinweist, dass der Frühling die Zeit kriegerischer Unternehmungen ist. Obwohl er ihr die Gaben des goldenen Sommers darreicht, lenkt sie erst nach einem Schauer (Fußbad) ein, der den Boden tauen lässt. Die Erde erliegt schließlich der unwiderstehlichen Kraft der Sonnenstrahlen – den Umarmungen Odins – und wird auf diese Weise vom Zauber (Eis) befreit, der sie starr und kalt hatte werden lassen, und gebiert Wali, den Nährer, oder Bous, den Bauer, der seine dunkle Hütte so lange nicht verlässt, bis die angenehmen Tage angebrochen sind. Die Ermordung Hödurs durch Wali steht insofern sinnbildlich für „das Hervorbrechen des neuen Lichts nach der winterlichen Dunkelheit."

Wali zählte zu den zwölf Gottheiten, die die Sitze in der großen Halle Gladsheim besetzten, und teilte sich zusammen mit seinem Vater den Saal Walaskialf. Von seiner Geburt an war Wali dazu ausersehen, die Letzte Schlacht und die Götterdämmerung zu überleben und mit Widar über die erneuerte Erde zu herrschen.

DIE VEREHRUNG WALIS

Während Widar den Gott der unvergänglichen Natur repräsentiert, verkörpert Wali den Gott des ewigen Lichtes. Da Lichtstrahlen häufig Pfeile genannt werden, wird Letzterer der beiden Götter immer als Bogenschütze geschildert und wegen dieser Eigenschaft auch verehrt. Im norwegischen Kalender wird sein Monat Liosberi (der Lichtbringer) aus diesem Grund durch das Zeichen des Bogens gekennzeichnet. Da der Monat zwischen Mitte Januar und Februar liegt, weihten die frühen Christen ihn dem heiligen Valentin, der auch ein geschickter Bogenschütze war, und man sagte, er wäre wie Wali ein Vorbote heller Tage, der Erwecker zärtlicher Gefühle und Patron aller Liebenden.

KAPITEL XV

Die Nornen

DIE DREI SCHICKSALSGÖTTINNEN

Die nordischen als Nornen bekannten Schicksalsgöttinnen waren in keiner Weise den anderen Göttern unterworfen, die ihre Urteile weder anzweifelten noch beeinflussten. Es handelte sich um drei Schwestern, die wahrscheinlich Nachkommen des Riesen Nörfi waren, von dem auch Nott (Nacht) abstammte. Sobald das Goldene Zeitalter endete und sich sogar in den himmlischen Gefilden Asgards die Sünde eingeschlichen hatte, traten die Nornen unter der großen Esche Yggdrasil in Erscheinung und ließen sich nahe dem Urdbrunnen nieder. Einigen Mythologen zufolge war es ihre Aufgabe, die Götter nicht nur vor zukünftigem Unheil zu warnen, sondern auch dafür zu sorgen, dass sie guten Nutzen aus der Gegenwart sowie heilsame Lektionen aus der Vergangenheit zogen.

Diese drei Schwestern namens Urd, Werdandi und Skuld waren Personifizierungen der Vergangenheit, Gegenwart und Zukunft. Ihre Haupttätigkeiten bestanden darin, das Schicksalsgewebe zu spinnen und den heiligen Baum täglich mit dem Wasser des Urdbrunnens zu benetzen sowie den Lehm um seine Wurzeln herum zu erneuern, um ihn frisch und immergrün zu erhalten.

> Davon kommen Frauen, vielwißende,
> Drei aus dem See dort unterm Wipfel.
> Urd heißt die eine, die andere Werdandi:
> Sie schnitten Stäbe; Skuld hieß die dritte.
> Sie legten Looße, das Leben bestimmten sie
> Den Geschlechtern der Menschen,
> das Schicksal verkündend.
>
> — *Die Lieder-Edda*, „Der Seherin Ausspruch" 20,
> übersetzt von Karl Simrock

Einigen Quellen nach bewachten die Nornen die goldenen Äpfel, die an den Ästen des Baumes des Lebens, der Erfahrung und der Erkenntnis hingen, und

erlaubten niemandem außer Idun, die Frucht zu pflücken, mit der die Götter ihre Jugend bewahrten.

Die Nornen fütterten und umsorgten darüber hinaus zärtlich ein Schwanenpaar, das auf der spiegelblanken Oberfläche des Urdbrunnens schwamm und aus dem alle Schwäne auf der Erde hervorgegangen sein sollen. Es wird erzählt, dass die Nornen manchmal auch Schwanenkleider anlegten, um die Erde zu besuchen, oder dass sie wie Meerjungfrauen entlang der Küste, in verschiedenen Seen oder Flüssen herumtollten, wobei sie hin und wieder den Sterblichen erschienen und ihnen die Zukunft voraussagten oder ihnen weisen Rat gaben.

DAS NORNENGEWEBE

Die Nornen woben manchmal so riesige Netze, dass eine der Weberinnen auf einem hohen Berg im äußersten Osten stand, während die andere weit in die Westsee hinaus watete. Die Fäden ihres Gewebes ähnelten Schnüren in den verschiedensten Farbtönen, die je nach Art des Anlasses entstanden, so wurde etwa ein schwarzer Faden, der sich von Nord nach Süd erstreckte, ausnahmslos als Vorzeichen des Todes betrachtet. Während die drei Schwestern die Spinnrocken hin und her drehten, sangen sie ein feierliches Lied. Sie schienen nicht ihren eigenen Wünschen gemäß zu weben, sondern blindlings, als ob sie widerstrebend den Willen von Orlog ausführten, dem ewigen Gesetz des Universums, einer alten und höheren Macht, die weder Anfang noch Ende hatte.

Die beiden Nornen Urd und Werdandi galten als wohltätig, wohingegen die dritte, wie man sagte, unbarmherzig ihre Arbeit zunichte machte und häufig, wenn sie fast vollendet war, wütend in Fetzen zerriss und die Überbleibsel den Winden des Himmels überließ. Die Nornen, Personifikationen der Zeit, wurden als Schwestern verschiedenen Alters mit äußerst unterschiedlichen Eigenschaften geschildert. Urd (Wurd, Wyrd) wirkte sehr alt und hinfällig und blickte ständig zurück, als ob sie damit beschäftigt wäre, über Ereignisse und Menschen aus der Vergangenheit nachzusinnen. Die zweite Schwester Werdandi war jung, tatkräftig sowie furchtlos und sah immer geradeaus nach vorn, während Skuld, die die Zukunft verkörperte allgemein dicht verschleiert dargestellt wurde. Sie drehte ihren Kopf genau in die entgegengesetzte Blickrichtung ihrer ältesten Schwester Urd und hielt entweder ein noch ungeöffnetes Buch oder eine geschlossene Schriftrolle in ihren Händen.

Die Götter besuchten täglich diese Nornen, weil sie es schätzten, ihren wertvollen Rat einzuholen, und sogar Odin selbst ritt regelmäßig herunter zum Urdbrunnen, um ihre Hilfe zu erbitten, und für gewöhnlich beantworteten sie auch alle seine Fragen, schwiegen sich allerdings beharrlich über sein Schicksal wie auch das seiner Mitgötter aus.

> Er ritt schnell und er ritt sehr weit
> Zuerst zum großen Lebensbaum hinunter
> Und suchte an der heil'gen Quelle darunter
> Urdar, die Norne der Vergangenheit.
> Ihr Blick rückwärtsgewandt ohne Frage
> Brachte jetzt keinerlei Erkenntnis zutage.
> Auf Verdandis Seite fiel tief und breit
> Dunkler Schatten, der kündet stetes Leid,
> Schatten, der ganz Asgard umgab,
> Über dem unheilvoll Finsternis lag;
> Hier war das Geheimnis keinesfalls enthalten,
> Walhalls Rettung vielleicht der Schönen vorbehalten,
> Der Jüngsten der drei Schicksalsfrauen,
> Skuld, die die Zukunft konnt' erschauen,
> Als sie aber reden sollte, schweigend sie stand –
> Die Augen voller Tränen, das Gesicht abgewandt.
>
> — *Valhalla*, J. C. Jones

ANDERE SCHUTZGEISTER

Außer den drei zweifellos bekanntesten Nornen kannte man noch viele Schicksalsfrauen, allerdings weniger bedeutende, die der Menschheit vor allem als Schutzgeister dienten und ihren Schützlingen regelmäßig erschienen, um ihnen alle Arten von Gaben zu gewähren, und sie versäumten es nur selten, bei Geburten, Hochzeiten oder Todesfällen anwesend zu sein.

> Nicht einer Abkunft
> Sind alle die Nornen;
> Sie sind verschiedenen Geschlechts;
> Die stammen von Asen,
> Die stammen von Alben,
> Doch die von Dwalin ab.
>
> — *Die Edda I. Heldendichtung*,
> „Das Lied vom Drachenhort" 25,
> übersetzt von Felix Genzmer

DIE GESCHICHTE VON NORNAGEST

Einst besuchten die drei Schwestern Dänemark und begaben sich zum Anwesen eines Adligen, dessen erstes Kind das Licht der Welt erblickt hatte. Als sie das Zimmer betraten, in dem die Mutter lag, verkündete die erste Norne, dass ihr Sohn stattlich und tapfer würde, und die zweite, dass er glücklich und ein berühmter Skalde würde – Prophezeiungen, die die Herzen der Eltern mit großer Freude erfüllten. In der Zwischenzeit hatten sich die Nachrichten über das Ereignis überallhin verbreitet, woraufhin die Nachbarn so ungestüm ins Zimmer drängten, dass die dritte Norne durch den Ansturm der neugierigen Menge rücksichtslos von ihrem Stuhl gestoßen wurde.

Erzürnt wegen dieser Kränkung erhob sich Skuld stolz und erklärte, dass die Gaben ihrer Schwestern nutzlos wären, da sie nämlich festlegen würde, dass das Kind nur so lang leben sollte wie die neben dem Bett angezündete Kerze brennen würde. Diese unheilvollen Worte erschreckten die Mutter zutiefst. Sie drückte ihr Baby zitternd an ihre Brust, zumal die Kerze fast abgebrannt war und ihr Erlöschen kurz bevor stand. Die älteste der Nornen war nicht gewillt, ihre Weissagung so missachtet zu sehen, allerdings gelang es ihr nicht, ihre jüngste Schwester davon zu überzeugen, ihre Worte zurückzunehmen. Sie ergriff daher schnell die Kerze, blies sie aus und überreichte den rauchenden Stummel der Mutter des Kindes und gebot ihr, ihn sorgsam aufzubewahren und niemals wieder zu entzünden, es sei denn, ihr Sohn hätte den Wunsch zu sterben.

> Nacht wars im Hof;
> Nornen kamen,
> Die dem Edeling
> Das Schicksal schufen.
>
> — *Handbuch der germanischen Mythologie*,
> „Das jüngere Lied von Helgi dem Hundingstöter“,
> übersetzt von Wolfgang Golther

Der Junge erhielt zu Ehren der Nornen den Namen Nornagest und wuchs zu einem so gutaussehenden, kühnen und begabten Mann heran, wie es sich jede Mutter nur wünschen konnte. Als er alt genug war, um die besondere Bedeutung des anvertrauten Gegenstands zu verstehen, erzählte ihm die Mutter die Geschichte vom Besuch der Nornen und legte ihm den Kerzenrest in die Hände, den er viele Jahre lang aufhob und sicher im Rahmen seiner Harfe verwahrte. Nornagest wanderte nach dem Tod seiner Eltern von Ort zu Ort, zeichnete sich in jeder Schlacht aus, an der er teilnahm, und überall, wo er sich hinbegab, sang er seine Heldenlieder. Da er eine lebhafte und schöpferische Veranlagung besaß, war er seines Lebens nicht so schnell überdrüssig, und während andere Heroen faltig und alt wurden, blieb er jung im Herzen und von kräftiger Statur. Er erlebte daher die mitreißenden Taten des Heldenzeitalters mit und war enger Gefährte der alten Recken. Nachdem er dreihundert Jahre gelebt hatte, sah er, wie der Glaube an die alten heidnischen Götter durch die Lehren der christlichen Missionare verdrängt wurde. Nornagest kam schließlich an den Hof von Olav Tryggvason, der ihn in seiner üblichen Manier nahezu gewaltsam bekehrte und ihn zwang, die Taufe empfangen. Anschließend wollte der König sein Volk davon überzeugen, dass die Zeit des Aberglaubens vorüber wäre, und nötigte den betagten Skalden, die Kerze hervorzuholen und zu entzünden, die er mehr als drei Jahrhunderte lang sorgfältig gehütet hatte.

Trotz seiner erst kürzlich erfolgten Bekehrung beobachtete Nornagest ängstlich die flackernde Flamme, und als diese nach einiger Zeit erlosch, sank er leblos zu Boden und bewies somit, dass er ungeachtet seiner Taufe noch immer an die Weissagung der Nornen glaubte.

Im Mittelalter, aber auch noch später, spielten die Nornen in vielen Geschichten oder Sagen als Feen oder Hexen eine wesentliche Rolle, zum Beispiel in *Dornröschen* oder Shakespeares Tragödie *Macbeth*.

Erste Hexe
Sagt, wann treffen wir drei zusammen:
Wenn Donner krachen oder wenn Blitze flammen?

Zweite Hexe
Wenn verzischt des Schlachtbrands Funken,
Wenn die Erde Blut getrunken.

Dritte Hexe
Eh die Sonne noch versunken.

— *Macbeth,* 1. Akt, erste Szene,
William Shakespeare, übersetzt von Karl Kraus

WALEN, DISEN UND FYLGJEN

Manchmal wurden die Nornen auch Walen oder Wölwen genannt, Prophetinnen, die die Macht der Weissagung besaßen. Diese Gabe genoss bei allen nordischen Völkern hohes Ansehen und galt als eine allein dem weiblichen

Geschlecht vorbehaltene Eigenschaft. Die Vorhersagen der Walen wurden niemals infrage gestellt, und es wird berichtet, dass der römische General Drusus von der Erscheinung Weledas, einer dieser Seherinnen, die ihn vor der Überquerung der Elbe warnte, dermaßen in Schrecken versetzt wurde, dass er den sofortigen Rückzug antrat. Sie sagte seinen nahen Tod voraus, der sich kurz danach durch einen Sturz von seinem Pferd tatsächlich ereignete.

Diese auch als Idisen, Disen oder Hagedisen bekannten Wahrsagerinnen verrichteten ihre Rituale in Waldschreinen oder heiligen Hainen und begleiteten stets die Krieger von Invasionsheeren. Sie ritten an der Spitze oder inmitten der Streitmacht und trieben die Kämpfenden leidenschaftlich zum Sieg. Wenn die Schlacht geschlagen war, ritzten sie häufig den Blutadler auf den Körpern der Kriegsgefangenen. Das Blut wurde in großen Behältern gesammelt, in die die Disen ihre nackten Arme bis zu den Schultern eintauchten, ehe sie an einem wilden Tanz teilnahmen, der die Zeremonie beendete.

Es ist daher nicht besonders verwunderlich, dass diese Frauen äußerst gefürchtet waren. Es wurden ihnen aus diesem Grund Opfer dargebracht, um sie milde zu stimmen, und erst in späteren Zeiten wurden sie zu Hexen herabgestuft und zur Mitwirkung am Teufelszug auf dem Brocken oder Blocksberg in der Walpurgisnacht verbannt.

Die Normannen hielten die Nornen und Disen auch für Schutzgöttinnen, schrieben aber jedem menschlichen Wesen darüber hinaus einen Schutz- oder Folgegeist zu, den man Fylgja nannte. Man glaubte, dass die Fylgjen ihrem Schützling entweder in Menschen- oder Tiergestalt sein ganzes Leben hindurch zur Seite standen, sie aber allen außer einigen wenigen Eingeweihten bis zum Augenblick des Todes unsichtbar blieben.

Die allegorische Bedeutung der Nornen und ihres Schicksalsnetzes ist zwar sehr offensichtlich und bedarf eigentlich keiner weiteren Erläuterungen, dennoch haben einige Mythologen aus ihnen Luftdämonen gemacht und führen aus, dass ihr Netz das Wolkengewebe sei und ihre Nebelschnüre, die sie von Fels zu Baum und von Berg zu Berg knüpfen, vom plötzlich aufkommenden Wind unbarmherzig zerrissen würden. Einigen Autoritäten zufolge war die dritte Norne Skuld bisweilen eine Walküre, hin und wieder aber verkörperte sie auch die Todesgöttin, die schreckenerregende Hel.

KAPITEL XVI

Die Walküren

DIE SCHLACHTJUNGFERN

Odins besondere Dienerinnen, die Walküren oder Schlachtjungfern, waren entweder seine Töchter wie Brünhild oder Nachkommen sterblicher Könige. Sie hatten das Privileg der Unsterblichkeit und Unverwundbarkeit, solange sie dem Gott bedingungslos gehorchten und Jungfrauen blieben. Sie selbst und ihre Pferde galten als Personifizierungen der Wolken und ihre strahlenden Waffen als Symbole der Blitzstrahlen. Unsere Vorfahren glaubten, dass sie auf Walvaters Befehl hin nach unten auf die Erde sprengten, um aus den im Kampf Gefallenen die Helden auszuwählen, die würdig waren, die Freuden in Walhall zu genießen, und tapfer genug, um die Götter zu unterstützen, wenn die große Schlacht geschlagen würde.

> Da durch ein Schlachtfeld, wo Männer schnell fallen,
> Reiten sie, ihre Pferde bis zu den Fesseln in Blut,
> Und wählen die Tapfersten für den Tod aus,
> Die sie bei Nacht hinauf zum Himmel bringen,
> Zur Freude der Götter und zum Fest in Walhall.
>
> — *Balder Dead,* Matthew Arnold

Man schilderte diese Jungfrauen als jung, wunderschön, mit blendend weißen Armen und fließendem goldenen Haar. Gerüstet mit ihren Gold- oder Silberhelmen, blutroten Brünnen und schimmernden Speeren und Schilden jagten sie stolz auf ihren feurigen weißen Pferden durchs Schlachtgewühl. Diese Pferde galoppierten durch die Lüfte und über die schwankende Brücke Bifröst und trugen nicht nur ihre schönen Reiterinnen, sondern auch die getöteten Helden, die nach dem Empfang des Todeskusses der Walküren auf dem Schlachtfeld auf diese Weise nach Walhall gebracht wurden.

DIE WOLKENPFERDE

Da die Pferde der Walküren die Wolken verkörperten, war es nur natürlich sich vorzustellen, dass der Raureif und der Tau aus ihren glitzernden Mähnen auf die Erde heruntertropften, während sie schnell durch die Lüfte hin und her hetzten. Sie waren deshalb hoch angesehen, weil die Menschen ihrem wohltätigen Einfluss einen wesentlichen Anteil an der Fruchtbarkeit der Erde zuschrieben – an der Lieblichkeit von Tälern und Bergabhängen, der einzigartigen Pracht der Kiefern und der vorzüglichen Beschaffenheit des Weidelandes.

WÄHLERINNEN DER GEFALLENEN

Der Einsatz der Walküren war nicht nur auf die Schlachtfelder auf der Erde begrenzt, sondern sie ritten häufig über das Meer, um die sterbenden Wikinger von ihren sinkenden Drachenbooten wegzuzerren. Manchmal standen sie am Ufer, um die Nordmänner zu sich heranzuwinken, eine unzweifelhafte Warnung, dass der kommende Kampf ihr letzter sein würde, und eine, die jeder nordische Held mit Freuden entgegennahm.

> Langsam bewegten sie sich zur Küste hin;
> Und als die Gestalten immer näher kamen,
> Schien jede auf einem bleichen Ross zu reiten,
> Und einen Helm mit Zier zu tragen,
> Und mit matter Hand zu winken,
> Vom dunklen und felsigen Ufer,
> Und auf einen schimmernden Speer zu deuten.
>
> Dann wurde sein Geist vollkommen still
> Angesichts des unheimlichen Zuges,
> Denn er kannte Walhalls Töchter gut,
> Die Wählerinnen der Gefallenen!
>
> — *Valkyriur Song*, Felicia Hemans

WILLIAM · T. MAUD.

ANZAHL UND AUFGABEN DER WALKÜREN

Die Angaben zur Anzahl der Walküren, die manchen Mythologen zufolge zwischen drei und sechzehn liegen, unterscheiden sich somit in erheblichem Maß voneinander, zumeist werden jedoch neun genannt. Die Walküren galten als Gottheiten der Luft und wurden auch als Nornen oder Wunschmaiden bezeichnet. Es wird erzählt, dass Freya und Skuld sie im Schlachtgetümmel anführten.

> Ich sah Walküren weither kommen,
> Bereit zu reiten zum Rath der Götter;
> Skuld hielt den Schild, Skögul war die andre,
> Gunn, Hilde, Göndul und Geirskögul.
> Hier nun habt ihr Herians* Mädchen,
> Die als Walküren die Welt durchreiten.
>
> — *Die Lieder-Edda*, „Der Seherin Ausspruch" 24,
> übersetzt von Karl Simrock

Wie wir bereits gesehen haben, erfüllten die Walküren in Walhall wichtige Aufgaben, wenn sie ihre blutigen Waffen abgelegt hatten und danach den Einherjern den himmlischen Met eingossen, der die Seelen der Neuankömmlinge erfreute. Sie begrüßten die hübschen Jungfrauen so herzlich wie beim ersten Mal, als sie sie auf dem Schlachtfeld erblickt hatten und wussten, dass sie erschienen waren, um sie dorthin zu begleiten, wo sie gern verweilen wollten.

> Im Schatten schreiten die hohen Gestalten nun voran,
> Und ihre Hände weiß wie Schneeflocken schimmern im Mondschein:
> Sie winken, sie flüstern: „Oh! Stark gewappnet mit Mut,
> Die bleichen Gäste erwarten dich – Met schäumt in Walhall."
>
> — *Finn's Saga*, Mary Elizabeth Hewitt

WIELAND UND DIE WALKÜREN

Die Walküren sollen regelmäßig Flüge auf die Erde in Schwanengewändern unternommen haben, die sie auszogen, wenn sie zu einem abgelegenen Gewässer kamen, um ein Bad zu nehmen. Jeder Sterbliche, der sie so überraschte und ihre Schwanenkleider entwendete, konnte sie auf diese Weise daran hindern, die Erde zu verlassen, und diese stolzen Jungfrauen außerdem zwingen, ihm beizuliegen, sofern er es unbedingt begehrte.

*Beiname Odins

Es wird berichtet, dass drei der Walküren, Ölrun (Alruna, Alraune), Alwit (Allweiß) und Swanwit (Schwanweiß), sich einst in einem See vergnügten, als plötzlich die drei Brüder Egil, Schlagfider und Wölund (oder Wieland der Schmied) auftauchten, ihnen ihre Federkleider raubten und sie nötigten, auf der Erde zu bleiben und ihre Frauen zu werden. Die so unfreiwillig festgehaltenen Walküren mussten neun Jahre lang mit ihren Ehemännern zubringen, ehe ihnen schließlich die Flucht gelang, weil sie entweder ihre Schwanenhemden wiedererlangt hatten oder der Zauber in irgendeiner Form gelöst war.

So saßen sie
Sieben Winter,
Aber den achten
Immer in Sehnsucht,
Aber im neunten
Schied sie die Not:
Die Mädchen trieb es
Durch den Myrkwid* fort,
Die schmucke Alwit,
Schicksal zu wirken.

— *Die Edda I. Heldendichtung*,
„Das Wölundlied" 3,
übersetzt von Felix Genzmer

Der Verlust ihrer Ehefrauen bekümmerte die drei Brüder derart, dass zwei von ihnen, Egil und Schlagfider, ihre Schneeschuhe anzogen und sich auf die Suche nach ihren Gefährtinnen begaben, dabei aber in den kalten und nebligen Gebieten des Nordens bis auf Weiteres verschwanden. Der dritte Bruder, Wölund, blieb jedoch zu Hause, wusste er doch, dass alles Suchen zwecklos war. Er fand Trost in der Betrachtung eines Rings, den ihm Alwit als Liebesbeweis geschenkt hatte, und gab sich der Hoffnung hin, dass sie zurückkehren würde. Da er ein geschickter Schmied war und die anmutigsten Gold- und Silberschmuckstücke herzustellen vermochte, aber auch magische Waffen, die kein Hieb zerbrechen konnte, verwandte er seine freie Zeit dazu, siebenhundert Ringe zu fertigen, die alle genau dem glichen, den er von seiner Frau erhalten hatte. Nachdem er seine Arbeit beendet hatte, band er alle Ringe zusammen. Eines Nachts, als er von der Jagd nach Hause kam, bemerkte er, dass ein Ring fehlte, jedoch alle anderen zurückgelassen worden waren, was seine Hoffnungen schürte, weil er sich sagte, dass es seine Frau gewesen sein musste, die schon bald für immer bei ihm bleiben würde.

*Dunkelwald

In derselben Nacht wurde er jedoch im Schlaf überrascht, gefesselt und Gefangener des schwedischen Königs Nidud, der nicht nur sein Schwert in Besitz nahm, eine herausragende Waffe mit magischen Eigenschaften, die er für die eigene Nutzung bestimmte, sondern auch den Liebesring aus purem Rheingold, den er später seiner einzigen Tochter Bödwild überließ. Was den unglücklichen Wölund selbst anbelangte, wurde er schließlich auf einer benachbarten Insel gefangen gehalten, wo ihm der König, der ihn zuvor hatte lähmen lassen, um ihn an der Flucht zu hindern, die Aufgabe erteilte, unablässig Waffen und Schmuck für seinen Gebrauch zu schmieden. Er zwang ihn darüber hinaus, einen verwickelten Irrgarten, ein *völunderhús* (Wölunds Haus), zu bauen, und noch heute wird im Isländischen ein Labyrinth so bezeichnet.

Wölunds Wut und Verzweiflung steigerten sich mit jeder neuen Beleidigung Niduds, und Tag und Nacht überlegte er, wie er sich dafür rächen könnte. Er vergaß aber auch nicht, seine Flucht vorzubereiten, und wenn er nicht arbeitete, schuf er ein Paar Flügel, die denen ähnelten, die seine Frau als Walküre verwendet hatte. Er wollte sie anlegen, sobald seine Rache vollendet war. Eines Tages besuchte der König seinen Gefangenen und brachte ihm das gestohlene Schwert, um es reparieren zu lassen. Wölund ersetzte das magische Schwert jedoch kunstvoll durch eine andere vollkommen gleich aussehende Waffe in der Absicht, den König zu täuschen, wenn er käme, um sie zurückzufordern. Einige Tage später lockte Wölund die Söhne des Königs in seine Schmiede und erschlug sie. Anschließend formte er aus ihren Schädeln geschickt Trinkgefäße und aus ihren Augen und Zähnen Edelsteine sowie Schmuck, die er ihren Eltern und ihrer Schwester schenkte.

Doch unter den Haaren
Die Hirnschalen,
Fasste er in Silber
Und sandte sie Nidud.
Doch aus den Augen
Edle Steine
Gab er der klugen
Gattin Niduds.
Doch aus der beiden
Brüder Zähnen
Schlug er Brustschmuck
Und sandte ihn Bödwild.

— *Die Edda I. Heldendichtung*, „Das Wölundlied" 25,
übersetzt von Felix Genzmer

Die königliche Familie schöpfte nicht den geringsten Verdacht, wie die Geschenke entstanden waren, und so nahm man sie freudig entgegen. Was die beiden Jungen betraf, so glaubte man, dass sie aufs Meer hinausgetrieben worden waren und ertrunken waren.

Einige Zeit danach wollte Bödwild ihren Ring ausbessern lassen und suchte daher die Hütte des Schmieds auf, wo sie während der Zeit des Wartens arglos eine Zauberdroge schluckte, die sie einschlafen ließ und sie der Macht Wölunds auslieferte. Nachdem er den letzten Akt seiner Rache vollzogen hatte, streifte er sich die Flügel über, die er für diesen Tag bereitgelegt hatte, ergriff sein Schwert und seinen Ring und erhob sich langsam in die Luft. Er flog in Richtung Palast, ließ sich außerhalb Reichweite nieder und verkündete seine Verbrechen an Nidud. Außer sich vor Wut rief der König Wölunds Bruder Egil zu sich, den er ebenfalls in Gewahrsam genommen hatte, und befahl ihm, seine außerordentliche Fertigkeit als Bogenschütze einzusetzen und den schamlosen Vogel abzuschießen. Einem Zeichen Wölunds folgend, zielte Egil auf eine Ausstülpung unter seinem Flügel, wo eine Blase mit dem Blut der Prinzen verborgen war, sodass der Schmied triumphierend ohne irgendeine Verletzung entkommen konnte und dabei ausrief, dass Odin sein Schwert Sigmund verleihen würde – eine Prophezeiung, die sich genauso erfüllen sollte.

Wölund begab sich dann nach Albenheim, wo er, wenn man der Sage Glaube schenken will, seine geliebte Frau wiederfand und mit ihr glücklich bis zur Götterdämmerung zusammenlebte.

Aber selbst in Albenheim führte dieser kunstreiche Schmied sein Handwerk fort und soll eine Reihe verschiedener undurchdringbarer Panzerhemden hergestellt haben, die in späteren Heldendichtungen geschildert werden. Neben Balmung und Joyeuse, den berühmten Schwertern Sigmunds und Karls des Großen, soll er auch Mimung für seinen Sohn geschmiedet haben sowie viele weitere außergewöhnliche Klingen.

Es ist das Gegenstück von Miming,
Von allen Schwertern ist es der König,
Und Wieland schmiedete es;
Bitterfer heißt das Schwert,
Ein besseres Schwert trug kein Ritter.

— *Horn Childe and Maiden Rimnild*,
zitiert nach: Christian Ludwig Stieglitz,
„Die Sage von Wieland dem Schmied,
dem Dädalus der Deutschen“

Es gibt zahllose weitere Erzählungen über Schwanenjungfrauen oder Walküren, die mit Sterblichen verkehrt haben sollen, aber die bekannteste handelt von Brünhild, der Frau Sigurds, einem Nachkommen Sigmunds und dem berühmtesten aller nordischen Helden.

Eine faszinierende Darstellung dieses nordischen Sagenstoffes hat William Morris in seiner Geschichte *The Land East of the Sun and West of the Moon* geschaffen, die zu den bezauberndsten in dem Erzählband mit dem Titel *The Earthly Paradise* gehört.

BRÜNHILD

Die Geschichte von Brünhild ist auf vielerlei Arten erzählt worden. Die Heldin wird in einigen Fassungen als Tochter eines Königs beschrieben, die Odin zu sich nahm, um sie in seiner Walkürenschar dienen zu lassen, in anderen hingegen wird sie als Anführerin der Walküren und Tochter Odins geschildert. In Richard Wagners Opernzyklus *Der Ring des Nibelungen* präsentiert der große Komponist eine besonders gutaussehende, wenn auch eine modernere Interpretation der Anführerin der Schlachtjungfern, die dem Befehl Odins trotzt, als er sie entsendet, um den jungen Siegmund von seiner geliebten Sieglinde zu trennen und zur Halle der Seligen zu bringen.

KAPITEL XVII

Hel

LOKIS BRUT

Hel, Göttin des Todes, war die Tochter Lokis, Gott des Bösen, und der Riesin Angrboda, der Unheilbringerin. Sie kam in einer dunklen Höhle in Jötunheim zusammen mit der Midgardschlange Jörmungand und dem grauenvollen Fenriswolf zur Welt, und diese Drei galten als Sinnbilder von Schmerz, Sünde und Tod.

> Jetzt erschien Loki, die Quelle allen Leids!
> Menschen und Asen verfluchen ihn allerseits.
> Lange werden die Götter beklagen die arge List,
> Selbst dann, wenn alle Zeit verronnen ist,
> Seinen niederträchtigen Betrug auf der Asgardburg.
> Denn tief in Jötunheim verborgen, grässliche
> Brut – Fenris, die Schlange und Hel die Schreckliche,
> Schmerz, Sünde und Tod, seine drei Kinder –,
> Wuchs heran und gedieh; durch sie wird er
> Die Welt peinigen überall und immer.
>
> — *Valhalla*, J.C. Jones

Odin wurde bereits frühzeitig auf die grauenvolle Brut aufmerksam, die Loki großzog, und war, wie wir bereits gesehen haben, fest entschlossen, sie von der Erde zu verbannen. Die Schlange wurde deshalb ins Meer geworfen, wo sie durch ihre Bewegungen gewaltige Stürme hervorgerufen haben soll, den Wolf Fenris legte man dank des furchtlosen Tyrs in unzerreißbare Ketten und die Totengöttin Hel oder Hela schleuderte Odin in die Tiefen Niflheims, wo er ihr die Macht über neun Welten übertrug.

Hela warfst du hinunter nach Niflheim,
Und gabst ihr neun finstere Welten,
Als Königin, die über alle Toten herrscht.
— *Balder Dead*, Matthew Arnold

HELS KÖNIGREICH IN NIFLHEIM

Man nahm an, dass dieses Reich unter der Erde in den kalten, dunklen Regionen des äußersten Nordens lag und es nur nach einer sehr mühevollen Reise über raueste Wege erreicht werden konnte. Das Eingangstor war dermaßen weit von jeder menschlichen Besiedlung entfernt, dass selbst Hermod der Schnelle auf Sleipnir neun lange Nächte reiten musste, ehe er am Fluss Gjöll eintraf, der die Grenze von Niflheim bildete. Eine Brücke aus Kristall mit einem goldenen Bogen, die den Strom überspannte, hing an einem einzigen Haar. Sie wurde von der grausigen Jungfrau Modgud ständig bewacht, die jeden Geist einen Zoll aus Blut entrichten ließ, bevor sie ihm freien Zugang gewährte.

Die gläserne Brücke hing an einem Haar,
Führte über den schrecklichen Strom,
Den Gjöll, der die Grenze zur Hel war.
Hier stand die Jungfrau Modgud,
Wartend auf den Zoll aus Blut,
Eine Jungfrau, fleischlos, grässlich anzusehen,
Mit Totenhemd und Sargtuch versehen.

— *Valhalla*, J.C. Jones

Die Geister gingen oder ritten für gewöhnlich über die Brücke oder fuhren in den von Pferden gezogenen Wagen, die auf dem Scheiterhaufen mit den Toten zu diesem Zweck verbrannt wurden. Die nordischen Völker achteten außerdem sehr sorgfältig darauf, den Verstorbenen besonders feste Schuhe, die Helschuhe, an ihre Füße zu binden, damit sie während der langen Reise nicht unter den unebenen Wegen leiden mussten. Nachdem die Brücke über den Gjöll, die Gjallarbru, überschritten war, gelangte der Geist zum Eisenwald, in dem nichts außer kahlen und mit Eisen belaubten Bäumen stand, und wenn dieser durchquert war, erreichte er Helgrind, die Pforte des Totenreichs, neben der der grimmige, blutbefleckte Hund Garm Wache hielt, der in der finsteren Höhle Gnipahellir kauerte. Die Wut des Scheusals konnte nur durch die Gabe eines „Helkuchen" genannten Stück Brots besänftigt werden, was all denen niemals missglückte, die immer Brot an die Bedürftigen verteilt hatten.

Gellend heult Garm
Vor Gnipahellir [...]

— *Die Edda II. Götterdichtung und Spruchdichtung*,
„Der Seherin Gesicht" 36,
übersetzt von Felix Genzmer

Innerhalb des Tores, inmitten der bitteren Kälte und undurchdringlichen Finsternis, war das Brodeln der Quelle Hwergelmir („brausender Kessel") zu hören wie auch das Rollen der Eisblöcke in den Eliwagar und anderen Flüssen der Hel, etwa dem Leiptr, auf den heilige Eide geschworen wurden, oder dem Slid, in dessen trübem Wasser sich stetig blanke Schwerter drehten.

Darüber hinaus befand sich an diesem grauenvollen Ort die Halle der Göttin Hel. „Ihr Saal heißt Elend, Hunger ihre Schüßel, Gier ihr Meßer, Träg (Ganglat) ihr Knecht, Langsam (Ganglöt) ihre Magd, Einsturz ihre Schwelle, ihr Bett Kümmerniss und ihr Vorhang dräuendes Unheil." (zitiert nach: *Die Prosa-Edda*, 34, übersetzt von Karl Simrock).

Elvidner ward Helas Halle geheißen.
Wuchtig die Mauern, Riegel aus Eisen;
Gewaltig dieser grauenvolle Ort!
Hunger war ihr leerer Tisch dort;
Gier ihr Messer, Kümmernis ihr Bett;
Brennende Qual bereitete ihr Fest;
Bleiche Knochen kleideten jeden Gast;
Pest und Mangel sangen ihre Lieder,
Elends harsche Töne immer wieder.
Mühsal und Sterbenspein
Werden in Hels Sitz ewig sein!

— *Valhalla*, J.C. Jones

Hel hatte viele verschiedene Aufenthaltsorte für die täglich ankommenden Gäste, da diese Göttin nicht nur Meineidige und Missetäter aller Arten empfing, sondern auch alle Unglückseligen, die dahinscheiden mussten, ohne Blut vergossen zu haben. Es wurden ihrem Reich nämlich auch alle zugewiesen, die an Altersschwäche oder einer Krankheit verstorben waren, eine verächtlich als „Strohtod" bezeichnete Todesart, weil die Betten der Menschen üblicherweise aus diesem Material bestanden.

Der Nerven Kraft durch Arbeit, Kälte, Sturm
Gestählt den Söhnen jenes Volks, denn nur
Der Tod im Arm des Friedens schrecklich war.

— James Thomson, *Liberty*,
deutsch: „Die Freiheit: Ein Lehrgedicht in fünf Gesängen",
übersetzt von O.C.G.D. Hansemann

JENSEITSVORSTELLUNGEN

Obwohl Hel die Unschuldigen freundlich behandelte und alle eine Art negativer Glückseligkeit genossen, verwundert es dennoch kaum, dass die Bewohner des Nordens vor dem Gedanken zurückschreckten, sich nach ihrem Ableben an diesen trübseligen Aufenthaltsort zu begeben. Während die Männer sich aus diesem Grund mit ihrer Speerspitze tödlich verwundeten, sich in einen tiefen Abgrund stürzten oder sich verbrennen ließen, ehe sie ihr Leben aushauchten, standen ihnen die Frauen in nichts nach und ergriffen ähnliche heroische Maßnahmen. In ihrer äußersten Not zögerten die Frauen nicht, sich von einem

Berg hinunterzustürzen oder sich in das Schwert fallen zu lassen, das sie zur Hochzeit erhalten hatten, damit ihre Leichname zusammen mit denen ihrer geliebten Männer verbrannt werden konnten, um schließlich wieder in der freudvollen Heimstatt der Götter miteinander vereint zu sein.

Die größten Schrecken erwarteten jedoch alle, die ein verbrecherisches oder unsittliches Leben geführt hatten, denn diese Geister wurden an den Leichenstrand von Naströnd verbannt. Dort wateten sie durch eiskalte Ströme aus Gift in einer Höhle aus gewundenen Schlangenleibern, deren Giftzähne auf sie gerichtet waren. Nachdem sie in Naströnd unermessliche Qualen erlitten hatten, wurden sie in der Quelle Hwergelmir abgespritzt, wo der Drache Nidhögg für einen Augenblick das Nagen an den Wurzeln des Baumes Yggdrasil unterbrach, um ihre Knochen zu verspeisen.

Einen Saal seh ich, der Sonne fern,
In Nastrand; die Türen sind nordwärts gekehrt.
Gifttropfen fallen durch die Fenster nieder;
Aus Schlangenrücken ist der Saal gewunden.
Im starrenden Strome stehn da und waten
Meuchelmörder und Meineidige.

Aber in Hwergelmir ist es am Schlimmsten:

Da saugt Nidhöggr der Entseelten Leichen.

— *Die Prosa-Edda*, 52,
übersetzt von Karl Simrock

PEST UND HUNGERSNOT

Hel selbst soll gelegentlich ihren trostlosen Aufenthaltsort verlassen haben, um sich auf ihrem dreibeinigen weißen Pferd auf der Erde zu bewegen. In Zeiten der Pest oder Hungersnot, wenn Einwohner eines Gebiets flohen, soll sie einen Rechen benutzt haben, und wenn wie im Fall der historischen Seuche des Schwarzen Todes ganze Dörfer oder Regionen entvölkert waren, sagte man, dass sie auf einem Besen geritten wäre, um die Seelen der Toten aufzukehren.

Die nordischen Völker stellten sich darüber hinaus vor, dass die Geister der Toten manchmal auf die Erde zurückkommen durften und ihren Verwandten erschienen, deren Kummer oder Freude sie sogar noch nach dem Tod beeinflussten, wie es in der dänischen Ballade von Aage und Else erzählt wird, in der ein toter Ritter seine Liebste zu lächeln bittet, damit sein Sarg mit Rosen statt mit Bluttropfen gefüllt sei.

„Und höre du, Ritter Aage,
Du Allerliebster mein:
Wie ist's in schwarzer Erde
Und in dem Grabe dein?"

„So vielmals du dich freuest
Und legst deinen Kummer ab,
Dann ist mit Rosenblättern
Drinnen gefüllt mein Grab;
So vielmals du dich grämest
Und trauerst in deinem Muth,
Dann ist mein Sarg darinnen
Voll von geronnen Blut."

— *Aage und Else*, übersetzt von C. H. Kolbe,
in: Morgenblatt für gebildete Leser

KAPITEL XVIII

Ägir

DER GOTT DES MEERES

Neben den beiden Meeresgottheiten Njörd und Mimir, von denen der eine das Meer nahe der Küste verkörperte und der andere den urzeitlichen Ozean, aus dem, wie man annahm, alle Dinge hervorgegangen waren, kannten die nordischen Völker einen weiteren Herrscher des Meeres namens Ägir oder Hlér, der entweder in den kühlen Tiefen seines Unterwasserreiches wohnte oder in seiner Heimstatt auf der Insel Läsö (Hlésey) im Kattegat.

> Unter der Meereskuppel,
> In wasserklarem Glanze,
> Liegt des Seegottes Heimstatt
> In strahlender Pracht,
> Gleißender als der Wogen Schaum
> Schimmert in der tiefen Höhlen Raum
> Am Boden fein glitzernder Sand
> So wie leichtes Gekräusel stiller Seen.
>
> — *Valhalla*, J.C. Jones

Ägir (das Meer) gehörte wie seine Brüder Kari (die Luft) und Loki (das Feuer) vermutlich zu einem älteren Göttergeschlecht, da er weder zu den Asen, Wanen, Riesen, Zwergen oder Elfen zählte, sondern als allmächtig in seinem Reich galt.

Er soll die heftigen Stürme hervorgerufen und beruhigt haben, die über die Tiefe hinwegfegten, und wurde zumeist als hagerer alter Mann mit langem weißen Bart und Haar sowie klauenartigen Fingern dargestellt, die offenbar immer krampfhaft alle Dinge zu ergreifen versuchten. Jedes Mal, wenn er über den Wellen erschien, tat er es nur in der Absicht, Schiffe zu jagen, umzustürzen und gierig auf den Grund des Meeres zu zerren – eine Tätigkeit, die, wie man glaubte, ihm teuflische Freude bereitete.

DIE GÖTTIN RAN

Ägir war der Gemahl seiner Schwester, der Göttin Ran (Räuberin), die ihrem Namen alle Ehre machte, da sie mindestens genauso grausam, gierig und unersättlich war wie ihr Gatte. Ihr Lieblingszeitvertreib bestand darin, in der Nähe gefährlicher Felsen ihren wertvollsten Besitz, ihr gewaltiges Netz, auszuwerfen, um dann ahnungslosen Seeleuten aufzulauern. War alles vorbereitet, versuchte sie die Männer anzulocken, und wenn sie sich erst einmal in den Maschen verfangen hatten und ihr Schiff an den schroffen Klippen zerschellt war, zog sie sie in aller Ruhe in ihr freudloses Reich hinunter.

In tiefen Meereshöhlen,
Wo donnernd Wellenkämme
An der Küste brechen
Und wilde Stürme brüllen,
In ihrer kühlen Laube
Des Nordens enger Fjorde,
Da lauert und da kauert sie,
Da hortet und da hütet sie
Ihr starkes Netz und wirfts nach Beute aus.

— *Story of Siegfried*, Baldwin

Die nordischen Völker hielten Ran für die Totengöttin aller auf dem Meer mit ihren Schiffen gescheiterten Seeleute und glaubten, dass die Ertrunkenen in ihren Korallengrotten bewirtet wurden, wo die Liegen schon für ihren Empfang bereit standen und der Met genauso reichlich floss wie in Walhall. Man sagte der Göttin nach, dass sie auch eine große Vorliebe für Gold gehabt hätte, das als „Flamme der See" bezeichnet wurde und der Beleuchtung ihrer Hallen diente. Diese Vorstellung entstand unter den Seeleuten und hatte ihren Ursprung im eindrucksvollen phosphoreszierenden Leuchten der Wellen. Um sich Rans Gunst zu erwerben, achteten die Nordmänner darauf, etwas Gold mit sich zu führen, wenn ihnen besondere Gefahren auf See drohten.

Gold ja muss man haben,
Wenn man fährt zur Freite;
Keiner geh zur blauen
Ran mit leerer Hand.
Kalt ist sie zu küssen,
Flüchtig zu umarmen;

Doch die Seebraut fesseln
Wir mit lauterm Gold.

— *Die Frithiofs-Sage*, Esaias Tegnér, 10,
„Frithiof auf dem Meer", übersetzt von Gottlieb Mohnike

DIE WELLEN

Ägir und Ran hatten neun wunderschöne Töchter, die Wellen oder Wellenjungfrauen. Sie wirkten durch ihre schneeweißen Arme und Brüste, ihr langes goldenes Haar, ihre tiefblauen Augen sowie schlanken und sinnlichen Gestalten außergewöhnlich bezaubernd. Die Jungfrauen liebten es, auf der Oberfläche des riesigen Gebietes ihres Vaters herumzutollen, wobei sie in leichte und durchsichtige blaue, weiße oder grüne Schleier gehüllt waren. Allerdings waren sie sehr launisch und unberechenbar, ihre Stimmungen schwankten zwischen verspielt, mürrisch bis hinzu teilnahmslos. Manchmal aber trieben sie einander fast bis zum Wahnsinn, rauften sich Haare und Schleier, warfen sich leichtsinnig auf ihre harten Betten, die Felsen, jagten einander wie wild und kreischten laut vor Freude oder Verzweiflung. Sie kamen jedoch nur zum Spielen heraus, wenn auch ihr Bruder, der Wind, draußen war, und abhängig von seiner Stimmung waren sie sanft und unbeschwert oder rau und ungestüm.

Man glaubte, dass sie oft zu dritt unterwegs waren und um die Schiffe der Wikinger herum spielten, denen sie wohlgesinnt waren, und dass sie jedes Hindernis auf ihrem Kurs beseitigten, damit sie schnell ans Ziel kamen.

Und Ägirs Töchter, im Schleier blau,
Umhüpfen hülfreich des Schiffes Bau.

— *Die Frithiofs-Sage*, Esaias Tegnér, 12, „Frithiofs Rückkehr",
übersetzt von A. E. Wollheim

ÄGIRS BRAUKESSEL

Die Angelsachsen kannten den Meeresgott Ägir unter dem Namen Eagor, und wenn sich eine ungewöhnlich große Welle donnernd auf die Küste zubewegte, dann schrien die Seeleute für gewöhnlich, so wie die Schiffer auf der Trent: „Sieh, Eagor kommt!" Den nordischen Völkern war er auch als Hlér oder Gymir bekannt, und man glaubte, dass er Gegenstände in den Tiefen seines Reiches verbarg, aber dennoch hielt man ihn für jemand, der ihm anvertraute

Geheimnisse zuverlässig bewahrte. Und weil das Meerwasser zu zischen und zu brodeln schien, wurde der Ozean häufig als Braukessel oder -bottich bezeichnet.

Die beiden wichtigsten Diener des Gottes waren Eldir und Fimafeng, Symbole des Meeresleuchtens. Sie waren berühmt für ihre Schnelligkeit und bedienten immer die Gäste, die er zu seinen Gastmahlen in den Tiefen des Meeres einlud. Manchmal verließ Ägir sein Reich, um die Asen in Asgard zu besuchen, wo er stets königlich bewirtet wurde und sich an Bragis vielen Geschichten über die spannenden Abenteuer und außergewöhnlichen Leistungen der Götter erfreute. Begeistert von den Erzählungen wie auch vom schäumenden Met, wagte es der Gott einmal, die Asen nach Hlésey zu bitten, um gemeinsam das Erntefest zu feiern, auf dem er sie seinerseits gut zu verköstigen versprach.

THOR UND HYMIR

Überrascht von dieser Einladung, erkühnte sich einer der Götter, Ägir daran zu erinnern, dass sie köstliche Speisen gewohnt wären, woraufhin der Meeresgott erwiderte, dass sie sich hinsichtlich des Mahles keine Sorgen zu machen bräuchten, da er sich sicher wäre, selbst den größten Appetit stillen zu können. Er räumte allerdings ein, dass er nicht so zuversichtlich wäre, was das Trinken anbelangen würde, weil er nur einen ziemlich kleinen Braukessel besäße. Als Thor dies hörte, bot er sich sogleich an, einen angemessenen Kessel zu beschaffen, und brach zusammen mit Tyr unmittelbar danach auf. Die beiden Götter reisten östlich von Eliwagar in Thors Ziegenwagen und stellten ihn am Gehöft von Thialfis Vater Egil ab. Anschließend gingen sie zu Fuß weiter zum Wohnsitz des Riesen Hymir, von dem man wusste, dass er über einen gewaltigen Kessel verfügte, der eine Meile tief und entsprechend breit war.

„Es wohnt östlich
Von Eliwagar
Der weise Hymir
Am Himmelsrand;
Einen Kessel hat
Mein kühner Vater,
Ein mächtiges Gefäß,
Ein meilentiefes."

— *Die Edda II. Götterdichtung und Spruchdichtung*,
„Das Hymirlied" 5, übersetzt von Felix Genzmer

Allerdings waren nur die Frauen zu Hause, und Tyr erkannte in der ältesten, einem hässlichen alten Weib mit neunhundert Häuptern, seine eigene Großmutter, während die jüngere, eine wunderschöne Riesin, so wie es schien, seine Mutter war. Sie empfing ihren Sohn und seinen Begleiter gastfreundlich und gab ihnen zu trinken.

Nachdem sie vernommen hatte, was sie beabsichtigten, gebot ihnen Tyrs Mutter, sich unter einigen Kesseln zu verbergen, die auf einem Balken am Ende der Halle standen, da ihr Gatte Hymir sehr ungestüm war und oft seine ungebetenen Gäste mit einem einzigen bösen Blick tötete. Die Götter befolgten sogleich ihren Rat, und kaum dass sie sich versteckt hatten, betrat der alte Riese Hymir die Halle. Als seine Frau ihm mitteilte, dass Besucher angekommen wären, runzelte er seine Stirn derart unheilvoll und sandte einen solch zornigen Blick in Richtung ihres Verstecks, dass die Bohle splitterte, die Kessel herunterkrachten und bis auf den größten zersprangen.

> Die Säule zersprang von des Riesen Sehe,
> Und entzweigebrochen sah man den Balken.
> Acht Kessel fielen, und einer nur,
> Ein hart gehämmerter, kam heil herab.
>
> — *Die Lieder-Edda*, „Die Sage von Hymir" 12 und 13,
> übersetzt von Karl Simrock

Die Gattin des Riesen überredete ihren Mann schließlich, Thor und Tyr willkommen zu heißen, und der erschlug drei Ochsen für ihre Bewirtung, von denen der Donnergott zu Hymirs großen Bestürzung zwei allein als Nachtmahl verzehrte. Murmelnd, dass er früh am nächsten Morgen zum Fischen hinausfahren müsste, um einem so gefräßigen Gast ein Frühstück zubereiten zu können, begab sich der Riese zur Nachtruhe. Als er im Morgengrauen des nächsten Tages zur Küste hinunterging, begleitete ihn Thor, der ihm sagte, dass er mitkommen wolle, um ihm zu helfen. Der Riese ersuchte ihn, seinen eigenen Köder zu benutzen, woraufhin Thor kurzerhand den größten Ochsen seines Gastgebers Himinhrjod (Himmelsbrecher) packte, ihm den Kopf abriss, damit ins Boot stieg und anschließend weit aufs Meer hinausruderte. Hymir wandte vergeblich ein, dass sie bereits längstens seine üblichen Fischgründe erreicht hätten und auf die grauenvolle Midgardschlange treffen könnten, wenn sie sich noch weiter hinauswagen würden, aber Thor ruderte unbeirrt weiter, bis er vermutete, direkt über diesem Scheusal zu sein.

Der Midgardswurm, seitdem von ihm nur Kunde,
Gefangen liegt auf salz'gem Meeresgrunde,
Umringt wol von Polypen und Korallen.

— Adam Gottlob Oehlenschläger,
Die Götter Nordens: Episches Gedicht in drei Büchern,
„Thors Fischerei", übersetzt von Gustav Thormod Legis

Nachdem er seinen mächtigen Köder mit dem Ochsenhaupt an den Angelhaken gesteckt hatte, fischte er nach Jörmungand, während der Riese inzwischen zwei Wale hochgeholt hatte, die für ein morgendliches Frühstück auszureichen schienen. Er wollte Thor deshalb vorschlagen, ihre Rückkehr anzutreten, aber genau in diesem Moment verspürte der Donnerer plötzlich einen Ruck an seiner Angel und begann sogleich, so fest wie nur irgend möglich zu ziehen, da er durch den Widerstand seiner Beute sowie den fürchterlichen Sturm, den ihr wildes Winden verursachte, wusste, dass er die Midgardschlange am Haken hatte. In seinem verbissenen Bemühen, das Auftauchen der Schlange an der Wasseroberfläche zu erzwingen, stemmte er seine Füße so stark gegen den Bootsboden, dass er ihn durchstieß und sich am Meeresgrund abstützte.

Am Ende eines unbeschreiblichen Kampfes erschien das giftspeiende Haupt des Ungeheuers, worauf Thor sofort seinen Hammer ergriff, aber in dem Augenblick, als er es vernichten wollte, bekam es der Riese wegen Jörmungands Nähe mit der Angst zu tun. Er befürchtete nämlich, das Boot könnte kentern und er so die Beute des Untiers werden, woraufhin er die Angelleine kappte und es der Schlange ermöglichte, wie ein Stein auf den Meeresgrund zurückzufallen.

Nun barst der Gurt, die Schlange wieder fiel
In's Meer zurück – und wildes Hohngelächter
Und Feiersang erhoben Nastronds Wächter.

— Adam Gottlob Oehlenschläger,
Die Götter Nordens: Episches Gedicht in drei Büchern,
„Thors Fischerei", übersetzt von Gustav Thormod Legis

Erzürnt über Hymir wegen seines unangebrachten Eingreifens, versetzte Thor ihm einen Schlag mit seinem Hammer, der ihn über Bord gehen ließ, aber dennoch watete Hymir unverzagt an Land und wartete dort auf den Gott, bis er zum Strand zurückkehrte. Hymir nahm dann seine beiden Wale – seine Meeresausbeute – auf den Rücken, um sie nach Hause zu tragen, während Thor, der seine Kraft demonstrieren wollte, das Boot, die Ruder sowie das Angelzeug schulterte und anschließend dem Riesen folgte.

Nach Beendigung des Frühstücks forderte Hymir Thor heraus, seine Stärke durch Zerschmettern seines Bechers unter Beweis zu stellen. Obwohl der Donnergott ihn mit aller Wucht gegen Steinsäulen und -wände warf, blieb er unversehrt und war nicht einmal verbogen. Auf eine Einflüsterung von Tyrs Mutter hin schleuderte Thor plötzlich das Gefäß gegen die Stirn des Riesen, die das einzige noch härtere Material bildete, sodass es zersprungen auf den Boden fiel. Im Anschluss an diese Erprobung von Thors Körperkraft teilte Hymir ihm mit, dass er nun den Kessel haben könnte, um den sich die beiden Götter schließlich so intensiv bemüht hätten. Tyr versuchte dann vergeblich, ihn zu heben, und auch Thor konnte ihn erst vom Boden bewegen, nachdem er seinen Stärkegürtel bis ins letzte Loch festgezogen hatte.

Zweimal zerrte
Am Zuber Tyr;
Beidemal stand
Still der Kessel.

Modis Vater
Fasst ihn am Rand,
Hindurch schritt er
Die Diele lang.

— *Die Edda II. Götterdichtung und Spruchdichtung*,
„Das Hymirlied“ 34 und 35, übersetzt von Felix Genzmer

Der Ruck, mit dem er den Zuber letztendlich hochhievte, verursachte große Schäden an der Halle des Riesen, und außerdem brach sein Fuß durch den Boden. Als Tyr und Thor fortgingen, wobei Letzterer den riesigen Behälter statt eines Hutes auf dem Kopf trug, rief Hymir einige Reifriesen zusammen und unterbreitete ihnen den Plan, dem hartnäckigen Gegner nachzueilen und ihn zu erschlagen. Während Thor sich noch einmal umdrehte, bemerkte er plötzlich ihre Verfolger, und ehe sie sie einholen konnten, schleuderte er mehrmals Mjölnir in Richtung der Riesen und tötete sie alle. Tyr und Thor setzten dann ihre Rückreise mit dem Kessel zu Ägir fort, in dem er nun das Bier für das Erntefest brauen konnte.

Die natürliche Erklärung dieses Mythos ist ein Gewittersturm (Thor) im Kampf mit dem wütenden Meer (die Midgardschlange) und das Bersten des Polareises (Hymirs Becher und Boden) während der Sommerhitze.

Nachdem die Götter ihre Festgewänder angelegt hatten, begaben sie sich vergnügt zu Ägirs Feier und begingen von da an das Erntefest stets in seinen Hallen.

Es kamen Wanen und Asen, mächt'ge Götter,
Über Erde, Luft und Asgard Herrscher,
Ein jeder mit einer Göttin so herrlich,
Begleiter des gewaltigen Odins,
Ein glanzvolles Gefolge, wie nur selten erblickt,
Betrat den wellengeschliffenen Gang mit strahlendem Schritt.

— *Valhalla*, J.C. Jones

UNGELIEBTE GOTTHEITEN

Wie schon geschildert, beherrschte Ägir die See mithilfe der heimtückischen Ran. Diese beiden Gottheiten wurden von den nordischen Völkern als grausam empfunden, da sie viel unter dem Meer zu leiden hatten, das sie von allen Seiten umgab und bis weit ins Herz ihrer Länder durch die zahllosen Fjorde reichte und oft die Schiffe ihrer Wikinger zusammen mit der gesamten Besatzung verschlang.

WEITERE MEERESGOTTHEITEN

Die nordischen Völker glaubten nicht nur an diese Hauptgottheiten des Meeres, sondern auch an Meermänner und Meerjungfrauen, und es ranken sich viele Geschichten um Seejungfrauen, die für eine kurze Zeit ihre Schwanenkleider oder Robbengewänder am Strand ablegten, wo sie von Sterblichen gefunden wurden, die so die schönen Jungfrauen zwingen konnten an Land zu bleiben.

Sie kam aus den Wellen bei hellem Mondesschein
(aus rauschenden Wogen und Meeresschaum);
Sie kam dort, wo ich auf dem Sandufer lief allein,
Das Herz so leicht, das Herz schlägt kaum.

— *L. E. R.*

Es gab auch bösartige Meeresscheusale, die im Englischen unter dem Namen Nicor bekannt sind, woraus der englische Spitzname für den Teufel „Old Nick" abgeleitet wurde. Viele der unbedeutenderen Wassergottheiten hatten Fischschwänze und wurden je nach Geschlecht als Undinen oder Stromkarl (Strömkarl), Nix, Nöck, Neck oder Necker (Nicker) bezeichnet.

Wo in den Marschen die Rohrdommel lockt,
Der seelenlose Nicker mit seiner Harfe hockt.
Hockt dort untröstlich, ohne Freund und ohne Feind,
Sein Schicksal als seelenloser Nicker beweint.

— Sebastian Evans, *Nickar the Soulless*,
in: „Brother Fabian's Manuscripts"

Im Mittelalter nahm man an, dass diese Wassergeister manchmal ihren Heimatfluss verließen, um bei Dorftänzen zu erscheinen, wo man sie an den feuchten Säumen ihrer Kleidung erkannte. Sie saßen häufig am Ufer eines fließenden Baches oder Flusses, spielten auf einer Harfe oder sangen bezaubernde Lieder, während sie ihr langes goldenes oder grünes Haar auskämmten.

Nix harft in dem gläsernen Schlosse so klar,
Meermädchen kämmen das grünliche Haar,
Und bleichen die Schimmergewande.

— Erik Johan Stagnelius, T*raum am Meeresstrande*, übersetzt
von Karl Ludwig Kannegießer

Der Nix, die Undine und auch der Stromkarl waren ausgesprochen freundliche und liebenswerte Wesen und äußerst bestrebt, immer wieder Zusicherungen ihres ewigen Seelenheils zu erlangen. Man erzählte viele Geschichten über Priester und Kinder, die sie Harfe spielend am Flussufer überraschten und sie mit zukünftiger Verdammnis verhöhnten, einer furchtbaren Drohung, die niemals ihre Wirkung verfehlte und ihre heitere Musik in jämmerliches Wehklagen verwandelte. Die Priester und Kinder, die ihr Fehlverhalten jedoch bereuten und von der Todesangst ihrer Opfer berührt wurden, eilten häufig schnell zum Fluss zurück und versicherten die grünzähnigen Wassergeister ihrer kommenden Erlösung, sofern sie ihre fröhlichen Klänge fortsetzen würden.

Kennt ihr der Nixen muntre Schaar,
Von Auge schwarz und grün von Haar?
Sie lauscht am Schilfgestade!

— *Lied der Nixen*, Friedrich von Matthisson,
in: „Schriften", Bd. 1

WASSERGEISTER

Die Loreley gehört wie die Elfe oder Elbe – der vermutlichen Namensgeberin des Flusses Elbe – oder der Neck(er), von dem sich der Strom Neckar herleitet, und Vater Rhein mit seinen vielen Töchtern (seinen Nebenflüssen) zu den niederen Wassergottheiten, allerdings ist sie die berühmteste von allen. Sie sitzt wie eine Sirene auf dem Loreleyfelsen am Rhein in der Nähe von St. Goar und hat mit ihrem betörenden Gesang so manchen Schiffer in den Tod gelockt. Im Folgenden wird eine der ältesten Sagen über den Wassergeist geschildert.

DIE SAGE VON DER LORELEY

Loreley war eine Unsterbliche, eine Wasserfrau und Tochter des Rheins, die sich tagsüber in den kühlen Tiefen des Flussbettes aufhielt, aber spät nachts im Mondschein erschien und hoch auf der Spitze des Felsens hockte, wo sie eine gute Sicht auf alle hatte, die den Strom flussabwärts befuhren. Manchmal übertrug die Abendbrise einige Töne ihres Gesangs zu den Schiffern, die Zeit und Ort vergaßen, während sie diesen zauberhaften Melodien lauschten und dabei auf die schroffen und zerklüfteten Felsen trieben, wo sie unweigerlich umkamen.

Die schönste Jungfrau sitzet
Dort oben wunderbar;
Ihr goldnes Geschmeide blitzet,
Sie kämmt ihr goldenes Haar.

Sie kämmt es mit goldenem Kamme
Und singt ein Lied dabei;
Das hat eine wundersame,
Gewaltige Melodei.

Den Schiffer im kleinen Schiffe
Ergreift es mit wildem Weh;
Er schaut nicht auf die Felsenriffe,
Er schaut nur hinauf in die Höh.

Ich glaube, die Wellen verschlingen
Am Ende Schiffer und Kahn;
Und das hat mit ihrem Singen
Die Lore-Ley getan.

— *Die Lore-Ley*, Heinrich Heine

Es wird erzählt, dass ein junger Fischer aus Oberwesel der Einzige war, der die Loreley aus nächster Nähe gesehen hat. Er traf sie jeden Abend am Flussufer, verbrachte einige reizende Stunden mit ihr, nahm ihre Schönheit in sich auf und hörte ihrem wundervollen Gesang zu. Der Überlieferung nach zeigte sie ihm, kurz bevor sie sich trennten, all die Plätze, wo er seine Netze am Morgen auswerfen sollte. Ihren Anweisungen folgend, waren seine Fischfänge ertragreich.

Eines Nachts ging der junge Mann wie immer zum Fluss hinunter. Er kehrte jedoch niemals zurück und so begab man sich auf die Suche nach ihm. Als man keinen Hinweis auf seinen Aufenthaltsort fand, verkündeten die leichtgläubigen Menschen schließlich, dass die Loreley ihn in ihre Korallenhöhlen heruntergezogen hatte, damit er ihre Gesellschaft für immer genießen könnte.

Einer anderen Version zufolge lockte die Loreley mit ihrer verführerischen Stimme von ihrem steilen Felsen herunter so viele Fischer ins kühle Grab des Rheins, dass einst eine bewaffnete Streitmacht bei Einbruch der Dunkelheit entsandt wurde, um sie zu umstellen und gefangen zu nehmen. Die Nixe belegte den Hauptmann und seine Männer jedoch mit einem so mächtigen Zauber, dass sie weder Füße noch Hände bewegen konnten. Während sie regungslos um sie herumstanden, entledigte sich die Loreley ihres Schmucks und warf ihn in die Wogen nach unten. Dann beschwor sie mithilfe eines Zaubers das Wasser zur Felsspitze herauf, auf der sie kauerte, und zur Verblüffung der Soldaten umfingen die Wellen einen von weißmähnigen Rössern gezogenen meeresgrünen Wagen, in den die Nixe hineinsprang, und im Nu verschwand die Zauberkarosse in der Ferne. Einige Augenblicke später sank der Rhein auf seine übliche Pegelhöhe zurück, der Zauber war gebrochen. Die Männer gewannen ihre Bewegungsfähigkeit wieder, traten den sofortigen Rückzug an und schilderten dann, wie ihre Bemühungen durchkreuzt worden waren. Seitdem wurde die Loreley jedoch nicht mehr gesehen, und die Bauern erklären dies dadurch, dass sie noch immer wegen der ihr zugefügten Kränkungen grollt, und deshalb niemals mehr ihre Korallenhöhlen verlassen wird.

KAPITEL XIX

Balder

DER MEISTGELIEBTE

Es wird uns berichtet, dass Odin und Frigg Zwillingssöhne hatten, die so unterschiedlich in Wesen und Aussehen waren wie es zwei Kinder nur sein können. Hödur, Gott der Finsternis, war düster, schweigsam und blind wie die Dunkelheit der Sünde, die er symbolisiert haben soll, während sein Bruder Balder der Schöne als der reine und strahlende Gott der Unschuld und des Lichts verehrt wurde. Seine schneeweiße Braue und seine goldenen Locken schienen Strahlen von Sonnenschein auszusenden, die die Herzen der Götter und Menschen erfreuten, von denen er gleichermaßen geliebt wurde.

> Von all den Zwölfen um Odins Thron
> Wurde allein Balder der Schöne,
> Der Sonnengott, gut und hell und rein,
> Geliebt von allen, so wie alle das Licht lieben.
>
> — *Valhalla*, J. C. Jones

Der junge Balder war mit erstaunlicher Schnelligkeit zur vollen Größe herangewachsen und wurde schon früh zur Gerichtsstätte der Götter zugelassen. Er hatte seinen Wohnsitz im Palast von Breidablik, dessen Silberdach auf goldenen Säulen ruhte und der von solchem Glanz war, dass weder Gewöhnliches noch Unreines in seiner Umgebung geduldet wurde, und hier lebte er in vollkommener Eintracht mit seiner jungen Frau Nanna, der Tochter des Nepr, einer wunderschönen und bezaubernden Göttin.

Der Lichtgott hatte außergewöhnliche Kenntnisse der Runen, die auf seine Zunge geritzt waren. Ihm waren zudem die Vorzüge der Heilpflanzen vertraut, etwa der Kamille, die „Balders Braue" hieß, weil ihre Blüte so unberührt rein war wie seine Stirn. Das Einzige, das seinen strahlenden Augen jedoch verborgen blieb, war die Wahrnehmung seines eigenen endgültigen Schicksals.

Sein eigen Haus,
Breidablik, auf dessen Säulen Balder ritzte
Jene Zauber, die Tote zurück ins Leben rufen.
Denn weise war er, viele sonderbare Künste,
Runenreihen und heilende Kräuter kannte er;
Welch Verhängnis! Denn eine Kunst wusste er nicht,
die, sein Leben zu schützen und die Sonne zu sehen.

— *Balder Dead*, Matthew Arnold

BALDERS TRAUM

Da Lächeln und Fröhlichkeit für Balder den Schönen so natürlich waren, machten sich die Götter große Sorgen, als sie eines Tages plötzlich eine Veränderung in seinem Verhalten bemerkten. Nach und nach verschwand das Licht aus seinen blauen Augen, ein kummervoller Ausdruck überzog sein Gesicht und sein Gang wurde immer schwerer und schleppender. Odin und Frigg, die die unverkennbare Traurigkeit ihres geliebten Sohnes sahen, baten ihn zärtlich, ihnen den Grund seines stillen Leids zu offenbaren. Balder gab schließlich ihrem flehentlichen Drängen nach und eröffnete ihnen, dass sein Schlaf schon länger nicht mehr wie früher friedlich und erholsam war, sondern in letzter Zeit von dunklen und bedrückenden Träumen heimgesucht würde, an die er sich zwar nach dem Aufwachen nicht deutlich erinnern könnte, ihn aber ständig mit einem vagen Angstgefühl verfolgen würden.

Ihm schien der schwere Schlaf ein Kerker;
Verschwunden des süßen Schlummers Labe.

— *Die Lieder-Edda*, „Das Wegtamslied" 2,
übersetzt von Karl Simrock

Nachdem Odin und Frigg dies vernommen hatten, waren sie sehr beunruhigt, erklärten aber, dass nichts ihrem allseits geliebten Sohn Schaden zufügen würde. Als die betrübten Eltern die Sache jedoch noch einmal besprachen, gestanden sie sich ein, dass auch sie von seltsamen Vorahnungen geplagt wurden, und gelangten schließlich zu der Überzeugung, dass Balders Leben tatsächlich bedroht war, und ergriffen daher Maßnahmen, um die Gefahr abzuwenden.

Frigg sandte ihre Dienerinnen in jede Richtung mit der genauen Anweisung, alle lebenden Wesen, alle Pflanzen, Metalle, Steine – kurzum jedes belebte und unbelebte Ding – einen feierlichen Schwur ablegen zu lassen, Balder nicht zu

schaden. Die gesamte Schöpfung leistete den Eid, da nichts auf der Erde existierte, das den strahlenden Gott nicht liebte. Die Dienerinnen kehrten dann zu Frigg zurück und teilten ihr mit, dass alle wunschgemäß geschworen hätten mit Ausnahme des Mistelzweigs, der auf der Eiche am Tor von Walhall wuchs, fügten aber hinzu, dass dieser ein solch winziges, harmloses Ding sei, von dem kein Unheil drohen würde.

> Und alle die Fürsten sie faßten den Schluß:
> „Wir wollen besenden die Wesen alle,
> Frieden erbitten, daß sie Baldurn nicht schaden."
> Alles schwur Eide, ihn zu verschonen;
> Frigg nahm die festen Schwür in Empfang.
>
> — *Die Lieder-Edda*, „Das Wegtamslied" 3 und 4,
> übersetzt von Karl Simrock

Im Anschluss an diese beruhigende Nachricht nahm Frigg ihr Spinnen wieder mit großer Zufriedenheit auf, denn nun hatte sie die Gewissheit, dass ihrem über alles geliebten Kind kein Unglück widerfahren könnte.

DIE PROPHEZEIUNG DER WALA

In der Zwischenzeit beschloss Odin, eine der toten Walen oder Prophetinnen um Rat zu fragen. Er ritt auf seinem achtbeinigen Ross Sleipnir über die schwankende Brücke Bifröst und den mühsamen Weg, der zur Gjallarbrücke und zum Eingang nach Niflheim führt. Nachdem er die vom Hund Garm bewachte Pforte zum Totenreich passiert hatte, betrat er den düsteren Aufenthaltsort Hels.

> Rasch auf sprang der König groß,
> Sattelte sein kohlschwarzes Roß,
> Reitet die Schlücht' und Schründ' hindurch,
> Gelangt zu Hela's düstrer Burg.
>
> — *Odins Höllenfahrt*, Thomas Gray,
> übersetzt von Ludwig Gotthard Kosegarten

Odin entdeckte zu seiner allergrößten Überraschung, dass in diesem finsteren Reich offenbar Vorbereitungen für ein Fest getroffen wurden und die Bänke mit Teppichen und goldenen Ringen bedeckt worden waren, als ob ein hochgeachteter Gast erwartet würde. Er hastete aber ohne Unterlass weiter, bis er endlich den Ort erreichte, wo die Wala schon so manches Jahr ungestört geruht hatte. Dann begann er feierlich, einen Zauber zu singen und die Runen zu zeichnen, die die Macht hatten, Tote aufzuwecken.

> Dreymal raunt' er das Runenwort.
> Dreymal schreibt er den Spruch in Sand,
> Der die Todten aus den Gräbern bannt.
> Nun säuselts aus holer Tief hervor.
> Dumpf murmelts in sein lauschend Ohr.
>
> — *Odins Höllenfahrt*, Thomas Gray,
> übersetzt von Ludwig Gotthard Kosegarten

Plötzlich öffnete sich das Grab, aus dem sich die Prophetin langsam erhob und fragte, wer es gewagt hätte, sie so in ihrer langen Ruhe zu stören. Odin, der sie darüber in Unkenntnis lassen wollte, der allmächtige Vater der Götter und Menschen zu sein, antwortete, dass er Wegtam hieße, der Sohn Waltams, und sie erweckt hätte, um sie zu befragen, für wen Hel die Sitze überzogen hätte und ein Festmahl zubereiten würde. Die Prophetin bestätigte in hohlen Tönen all seine Ängste, indem sie ihm verkündete, dass man als Gast Balder erwarten würde, der dazu ausersehen wäre, von seinem Bruder Hödur, dem blinden Gott der Finsternis, getötet zu werden.

> Hieher bringt Hödr den hochberühmten,
> Er wird der Mörder werden Baldurs,
> Wird Odhins Erben das Ende fügen.
> Genöthigt sprach ich, nun will ich schweigen.
>
> — *Die Lieder-Edda*, „Das Wegtamslied" 13,
> übersetzt von Karl Simrock

Trotz des offensichtlichen Unwillens der Wala weiterzusprechen, drängte Odin, der sich damit noch nicht zufriedengeben wollte, die Seherin dennoch, ihm mitzuteilen, wer den ermordeten Gott rächen würde und seinen Mörder zur Rechenschaft zöge, denn schließlich wurden Rache und Vergeltung von den nordischen Völkern als heilige Pflicht angesehen.

Auf Odins heftiges Drängen hin wiederholte die Prophetin die einst gegenüber Hermod gemachte Weissagung des Zauberers Rossthjof, dass Rinda, die Erdgöttin und Tochter des Ruthenkönigs Billing, Odin einen Sohn namens Wali gebären würde, der weder sein Gesicht waschen noch sein Haar kämmen würde, ehe er Rache an Hödur für Balders Tod genommen hätte.

Fern im West in Grotten tief
Odin ein Mägdlein frech beschlief.
Nun windet sich aus Rinda's Schoos
Ein Wunderknabe knirschend los.
Er wird sein Rabenhaar nicht kämmen,
Die Glieder nicht im Strome schwemmen,
Den Speer nicht an die Mauer stemmen,
Bis Hoders Leib im Staube modert,
Oder hoch vom Scheiterhaufen lodert.

— *Odins Höllenfahrt*, Thomas Gray,
übersetzt von Ludwig Gotthard Kosegarten

Nachdem die widerstrebende Wala so gesprochen hatte, fragte Odin: „Wer würde sich weigern, den Tod Balders zu beweinen?" Diese unbedachte Frage zeigte eine Kenntnis der Zukunft, die kein Sterblicher besitzen konnte und der Wala sofort die wahre Identität des Besuchers offenbarte. Sie lehnte es deshalb ab, auch nur ein einziges weiteres Wort darüber zu verlieren und sank in die Stille des Grabes zurück, während sie ihm verkündete, dass niemand sie noch einmal herauslocken könnte, bis das Ende der Welt gekommen wäre.

Fort von hier an deinen Ort!
Und kein Frevler komm hinfort,
Stöhre fragend meinen Geist,
Bis Lok die dreydoppelten Ketten zerreißt;
Bis wieder die alte öde Nacht
Ringsum regiert in schwarzer Tracht;
Bis zusammenbrechend der Bau der Welt
In Schutt und Graus und Graun zerfällt!

— *Odins Höllenfahrt*, Thomas Gray,
übersetzt von Ludwig Gotthard Kosegarten

Nachdem Odin die Beschlüsse von Orlog (Schicksal) vernommen hatte, die, wie er wusste, nicht abgewendet werden konnten, bestieg er wieder sein Pferd und begab sich traurig auf den Weg zurück nach Asgard, wobei er an die schon bald anbrechende Zeit dachte, wenn sich sein geliebter Sohn nicht mehr in den himmlischen Gefilden aufhielte und das Licht seiner Anwesenheit auf ewig verginge.

Als Odin wieder Gladsheim betrat, beruhigte ihn Friggs sofort überbrachte Mitteilung einigermaßen, dass alle Dinge unter der Sonne gelobt hatten, Balder nichts anzuhaben. Da demnach nichts seinen geliebten Sohn töten würde, fühlte er sich bestärkt darin, die Götter und Menschen weiterhin durch seine Gegenwart zu erfreuen, und so schob er die Sorge beiseite und gab sich den Vergnügungen der Festtafel hin.

DIE GÖTTER BEIM SPIEL

Das Spielfeld der Götter war auf der grünen Ebene von Ida gelegen und wurde Idafeld genannt. Hierhin zogen sich die Götter zurück, wenn sie in ausgelassener Stimmung waren, und ihr Lieblingsspiel war das Werfen ihrer goldenen Scheiben, die sie mit großer Geschicklichkeit schleuderten. Sie waren zu diesem regelmäßigen Zeitvertreib mit doppelter Freude zurückgekehrt, seitdem sich die Wolke, die ihre Gemütslage verfinstert hatte, durch Friggs Vorkehrungen aufgelöst hatte. Da sie ihrer üblichen Aktivität jedoch überdrüssig waren, überlegten sie sich ein neues Spiel. Sie wussten, dass Balder durch kein Wurfgeschoss verletzt werden konnte und so machte es ihnen großen Spaß, alle Arten von Waffen, Steinen etc. auf ihn zu schmettern, weil sie sich sicher waren, dass egal, wie geschickt sie es versuchten und wie genau sie zielten, die Gegenstände, die geschworen hatten, ihn nicht zu verwunden, entweder abprallen oder ihr Ziel verfehlen würden. Dieses neue Vergnügen erwies sich als so faszinierend, dass sich alle Götter um Balder herum sammelten und jeden neuen Misserfolg, ihn gefährlich zu treffen, mit anhaltendem Gelächter begrüßten.

BALDERS TOD

Diese Ausbrüche an Heiterkeit erregten die Neugier Friggs, die auf Fensalir beim Spinnen saß, und als eine alte Frau an ihrem Wohnsitz vorbeiging, bat sie sie anzuhalten und zu berichten, was solch große Ausgelassenheit der Götter verursachen würde. Die alte Frau war niemand anders als der vermummte Loki, und er antwortete Frigg, dass die Götter Steine und andere sowohl stumpfe als auch scharfe Geschosse auf Balder warfen, der lächelnd und unverletzt in ihrer Mitte stand und sie herausforderte, ihn abzutreffen.

Die Göttin schmunzelte, führte unterdessen ihre Arbeit fort und sagte, dass es nur natürlich wäre, dass Balder nichts schaden könnte, da alle Dinge das von ihm symbolisierte Licht lieben würden und feierlich gelobt hätten, ihm nichts zuleide zu tun. Als er dies vernahm, war Loki, die Personifikation des Feuers, sehr verärgert, da er eifersüchtig auf Balder war, das Sinnbild der Sonne, der ihn so vollkommen in den Schatten stellte und allgemein beliebt war, während er selbst

gefürchtet war und möglichst gemieden wurde. Er verbarg allerdings geschickt seinen Missmut und erkundigte sich bei Frigg, ob sie sich ganz sicher wäre, dass sich alle Gegenstände dem Bündnis angeschlossen hätten.

Frigg erwiderte stolz, dass sie von allen Dingen den feierlichen Eid erhalten hätte, die einzige Ausnahme wäre ein harmloser kleiner Parasit, der Mistelzweig, der auf einer Eiche nahe dem Walhall-Tor wüchse, allerdings zu schwach wäre, um sich darum Sorgen machen zu müssen. Diese Auskunft war alles, was Loki wollte, dann verabschiedete er sich von Frigg und humpelte davon. Sobald er außer Sichtweite war, nahm er wieder seine gewohnte Gestalt an und hastete nach Walhall, wo er die Eiche und den Mistelzweig am Tor fand, so wie es Frigg angedeutet hatte. Anschließend verlieh er dem Parasiten mithilfe magischer Künste eine ziemlich unnatürliche Größe und Härte.

Aus dem so hergestellten hölzernen Stängel fertigte er gewandt einen Schaft, mit dem er zurück zum Idafeld eilte, wo die Götter noch immer Geschosse auf Balder schleuderten, während Hödur traurig allein an einem Baum lehnte und vom Spiel ausgeschlossen war. Sorglos näherte sich Loki dem blinden Gott, täuschte einen Hauch von Interesse vor und fragte nach dem Grund seiner Schwermut, zugleich ließ er aber geschickt durchblicken, dass Stolz und Desinteresse ihn selbst daran hindern würden, sich an diesem Spaß zu beteiligen. Hödur äußerte auf diese Bemerkungen hin, dass ihn nur seine Blindheit davon abhielte, an dem neuen Spiel teilzunehmen, und nachdem Loki ihm den Mistelzweig in seine Hand gelegt und ihn inmitten des Kreises geführt hatte, wies er ihm die Richtung des ungewöhnlichen Ziels. Dann warf Hödur kühn den Schaft, aber zu seiner Bestürzung drang nicht das erwartete laute Gelächter an sein Ohr, sondern ein schauerlicher Entsetzensschrei, da Balder der Schöne von dem tödlichen Mistelzweig durchbohrt auf den Boden niederstürzte.

Am Boden lag Balder, tot; und ringsherum
Dicht gestapelt Schwerter, Äxte, Pfeile, Speere,
Die die Götter müßig geschleudert auf Balder,
Den keine Waffe versehrte oder durchbohrte;
In seiner Brust aber steckte fest der tödliche Zweig
Der Mistel, den Loki, der Anstifter, an Hödur
Gegeben und Hödur ahnungslos geworfen hatte —
Einzig dagegen war Balders Leben ohne Schutz.

— *Balder Dead*, Matthew Arnold

In schierer Angst drängten sich die Götter um ihren geliebten Gefährten, aber ach! Das Leben war völlig erloschen und all ihre Bemühungen, den hingesunkenen Sonnengott wiederzubeleben, waren vergeblich. Untröstlich über ihren Verlust drehten sie sich wütend zu Hödur um, den sie auf der Stelle erschlagen hätten, wären sie nicht durch das Gesetz der Götter zurückgehalten worden, das die Entweihung ihrer Friedensstätte durch eine vorsätzliche Gewalttat untersagte. Der Lärm ihres Klagegeschreis veranlasste die Göttinnen in höchster Eile den furchtbaren Ort des Geschehens aufzusuchen, und als Frigg sah, dass ihr Liebling tot war, flehte sie die Götter an, sich nach Niflheim zu begeben und Hel zu bitten, ihr Opfer freizugeben, da die Erde nicht glücklich ohne ihn bestehen könnte.

HERMODS AUFTRAG

Da der Weg rau und äußerst mühevoll war, wollte zunächst keiner der Götter freiwillig gehen. Als Frigg allerdings versprach, dass sie und Odin den Boten belohnen würden, indem sie ihn allen Asen vorzögen, bekundete Hermod seine Bereitschaft, den Auftrag auszuführen, und um ihm dies zu ermöglichen, überließ Odin ihm Sleipnir. Das edle Ross, das es nicht gewohnt war, jemand anderen als Odin auf seinem Rücken zu dulden, ritt ohne sich zu sträuben auf den finsteren Weg hinaus, den seine Hufe schon zweimal zuvor zurückgelegt hatten.

Odin ließ unterdessen Balders Leichnam nach Breidablik schaffen und gebot den Göttern, im Wald riesige Kiefern zu fällen, um damit einen würdigen Scheiterhaufen aufrichten zu können.

Und als die Götter in den Wald gegangen,
Führte Hermod fort den Sleipnir aus Walhalla
Und sattelte ihn; bis dahin hatte das Ross
Keine andere Hand geduldet als die Odins und
Auf seinem breiten Rücken keinen and'ren Reiter;
Nun aber stand er an Hermods Seite willig,
Mit gewölbtem Nacken, ließ sich zäumen,
Wusst' er doch, zu welchem Gott es hinging.
Da bestieg ihn Hermod und begab sich stumm
Und still auf den dunklen, unbekannten Weg
Gen Norden, und er ritt den ganzen Tag;
Es schwand das Licht, die Nacht brach an.
Er ritt die Nacht hindurch und weiter noch,
Neun Tage weit, neun Nächte hoch ins Eis,

Durch Täler tief eingefurcht von tosenden Strömen.
Und am zehnten Morgen kam er zu der Brücke,
Die mit gold'nen Bögen den Gjöll überspannt,
Auf der Brücke bewachte eine Maid in Rüstung
Den Durchgang auf dem andern Ufer,
Wo sich der Weg zwischen Felswänden wand.

— *Balder Dead*, Matthew Arnold

DER SCHEITERHAUFEN

Während Hermod den freudlosen Weg in Richtung Niflheim entlang jagte, hackten die Götter Holz und trugen eine gewaltige Menge des Brennmaterials zur Küste, wo sie es auf dem Deck von Balders Drachenschiff Ringhorn aufschichteten und so einen kunstvollen Scheiterhaufen errichteten. Der Tradition gemäß wurde das Schiff mit Wandbehängen, Blumengirlanden, Gefäßen und Waffen aller Art, goldenen Ringen und zahllosen Wertgegenständen geschmückt, bevor der makellose, reich gekleidete Leichnam gebracht und auf dem Holzstoß platziert wurde.

Einer nach dem anderen traten die Götter heran, um ein letztes Mal Abschied von ihrem geliebten Gefährten zu nehmen, und als Nanna sich über ihn beugte, brach ihr liebendes Herz, und sie sank leblos zu Boden. Die Götter, die dies beobachteten, betteten sie neben ihren Ehemann, sodass sie ihn selbst im Tod begleiten konnte, und nachdem sie sein Pferd und seine Hunde getötet hatten, wanden sie Dornen um den Scheiterhaufen, die Symbole des Schlafs, dann näherte sich Odin als Letzter der Götter.

Als Zeichen ihrer Zuneigung für den Toten und ihres Kummers über seinen Verlust hatten alle ihre wertvollste Habe auf den Scheiterhaufen gelegt, und während Odin sich vorneigte, fügte er seinen Zauberring Draupnir den Opfergaben hinzu. Die versammelten Götter bemerkten, dass er seinem toten Sohn etwas ins Ohr flüsterte, aber keiner war nah genug, um zu hören, was er murmelte.

Im Anschluss an diese Vorbereitungen machten sich die Götter daran, das Schiff zu Wasser zu lassen, stellten allerdings fest, dass die schwere Ladung aus Brennmaterial und Kostbarkeiten ihren gemeinsamen Anstrengungen standhielt und das Schiff sich keinen einzigen Zentimeter bewegen ließ. Die Bergriesen, die die Szene aus der Ferne verfolgten und ihre Misere erkannten, kamen nun näher und sagten, sie würden eine Riesin namens Hyrrokkin kennen, die in Jötunheim wohnte, und stark genug wäre, das Schiff ohne Hilfe ins Wasser zu schieben. Die Götter baten daher einen der Sturmriesen, Hyrrokkin eiligst heranzuholen, und schon bald danach erschien sie auf einem riesigen Wolf, den sie mit einem Zügel aus sich windenden Schlangen lenkte. Sie ritt herunter zur Küste, stieg ab und verkündete stolz ihre Bereitschaft, die gewünschte Hilfe zu leisten, sofern sich die Götter währenddessen um ihr Ross kümmern würden. Odin sandte sofort vier seiner wildesten Berserker, um den Wolf zu halten, allerdings konnten sie trotz ihrer gewaltigen Kräfte das monströse Wesen erst bändigen, als die Riesin ihn niedergeworfen und festgebunden hatte.

Nachdem Hyrrokkin zufrieden beobachtet hatte, dass sie nun mit ihrem widerspenstigen Reittier zurechtkamen, schritt sie am Strand entlang, bis sie die Stelle erreichte, wo hoch über dem Ufer Balders mächtiges Schiff Ringhorn lag.

Siebzig Ellen und vier erstreckte
Sich auf dem Gras des Schiffes Kiel;
Hoch darüber, von Golde glänzend,
Erhob sich der Drachenkopf grimmig
Mit seinem Kamm aus Stahl.

— *Saga vom heiligen Olav*, Longfellow

Anschließend stemmte sie ihre Schulter gegen das Heck des Schiffes und stieß es unter höchster Kraftanstrengung mit einem Ruck ins Wasser. Das Gewicht des Schiffes war dermaßen gewaltig, dass die Erde wie bei einem Erdbeben erzitterte, und die Schnelligkeit, mit der es ins Wasser schoss, war derart groß, dass die Rollen, auf denen das Boot hinunterglitt, infolge der hohen Reibung Feuer fingen. Die vollkommen unerwartete Erschütterung brachte die Götter beinahe aus dem Gleichgewicht und erzürnte Thor so sehr, dass er seinen Hammer hob und die Riesin erschlagen hätte, wenn seine Gefährten ihn nicht daran gehindert hätten. Wie gewöhnlich beruhigte er sich wieder schnell, denn Thors Zorn war zwar leicht zu erregen, aber nicht von langer Dauer, und so stieg er noch einmal auf das Schiff, um den Scheiterhaufen mit seinem heiligen Hammer zu segnen. Während er die Zeremonie durchführte, lief der Zwerg Lit herausfordernd zwischen seine Beine, woraufhin Thor, der noch nicht ganz seine Gelassenheit wiedererlangt hatte, ihn ins Feuer trat, das er kurz zuvor mit einem Dorn entfacht hatte, und so verbrannte der Zwerg zusammen mit den Leichnamen des göttlichen Paares zu Asche.

Das große Schiff trieb nun hinaus aufs Meer und die Lohe des Scheiterhaufens bot ein außergewöhnliches Schauspiel, das jeden Augenblick eine noch größere Pracht entwickelte, bis das Boot den westlichen Horizont erreichte und der Eindruck entstand, als ob Meer und Himmel in Flammen stünden. Traurig beobachteten die Götter das lodernde Schiff und seine wertvolle Fracht, bis es plötzlich in die Wellen eintauchte und verschwand. Sie wandten sich nicht ab oder kehrten nach Asgard zurück, ehe der letzte Lichtfunken erloschen war und die Welt als Zeichen der Trauer um Balder den Guten in einen Mantel der Finsternis gehüllt war.

Bald loderte das mächt'ge Feuer prasselnd,
Der Holzstoß knackte; und aus Scheiten
Schossen scharfe Flammenzungen hervor,
Sprangen empor, zitternd, zuckend, leckten
An dem Scheiterhaufen, an den Toten und am Mast,
Fraßen schrumpfende Segel; doch weiter trieb
Das Schiff, mit lichterloh flammendem Deck.
Am Meeresstrand stehend, schauten die Götter,
Wie schaurig die Sonne im Meer versank,
Von Rauch verhüllt, die Nacht brach an.
Der Wind ließ nach, es ward ganz still;
Im Dunkel sahen sie von Ferne noch,
Wie lodernd das Schiff übers Wasser trieb,
Weiter und weiter, wie ein feuriges Auge.
So glühte im Finstern Balders Scheiterhaufen;
Glimmte schwächer unter'm Licht der Sterne;
Die Körper verbrannt, die Glut erstickt von Asche.
Und so wie in einem verlöschenden Winterfeuer
Ein verkohlter Holzblock, fallend, die Funken stieben lässt —
So fiel im Funkenregen in sich zusammen der Stoß,
Färbte das Meer tiefrot, und alles ward dunkel.

— *Balder Dead*, Matthew Arnold

HERMODS REISE

Bekümmert betraten die Götter Asgard, wo sie weder von Fröhlichkeit noch Feierlärm begrüßt wurden, denn alle Herzen waren erfüllt von ängstlicher Sorge über das Ende aller Dinge, das man kommen fühlte. Und der Gedanke an den schrecklichen Fimbulwinter, der ihren Tod ankündigen sollte, war wahrlich einer, um die Götter zu beunruhigen.

Allein Frigg hegte Hoffnung und sah erwartungsvoll der Rückkehr ihres Boten entgegen. Hermod der Schnelle, der unterdessen über die schwankende Brücke und den dunklen Helweg geritten war, hatte in der zehnten Nacht die rauschende Strömung des Flusses Gjöll überquert. Hier wurde er von Modgud angehalten, die ihn befragte, warum die Gjallarbrücke unter dem Tritt seines Pferdes mehr erzittern würde als beim Vorbeimarsch einer ganzen Armee, und wollte zudem wissen, weshalb er, ein lebender Reiter, versuchen würde, in das grässliche Reich Hels einzudringen.

> Wer bist du wohl auf dem feurigen Rappen,
> Dessen Hufe die Gjöllbrücke erbeben lassen?
> Sag mir deinen Namen nun und dein Geschlecht.
> Gestern morgen erst zogen fünf Scharen Tote vorbei,
> Auf ihrem Weg hinab ins dunkle Reich der Hel,
> Doch da dröhnte nicht die Brücke so wie bei dir allein.
> Auch hast du Fleisch und Farbe auf den Wangen,
> So wie Lebende, die noch Luft atmen;
> Bist auch nicht blass und bleich wie die Toten,
> Die täglich vorbeireiten auf ihrem Weg in die Tiefe.
>
> — *Balder Dead,* Matthew Arnold

Nachdem Hermod Modgud den Grund seines Kommens erläutert und sich Gewissheit verschafft hatte, dass Balder und Nanna vor ihm über die Brücke geritten waren, eilte er anschließend schleunigst weiter, bis er an das Tor gelangte, das sich bedrohlich vor ihm erhob.

Keineswegs entmutigt durch dieses Hindernis stieg Hermod ab auf das glatte Eis, zurrte die Sattelgurte fest, saß wieder auf, grub seine Sporen tief in Sleipnirs weiche Seiten und zwang ihn, einen großen Sprung zu machen, der ihn sicher auf der anderen Seite der Höllenpforte landen ließ.

> Und weiter ritt er über eisige Felder
> Gen Norden, bis er an eine Mauer kam,
> Die ihm den Weg versperrte, und darin ein Gittertor.
> Dort stieg er ab aufs glatte Eis und zog
> Die Gurte straff von Sleipnir, Odins Pferd,
> Und ließ es hoch über's Gitter setzen.
>
> — *Balder Dead*, Matthew Arnold

Nachdem er weitergeritten war, erreichte er schließlich Hels Halle, wo er Balder bleich und betrübt auf einer Bank liegend entdeckte, seine Frau neben sich und die Augen starr auf einen Becher mit Met gerichtet, wonach ihm aber offensichtlich nicht der Sinn stand.

DIE BEDINGUNG FÜR BALDERS FREIGABE

Hermod teilte seinem Bruder vergeblich mit, dass er gekommen wäre, um ihn heimzuholen, denn Balder schüttelte traurig den Kopf und sagte, dass er bis zum letzten Tag in seinem freudlosen Aufenthaltsort ausharren müsste, bat Hermod allerdings, Nanna mit sich zurückzunehmen, da der Wohnsitz der Schatten kein Ort für ein so strahlendes und wunderschönes Wesen wäre. Als Nanna jedoch diese Bitte hörte, klammerte sie sich nur noch umso enger an ihren Ehemann und gelobte, dass sie nichts jemals von ihm trennen könnte und dass sie für immer bei ihm bliebe, sogar in Niflheim.

Die lange Nacht wurde in vertrautem Gespräch verbracht, ehe Hermod Hel aufsuchte und sie anflehte, Balder freizugeben. Die unerbittliche Göttin lauschte schweigend seinem Wunsch, dann verkündete sie schließlich, dass sie ihrem Opfer erlauben würde fortzugehen, sofern alle belebten und unbelebten Dinge ihre Trauer über seinen Verlust durch das Vergießen von Tränen zeigen würden.

> Also dann! Wenn Balder so innig geliebt würde,
> Und es wahr ist, und für den Himmel ein solcher Verlust—
> So höre, wie der Himmel ihn zurückerhalten kann.
> Beweise mir, dass die ganze Welt in Trauer um ihn ist!
> Und trauert nur ein einzig Ding nicht, so bleibe Balder hier!
> Lass alles, was sich dort auf Erden regt und bewegt,
> Tränen um ihn weinen, und alles Leblose weine auch;
> Lass Götter, Menschen, Tiere ihn beweinen, Pflanzen, Steine.
> Auf dass ich sehe, wie teuer allen der Verlorene war,
> So lässt mein Herz sich erweichen und gibt ihn euch zurück.
>
> — *Balder Dead*, Matthew Arnold

Hels Antwort war sehr ermutigend, da die ganze Natur den Verlust Balders betrauerte und nichts in der gesamten Schöpfung existierte, dass die Abgabe einer Träne verweigern würde. Und so verließ Balder fröhlich Hels finsteres Reich und trug den Ring Draupnir bei sich, den Balder Odin zurückgab, sowie einen bestickten Teppich Nannas für Frigg und einen Ring für Fulla.

HERMODS RÜCKKEHR

Sobald Hermod zurückgekehrt war, drängten sich die versammelten Götter angsterfüllt um ihn, und nachdem er seine Botschaften und Geschenke überbracht hatte, sandten die Asen Boten in jeden Teil der Welt, um alle belebten und unbelebten Dinge zu bitten, Balder zu beweinen.

Eilt in die ganze Welt hinaus und bittet
Alle lebendigen und unlebendigen Dinge Balder
Zu beweinen, auf dass er glücklich wiederkehre!
— *Balder Dead*, Matthew Arnold

Die Boten ritten nach Norden, Süden, Osten und Westen und überall, wo sie vorbeikamen, fielen Tränen von jeder Pflanze und jedem Baum, sodass der Boden mit Feuchtigkeit durchtränkt war, und Metalle sowie Steine weinten trotz ihrer harten Herzen ebenso.

Der Rückweg nach Asgard führte sie schließlich an einer Höhle vorbei, in der die Boten die Gestalt einer kauernden Riesin namens Thökk sahen, die einigen Mythologen zufolge der verwandelte Loki gewesen sein soll. Als man sie aufforderte, eine Träne zu vergießen, verhöhnte sie die Boten, und während sie sich in die dunklen Nischen ihrer Höhle flüchtete, verkündete sie, dass aus ihren Augen niemals eine Träne fließen würde und dass – was sie anbetraf – Hel ihre Beute für immer behalten könnte.

Thöck muß weinen mit trockenen Augen
Über Baldurs Ende.
Nicht im Leben noch im Tod hatt ich Nutzen von ihm:
Behalte Hel was sie hat.
Die Prosa-Edda, 49,
übersetzt von Karl Simrock

Nachdem die heimkehrenden Boten Asgard erreicht hatten, gruppierten sich die Götter voller Vorfreude um sie herum, um gespannt dem Ergebnis ihrer Mission zu lauschen, aber wie verdüsterten sich ihre Gesichter, als sie gewahr wurden, dass ein Lebewesen sich geweigert hatte, um Balder zu trauern, weshalb sie den Lichtgott nie mehr in Asgard erblicken würden.

Balder der Schöne kehrt nie mehr
Aus Hel in höhere Sphären zurück!

Verraten von Loki, doppelt verraten,
In Gefangenschaft des Todes geraten;
Dem Ort der Verdammung erst entrinnt,
Wenn Ragnarok verheerend beginnt!

— *Valhalla*, J. C. Jones

WALI DER RÄCHER

Da die Beschlüsse des Schicksals noch nicht gänzlich vollzogen waren, wird nachfolgend kurz der letzte Akt der Tragödie erzählt.

Wir haben bereits gesehen, wie Odin nach vielen Zurückweisungen schließlich Rindas Zustimmung zu ihrer Vereinigung gewann und dass der aus dieser Verbindung gezeugte Sohn auserwählt war, den Tod Balders zu rächen. Die Ankunft dieses erstaunlichen Säuglings trat dann auch ein, und Wali der Rächer, wie er genannt wurde, erschien bereits am Tag seiner Geburt in Asgard und tötete noch am selben Tag Hödur mit einem Pfeil aus einem Bündel, das er zu diesem Zweck mit sich herumgetragen zu haben scheint. Auf diese Weise büßte der Mörder Balders, obgleich er nur ein unwissentliches Werkzeug war, mit seinem Blut für das Verbrechen gemäß dem Kodex eines wahren Normannen.

DIE BEDEUTUNG DES MYTHOS

Die physikalische Erklärung dieses Mythos lässt sich entweder auf den täglichen Untergang der Sonne (Balder) zurückführen, die unter den westlichen Wellen versinkt und durch die Finsternis (Hödur) vertrieben wird, oder auf das Ende des kurzen nordischen Sommers und die lange Herrschaft der Winterzeit. „Balder verkörpert den strahlenden und wolkenlosen Sommer, wenn Dämmerung und Tageslicht einander küssen und Hand in Hand gehen in diesen nördlichen Breiten."

Balders Holzstoß, der Sonne Bild
Brennet auf heilgem Heerde;
Bald vergehn die Gluthen wild,
Höder herrscht auf der Erde.

— *Die Frithiofs-Sage*, Esaias Tegnér, 13,
„Balders Scheiterhaufen",
übersetzt von A. E. Wollheim

„Sein Tod durch Hödur ist der Sieg der Dunkelheit über das Licht, der Dunkelheit des Winters über das Licht des Sommers; und die Rache durch Wali ist das Hervorbrechen eines neuen Lichts nach der winterlichen Dunkelheit."

Loki, Personifikation des Feuers, ist eifersüchtig auf Balder, das reine Licht des Himmels, der als Einziger unter den nordischen Göttern niemals focht, allerdings immer Worte der Versöhnung und des Friedens fand.

Von deinen Lippen, oh Balder, Nacht oder Tag,
Hat niemand je ein einzig übles Wort gehört
An Gott oder Held, vielmehr hieltest du
Im Zaum die and'ren und einen jeden Streit.

— *Balder Dead*, Matthew Arnold

Die vergossenen Tränen aller Dinge für den geliebten Gott stehen symbolisch für den Frühlingstau, der nach der Härte und Kälte des Winters einsetzt, woraufhin alle Bäume und Zweige und sogar Steine Feuchtigkeitstropfen bilden. Einzig Thökk (Dunkel) zeigt keine Anzeichen von Zärtlichkeit, da sie tief in der finsteren Erde verborgen lebt und kein Sonnenlicht benötigt.

So wie im Winter, wenn der Frost aufhört,
Am Winterende, bevor der Frühling beginnt,
Und ein warmer Westwind weht, und Tau einsetzt—
Nach einer Stunde ist ein leises Tropfen zu hören
In allen Wäldern, und die weiß verschneite Decke
Unter den Bäumen ist von Löchern durchsetzt,
Und von den Ästen rutschen die Schneelasten;
Und auf den der Sonne zugewandten Feldern brechen
Dunkle Stellen Gras durch den umgebenden Schnee,
Und verbreitern sich, und das Herz des Bauern geht auf—
So war in aller Welt ein stetes Tropfen zu vernehmen
Von all den Dingen, die für Balder weinten;
Dieses Geräusch erfreute die Götter.

— *Balder Dead*, Matthew Arnold

Aus den Tiefen ihres unterirdischen Gefängnisses versuchen die Sonne (Balder) und der Pflanzenwuchs (Nanna) den Himmel (Odin) und die Erde (Frigg) zu erfreuen, indem sie ihnen Draupnir senden, das Sinnbild der Fruchtbarkeit, und den Blumenteppich, der die Pflanzendecke symbolisiert, die die Erde verhüllt und ihre Reize mit deren Schönheit bereichert.

Die ethische Bedeutung des Mythos war nicht weniger großartig, denn Balder und Hödur sind Symbole der widerstreitenden Kräfte von Gut und Böse, während Loki den Versucher verkörpert.

> Doch neben Balder wächst in jeder Menschenseel
> Sein blinder Bruder auf, der Nachtgott Höder, denn
> Das Böse kommt, wie Bärenjunges, blind zur Welt;
> Nacht ist sein Mantel, Gutes kleidet sich in Licht;
> Geschäftig trat stets der Versucher Loke vor,
> Und lenkt des Blinden Mörderhand, tief fährt der Spieß
> In Valhallsliebe, in des jungen Balders Brust,
> Der Haß erwachet, die Gewalt springt auf zum Raub,
> Und hungrig streift des Schwertes Wolf durch Berg und Thal,
> Und wilde Drachen schwimmen über blutge Fluth.
>
> — *Die Frithiofs-Sage*, Esaias Tegnér, 24,
> „Die Versöhnung", übersetzt von A. E. Wollheim

DIE VEREHRUNG BALDERS

Eines der wichtigsten Feste zu Ehren Balders des Guten wurde zur Sommersonnenwende oder Mittsommernacht begangen, da dieser Tag als Jahrestag seines Todes und Abstiegs in die Unterwelt galt. An diesem Tag, dem längsten des Jahres, versammelten sich die Menschen draußen, machten Freudenfeuer und beobachteten die Sonne, die sich in den nördlichen hohen Breiten kaum unter den Horizont senkt, ehe sie am nächsten Tag wieder aufgeht. Von Mittsommer an werden die Tage nach und nach kürzer und die Sonnenstrahlen wärmen immer weniger bis zur Wintersonnenwende, die auch als „Mutternacht" bezeichnet wurde, weil sie die längste Nacht des Jahres war. Die Mittsommernacht, die einst zum Gedenken an Balder gefeiert wurde, wird heute Johannistag genannt, da der heilige Johannes der Täufer mittlerweile Balder den Guten vollkommen verdrängt hat.

KAPITEL XX

Loki

DER GEIST DES BÖSEN

Neben dem abscheulichen Riesen Utgard-Loki, der Personifikation des Unheils und Bösen, den Thor und seine Kameraden in Jötunheim aufsuchten, kannten die alten nordischen Völker noch eine weitere Art von Sünde, die sie ebenfalls Loki nannten und der wir bereits in verschiedenen Erscheinungsformen begegnet sind.

Loki verkörperte ursprünglich lediglich das Herdfeuer sowie den Geist des Lebens, entwickelte sich jedoch nach und nach vom Gott zum „Gott und Teufel zugleich", um schließlich allgemein verabscheut zu werden als genaues Gegenstück zum mittelalterlichen Luzifer, als Fürst der Lüge und „Urheber von Betrug und Verleumder" der Asen.

Einigen Quellen gemäß soll Loki Odins Bruder gewesen sein, wohingegen anderen zufolge die beiden Götter nicht miteinander verwandt waren, sondern nur Blutsbrüderschaft geschlossen hatten, wie dies im Norden üblich war.

> Gedenk, Odin,
> Daß wir in alten Tagen
> Beide das Blut mischten!
> Bier genießen
> Wolltest du nimmermehr,
> Wärs nicht uns beiden gebracht.
>
> — *Die Edda II. Götterdichtung und Spruchdichtung*,
> „Lokis Zankreden" 9, übersetzt von Felix Genzmer

LOKIS PERSÖNLICHKEIT

Während Thor Inbegriff nordischer Aktivität ist, vertritt Loki die Entspannung, und die frühe enge Beziehung zwischen den beiden Göttern zeigt sehr deutlich, wie schnell unsere Vorfahren erkannten, dass beides zum Wohlergehen der Menschheit notwendig war. Thor ist stets geschäftig und meint es immer ernst, wohingegen Loki sich über alles lustig macht, bis ihn seine Liebe zum Unfug schließlich völlig auf Abwege führt und ihm jedes Gefühl für Tugend verloren geht, was ihn gänzlich egoistisch sowie boshaft werden lässt.

Er repräsentiert das Böse auf die verführerische und scheinbar schöne Art, so wie es sich in der Welt häufig manifestiert. Anfangs hielten sich die Götter aufgrund Lokis betrügerischen Verhaltens nicht fern von ihm, sondern behandelten ihn in bester Kameradschaft als einen von ihnen, und wohin sie auch gingen, da war er ihr Begleiter. Sie ließen ihn sowohl an ihren Feiern teilnehmen als auch an ihren Beratungen, während derer sie allerdings zu häufig seinem Rat folgten.

Wie wir bereits gesehen haben, spielte Loki eine wichtige Rolle bei der Erschaffung des Menschen, indem er ihm die Fähigkeit der Bewegung verlieh und die ungehinderte Blutzirkulation durch seine Blutgefäße bewirkte, wodurch er ihm zugleich auch Leidenschaften einhauchte. Als Verkörperung des Feuers wie auch des Unheils wird Loki (Blitz) häufig zusammen mit Thor (Donner) dargestellt, den er nach Jötunheim begleitet, um dessen Hammer wiederzubeschaffen, aber auch zur Burg Utgardlokis und zum Haus Geirröds. Er ist es, der Freyas Halskette sowie Sifs Haar raubt und Idun hinterhältig der Gewalt Thjazis ausliefert, und wenngleich er den Göttern manchmal gute Ratschläge erteilt und ihnen wirkliche Hilfe anbietet, so geschieht das nur, um sie aus einer misslichen Lage zu befreien, in die er sie unbesonnen hineinmanövriert hat.

Einige Gelehrte konstatieren, dass dieser Gott nicht zur schöpferischen Triade (Odin, Hönir und Lodur oder Loki) zählte, sondern ursprünglich einem Göttergeschlecht vor Odins Zeit angehörte und Sohn des „Alten Riesen" Fornjotr (Ymir) war und Bruder Karis (die Luft), Hlers (das Meer) sowie Rans, der furchtbaren Meeresgöttin. Andere Mythologen erachten ihn jedoch für den Sohn der Riesin Laufey (Laubinsel) oder Nal (Nadel) und des Riesen Farbauti – den man aber auch mit dem einzigen Überlebenden der Sintflut Bergelmir identifizierte – und schlossen daraus, dass eine Verbindung zu Odin lediglich als nordischer Eid guter Kameradschaft existierte.

Loki (Feuer) vermählte sich zunächst mit Glöd (Glut), die ihm zwei Töchter gebar, Eysa (Kohle) und Eimyria (Glutasche). Es ist daher offensichtlich, dass die Normannen ihn als Sinnbild des Herdfeuers betrachteten, und wenn das flammende Holz auf dem Herd knistert, dann sagen die Hebammen im Norden noch immer, dass Loki seine Kinder schlägt. Darüber hinaus soll er auch der Riesin Angrboda (Unheilsbringerin) beigewohnt haben, die in Jötunheim wohnte und mit der er wie berichtet drei Ungeheuer zeugte: Hel, die Totengöttin, die Midgardschlange Jörmungand und den grimmigen Fenriswolf.

Den Wolf zeugte Loki mit Angurboda.

— *Die Lieder-Edda*, „Das Hyndlalied“ 37,
übersetzt von Karl Simrock

SIGYN

Loki war schließlich auch mit Sigyn verheiratet, die sich als eine äußerst liebe- und hingebungsvolle Ehefrau erwies und ihm zwei Söhne schenkte, Narfi und Wali, Letzterer ein Namensvetter des Gottes, der Balder rächte. Sigyn blieb ihrem Ehegatten immer treu und verließ ihn auch dann nicht, als er endgültig aus Asgard vertrieben und in den Eingeweiden der Erde eingesperrt wurde.

Da Loki den Ansichten der nordischen Völker nach die Verkörperung des Bösen war, empfanden sie nichts als Furcht vor ihm, errichteten ihm zu Ehren keine Tempel, brachten ihm keine Opfer dar und bezeichneten die giftigsten Unkräuter mit seinem Namen. Die vibrierende, überhitzte Atmosphäre des Sommers galt als Zeichen seiner Anwesenheit, denn die Menschen sagten dann für gewöhnlich, dass Loki seinen Wildhafer aussäen würde, und wenn die Sonne Wasser zu ziehen schien, glaubten sie, dass Loki trinken würde.

Die Geschichte Lokis ist derart unentwirrbar verknüpft mit denen anderer Götter, dass die meisten der ihn betreffenden Mythen schon erzählt worden sind, und so bleiben nur noch zwei Episoden aus seinem Leben, von denen eine seine bessere Seite zeigt, bevor er zum Erzbetrüger verkommt, während die andere schildert, wie er schließlich die Götter veranlasst, ihre Friedensstätte durch einen vorsätzlichen Mord zu besudeln.

SKRYMSLI UND DAS BAUERNKIND

Ein Riese und ein Bauer spielten einst zusammen ein Spiel – wahrscheinlich Schach, ein beliebter Zeitvertreib im Winter der nordischen Wikinger. Sie hatten natürlich beschlossen, um gewisse Einsätze zu spielen, und der siegreiche Riese gewann den einzigen Sohn des Bauern, den er am folgenden Tag einfordern und holen wollte, es sei denn, die Eltern würden ihn so geschickt verstecken, dass er ihn nicht entdecken könnte.

Im Bewusstsein, dass ihnen ein solches Kunststück unmöglich gelingen würde, flehten die Eltern Odin um Hilfe an. Der Gott beantwortete ihre Bitte, indem er auf die Erde herunterkam und den Jungen in ein winziges Gerstenkorn verwandelte, das er in einer Ähre mitten im Feld verbarg. Der Riese besaß jedoch größere Klugheit als Odin vermutete, und da er das Kind nicht im Haus finden konnte, schritt er sofort mit seiner Sense aufs Feld, mähte das Korn und wählte die Ähre aus, in der sich der Knabe befand. Während er die Gerstenkörner nachzählte, bekam er das richtige in seine Finger. Als Odin jedoch den Schrei des Kindes in höchster Not hörte, entriss er dem Riesen das Korn, gab den Jungen an seine Eltern zurück und sagte ihnen, dass er alles in seiner Macht stehende getan hätte, um ihnen zu helfen. Da der Riese aber schwor, betrogen worden zu sein und am nächsten Tag die Herausgabe des Knaben wieder verlangen würde – es sei denn, dass die Eltern ihn überlisten könnten – wandten sich die unglücklichen Eltern an Hönir um Beistand. Der Gott erhörte sie gnädig und wandelte den Jungen in eine Flaumfeder, die er in die Brust eines Schwans einfügte, der auf einem Weiher in der Nähe schwamm. Als einige Minuten später Skrymsli erschien, erriet er, was geschehen war, ergriff den Schwan, biss ihm den Hals ab und hätte die Flaumfeder verschluckt, wenn Hönir sie nicht von dessen Lippen außer Reichweite geblasen hätte. So konnte er den Knaben gesund und munter seinen Eltern wiedergeben, teilte ihnen jedoch mit, dass er ihnen keinerlei weitere Hilfe leisten könnte.

Skrymsli warnte die Eltern, dass er noch einen dritten und letzten Versuch machen würde, um des Kindes endlich habhaft zu werden, woraufhin sie in ihrer großen Verzweiflung Loki anflehten, der den Jungen hinaus aufs Meer brachte und ihn als winziges Ei im Rogen einer Flunder versteckte. Nachdem er von seiner Unternehmung zurückgekehrt war, begegnete Loki dem Riesen nahe der Küste, und als er sah, dass Skrymsli zum Fischen aufs Meer wollte, bestand er darauf, ihn zu begleiten. Er fühlte sich etwas unwohl, weil er fürchtete, der schreckliche Riese könnte seine Absicht durchschaut haben, und glaubte daher, dass es gut wäre, im Notfall an Ort und Stelle zu sein. Skrymsli beköderte schließlich seinen Haken und war mehr oder weniger erfolgreich beim Angeln, als er plötzlich die Flunder herauszog, in der Loki seinen kleinen Schützling verborgen hatte. Den geöffneten Fisch auf seinem Knie untersuchte der Riese genauestens den Rogen, bis er das Ei aufspürte, das er suchte.

Die Lage des Jungen war zweifellos ernst, aber Loki, der auf seine Chance lauerte, entwendete dem Riesen das Ei, verwandelte es zurück in das Kind und gebot ihm, unbemerkt nach Hause zu rennen, dabei aber durchs Bootshaus zu laufen und die Tür hinter sich zu schließen. Der verängstigte Knabe fand sich unvermittelt an Land wieder und tat, was Loki ihm befohlen hatte, während der Riese, der dessen Flucht schnell bemerkte, hinter ihm her ins Bootshaus jagte. Loki hatte jedoch dort geschickt eine scharfe Spitze so an einer Stelle platziert, dass der große Schädel des Riesen mit voller Wucht dagegen stieß und Skrymsli stöhnend auf den Boden sank, woraufhin Loki dem hilflosen

Riesen eines seiner Beine abschnitt. Man stelle sich die Bestürzung des Gottes vor, als er entdeckte, dass sich die Teile wieder miteinander verbanden und sofort zusammenwuchsen. Aber Loki, ein Meister der List, erkannte sogleich, dass hier Magie im Spiel war, trennte nun das andere Bein ab und warf Stein und Stahl zwischen die abgeschlagene Gliedmaße und Rumpf, um so jede weitere Zauberei zu verhindern. Die Bauersleute waren ungemein erleichtert, dass ihr Feind, der in viele Stücke zerfiel, tot war und hielten Loki seitdem für den Mächtigsten aller himmlischen Ratgeber, denn er hatte sie endgültig von ihrem Widersacher erlöst, wohingegen die anderen Götter nur vorläufige Hilfe geleistet hatten.

DER RIESEN-BAUMEISTER

Trotz ihrer wundervollen Brücke Bifröst, dem schwankenden Weg, und der Wachsamkeit Heimdalls konnten die Götter sich nicht vollkommen sicher in Asgard fühlen und waren besorgt, dass die Reifriesen in Asgard eindringen könnten. Um dieser Möglichkeit vorzubeugen, beschlossen sie, eine uneinnehmbare Burg zu bauen, und während sie planten, wie dies bewerkstelligt werden könnte, tauchte ein unbekannter Baumeister auf und unterbreitete ihnen das Angebot, die Konstruktion unter der Bedingung zu übernehmen, dass man ihm Sonne, Mond und Freya, die Göttin der Jugend und Schönheit, als Belohnung gäbe. Die Götter waren angesichts eines solch anmaßenden Vorschlags erzürnt, aber gerade als sie den Fremden empört aus ihrer Gegenwart vertreiben wollten, da drängte sie Loki, einen Handel abzuschließen, den der Baumeister unmöglich würde einhalten können, und so teilten sie dem Fremden mit, ihm würde der Lohn unter der Voraussetzung gewährt, dass die Burg im Verlauf eines Winters fertiggestellt würde und er die Arbeiten ohne Hilfe außer der seines Pferdes Swadilfari ausführen müsste.

Ein Baumeister nach Asgard kam
Und zu errichten eine Burg anbot,
Mit Mauern so wehrhaft,
Dass sie trotzen könne
Jotuns Arglist und der Riesen Überfall.
Da schloss man einen schlauen Pakt:
Die schöne Freya, Mond und Sonne dazu,
Als Entlohnung für den Bau der Burg.

— *Valhalla*, J. C. Jones

Der unbekannte Baumeister stimmte diesen scheinbar unmöglichen Bedingungen zu und begab sich sofort an die Arbeit, schleppte schwere Steinblöcke bei Nacht, baute tagsüber und machte so schnelle Fortschritte, dass die Götter es mit der Angst zu tun bekamen. Schon bald bemerkten sie, dass mehr als die Hälfte der Arbeit von dem wundervollen Hengst Swadilfari durchgeführt wurde, und als der Winter fast vorüber war, sahen sie, dass der Burgbau bis auf ein Tor vollendet war, das der Baumeister aber wie sie wussten leicht während der Nacht errichten konnte.

Die Götter packte Angst und Schrecken;
Fast schon stand die Burg vollendet!
Nur drei Tage noch,
So wär' das Werk getan;
Dann müssten sie halten ihren Pakt,
Und zahlen den furchtbaren Preis.

— *Valhalla*, J. C. Jones

Von der Furcht getrieben, sich von der Sonne und vom Mond trennen zu müssen, aber auch von Freya, der Personifikation von Jugend und Schönheit der Welt, wandten sich die Götter an Loki und drohten ihm, ihn zu töten, wenn er nicht umgehend Mittel ersänne, um den Baumeister an der Beendigung seiner Arbeit innerhalb der festgelegten Frist zu hindern.

Lokis List erwies sich der Situation einmal mehr als angemessen. Er wartete bis zum Anbruch der Dämmerung des letzten Tages, als Swadilfari aus einem Wald herauskam und mühsam einen der gewaltigen Steinblöcke hinter sich herzog, der für die Vollendung der Arbeiten benötigt wurde. Dann stürmte er in Gestalt einer Stute aus einer dunklen Lichtung heraus und wieherte so unwiderstehlich, dass sich der Hengst im Nu von seinem Geschirr befreite und hinter der Stute herrannte, dicht verfolgt von seinem wütenden Herrn. Die Stute galoppierte geschwind weiter und lockte Hengst und Herrn listig immer tiefer in den Waldschatten, bis die Nacht fast vergangen war und keine Möglichkeit mehr bestand, die Arbeit zu beenden. Der Baumeister war aber niemand anders als ein gefürchteter Reifriese, der sich verwandelt hatte, und kehrte nun nach Asgard mit einer gewaltigen Wut über den Betrug zurück, den man an ihm begangen hatte. Nachdem er seine gewöhnliche Größe wieder angenommen hatte, hätte er die Götter vernichtet, wäre Thor nicht plötzlich von einer Reise wiedergekommen und hätte ihn mit seinem Zauberhammer Mjölnir erschlagen, den er mit ungeheurer Kraft gegen seinen Schädel schleuderte.

Die Götter hatten sich in dieser Angelegenheit nur durch Täuschung und die brutale Tat Thors retten können, die allerdings großes Leid über sie hereinbrechen ließen und schließlich ihren Niedergang besiegelten sowie die kommende Ragnarök beschleunigten. Loki empfand seinerseits jedoch keine Reue und soll nach einiger Zeit einen achtbeinigen Hengst namens Sleipnir geboren haben, der, wie wir gesehen haben, Odins Lieblingspferd war.

> Den Sleipnir empfing er von Swadilfari.
>
> — *Die Lieder-Edda*, „Das Hyndlalied" 37,
> übersetzt von Karl Simrock

Loki verübte während seines Daseins so viele böse Taten, dass man ihm vollkommen zu Recht den Titel „Erzbetrüger" verlieh, den er sich zweifellos verdient hatte. Er wurde allgemein wegen seiner subtilen hinterhältigen Art verachtet, aber auch aufgrund seiner unverbesserlichen Gewohnheit, die Tatsachen zu verdrehen, was ihm den Beinamen „Fürst der Lügen" einbrachte.

LOKIS LETZTES VERBRECHEN

Lokis letztes Verbrechen, welches das Maß seiner Schuld voll machte, war Hödur anzustiften, den tödlichen Mistelzweig auf Balder zu werfen, den er wegen dessen unberührter Reinheit abgrundtief hasste. Vielleicht hätte man ihm dieses Verbrechen sogar noch verziehen, wäre da nicht sein unbeugsamer Starrsinn gewesen, als er in Gestalt der alten Riesin Thökk aufgefordert wurde eine Träne für Balder zu vergießen. Seine infame Haltung bei diesem Ereignis überzeugte die Götter, dass nichts als Böses in ihm übrig geblieben war, und so fällten sie einhellig das Urteil seiner ewigen Verbannung aus Asgard.

ÄGIRS GASTMAHL

Um die Götter von ihrer tiefen Trauer abzulenken und sie für einen kurzen Augenblick den schändlichen Verrat Lokis sowie den unersetzlichen Verlust Balders vergessen zu machen, lud Ägir, der Meeresgott, sie zu einem Gastmahl in seine Korallengrotten auf dem Meeresgrund ein.

> Um die Götter aufzuheitern
> Und zu lindern ihre Trauer,

Lud in Korallengrotten
Unter Meereswogen
Der mächt'ge König Ägir
Nun die Asen ein
Zu einem Fest
In Hleseys Halle;
Auf dass ein jeder Gast,
Der noch um Balder litt,
In froher Runde seinen
Schmerz vergessen möge.

— *Valhalla, J. C. Jones*

Die Götter nahmen die Einladung erfreut an und trafen in ihren kostbarsten Gewändern und mit festlichem Lächeln zur festgelegten Zeit in den Korallengrotten ein. Niemand fehlte außer dem strahlenden Balder, für den manch ein bedauernder Seufzer ausgestoßen wurde, und dem boshaften Loki, dem niemand nachtrauerte. Im Lauf des Festes fand sich allerdings plötzlich letztgenannter Gott in ihrer Mitte wie ein dunkler Schatten ein, und als man ihn zu gehen bat, ließ er seinen üblen Eigenschaften in einem Schwall von Schmähungen gegen die Götter freien Lauf.

Die Asen und Alben,
die hier innen sind,
Sprechen alle arg von dir.

— *Die Edda II. Götterdichtung und Spruchdichtung*, „Lokis Zankreden“ 2, übersetzt von Felix Genzmer

Eifersüchtig auf Ägirs Diener Fimafeng wegen dessen hochgepriesener Geschicklichkeit, mit der er die Gäste seines Herrn bediente, stürzte sich Loki unvermittelt auf ihn und erschlug ihn. Angesichts dieses schamlosen Verbrechens jagten die heftig erzürnten Götter Loki ein weiteres Mal fort und drohten ihm mit schrecklicher Bestrafung, sollte er jemals wieder vor ihnen erscheinen.

Kaum dass die Asen sich von dieser unangenehmen Unterbrechung ihres Festmahls erholt und ihre Plätze an der Tafel wiedereingenommen hatten, kam Loki erneut angekrochen und setzte seine Beleidigungen mit giftiger Zunge fort, verspottete die Götter wegen ihrer Schwächen oder Unzulänglichkeiten, breitete sich gehässig über ihre körperlichen Unvollkommenheiten aus und verhöhnte sie wegen ihrer Fehler. Die Götter versuchten sich vergeblich gegen seine Tiraden zu stemmen, stattdessen wurde seine Stimme aber immer lauter, und als er gerade dabei war, Abfälliges über Sif zu äußern, da wurde er jäh unterbrochen durch den Anblick von Thors Hammer, den der Donnerer zornig unheilvoll schwenkte, und weil er dessen Stärke nur allzu gut kannte, ergriff er schleunigst die Flucht.

Schweig, arger Wicht!
Dir soll mein Wuchthammer,
Mjöllnir, den Mund schließen;
Das Haupt hau ich
Dir vom Halse ab,
Verloren ist dein Leben dann.

— *Die Edda II. Götterdichtung und Spruchdichtung*, „Lokis Zankreden“ 57, übersetzt von Felix Genzmer

DIE VERFOLGUNG LOKIS

In dem Bewusstsein, dass er nicht mehr erhoffen konnte, wieder in Asgard aufgenommen zu werden, und dass die Götter, die die Auswirkung seiner bösen Taten überblickten, früher oder später bereuen würden, ihm das Herumziehen in der Welt erlaubt zu haben, und versuchen würden, ihn entweder zu binden oder zu erschlagen, zog sich Loki in die Berge zurück, wo er sich eine Hütte baute, die vier stets geöffnete Türen besaß, um eine schnelle Flucht zu ermöglichen. Sorgfältig machte er Pläne, sollten sich die Götter auf die Suche nach ihm begeben, und beschloss, gegebenenfalls zum benachbarten Wasserfall zu eilen – der Tradition zufolge der Wasserfall Franangrsfors – um dann in Gestalt eines Lachses seinen Verfolgern zu entkommen. Er überlegte, dass er zwar einfach jedem Angelhaken ausweichen könnte, es allerdings für ihn schwierig würde, seine Flucht zu bewerkstelligen, sollten die Götter ein Netz wie das der Meeresgöttin Ran herstellen.

Von dieser Furcht getrieben, entschloss er sich, die Möglichkeit der Anfertigung eines solchen Netzes zu prüfen, und begann eins aus Leingarn zu knüpfen. Er war noch mit dieser Tätigkeit befasst, als Odin, Kwasir und Thor plötzlich in der Ferne auftauchten, und da er wusste, dass sie seine Zuflucht entdeckt hatten, warf Loki sein halb fertiges Netz ins Feuer, hastete durch eine der ständig offenen Türen ins Freie und sprang in den Wasserfall, wo er sich in einen Lachs verwandelte und sich zwischen Steinen im Flussbett verbarg.

Die Götter, die die Hütte leer vorfanden, waren im Begriff zu gehen, als Kwasir die Überreste des verbrannten Netzes auf der Feuerstelle bemerkte. Nach einigem Nachdenken hatte er eine Eingebung und riet den Göttern, dasselbe Netz zu weben und es zu benutzen, um ihren Feind im benachbarten Fluss zu suchen, da es Loki ähnlich sähe, eine solche Methode zu wählen, um ihre Verfolgung zu vereiteln. Dieser Rat schien gut und wurde daher sofort befolgt, und als das Netz fertiggestellt war, zogen es die Götter durch den Fluss. Loki entkam dem Netz beim ersten Wurf, indem er sich auf dem Grund des Flusses zwischen zwei Steinen versteckte. Nachdem die Götter das Netz beschwert hatten, versuchten sie es ein zweites Mal, aber Loki entwich durch einen Satz stromaufwärts. Ein dritter Versuch, ihn zu fassen, war jedoch von Erfolg gekrönt, als Loki sich nämlich erneut durch einen plötzlichen Sprung entziehen wollte, da packte ihn Thor mitten in der Luft und hielt ihn so fest, dass er nicht entfliehen konnte. Der Lachs, dessen Schlüpfrigkeit im Norden sprichwörtlich ist, besitzt bekanntlich einen sehr dünnen Schwanz, den die Nordmänner Thors kraftvollem Griff zuschreiben, mit dem er seinen geschickten Gegner fing.

LOKIS STRAFE

Loki nahm nun mürrisch seine gewöhnliche Gestalt wieder an, und seine Gefangennehmer schleppten ihn hinunter in eine Höhle, wo sie ihn festmachten, indem sie die Därme seines Sohnes Narfi als Fesseln verwendeten, der von seinem Bruder Wali, den die Götter für diesen Zweck in einen Wolf verwandelt hatten, in Stücke gerissen worden war. Eine dieser Fesseln wurde unter Lokis

Schultern platziert, eine weitere unter seinen Lenden, wobei man Hand und Fuß ebenso sicher befestigte. Die Götter waren allerdings nicht vollkommen überzeugt, dass diese Fesseln, so robust und dauerhaft sie auch wirkten, nicht doch nachgeben würden, und deshalb ersetzten sie sie durch Adamant oder Eisen.

Bald fesseln mit den Därmen
Deines frostkalten Sohns
Auf den Grat die Götter dich.

— *Die Edda II. Götterdichtung und Spruchdichtung*,
„Lokis Zankreden" 49, übersetzt von Felix Genzmer

Die Riesin Skadi, eine Personifikation der kalten Bergflüsse, hatte freudig die Fesselung ihres Feindes (das unterirdische Feuer) beobachtet und brachte eine Schlange über seinem Kopf an, deren Gift Tropfen für Tropfen auf sein nach oben gerichtetes Gesicht fiel. Aber Sigyn, Lokis treue Gattin, eilte mit einem Gefäß zu ihm und blieb bis zum Tag der Ragnarök bei ihm. Sie fing das Gift auf, wenn es tropfte und verließ ihren Platz nur, wenn die Schale voll war und entleert werden musste. Während ihrer kurzen Abwesenheiten konnten die Gifttropfen direkt auf Lokis Gesicht fließen und verursachten derart heftige Schmerzen, dass er sich vor Pein zusammenkrümmte, und seine Anstrengungen, sich zu befreien, ließ die Erde erzittern und bewirkte die Erdbeben, die Sterbliche so sehr fürchten.

Da überließen sie ihn seinen Qualen,
Über des Verräters lügnerisches Antlitz
Hängte Skadi voller Hass eine Schlange,
Von der stetig gift'ge Tropfen fallen
Und mit Schmerz erfüllen jeden Nerv.
So soll er nun gefesselt harren.
Ihm zu der gequälten Seite
Kniet unermüdlich Sigyn,
Treues Weib! Mit der Schale
Fängt sie jeden Tropfen Gift, der fällt,
Und erspart ihm großes Leiden!
Ohne Ruhe und ohne Rast
Macht sie, tut sie, steht ihm bei;
Nur wenn die Schale überfließt,
Bringt dies frische Qual und Pein,
Rasch leert sie die Schale dann,
Eilt hinweg und kehrt gleich wieder.

Bis dahin Loki
Brüllt so laut;
Schreie des Schreckens,
Geheul des Grauens.
Schmerzen wie Donnerschläge,
Auf dass die Erde zitternd schwankt.
Zuckt und bäumt sich auf,
Selbst die Himmel beben mit!
So duldet er sein grässlich' Geschick,
Bis furchtbar Ragnarök gekommen ist.

— *Valhalla*, J. C. Jones

Loki war dazu ausersehen, in dieser qualvollen Position bis zur Götterdämmerung auszuharren, wenn seine Fesseln gelöst werden würden und er am verhängnisvollen Kampf auf dem Schlachtfeld von Wigrid teilnähme, wo er schließlich im Zweikampf mit Heimdall umkommen sollte.

Wie wir zuvor gesehen haben, versinnbildlicht die gifttropfende Schlange in diesem Mythos den kalten Bergfluss, und wenn dessen Wasser auf das unterirdische Feuer (Loki) trifft, es zu Dampf verdunstet, der durch Spalten entweicht und Erdbeben sowie Geysire hervorruft – Phänomene, die zum Beispiel den Bewohnern Islands sehr vertraut sind.

LOKIS TAG

Als die Götter infolge der Einführung des Christentums auf die Stufe von Dämonen herabgewürdigt wurden, setzte man Loki mit Saturn gleich, der ebenfalls seiner göttlichen Attribute beraubt wurde, und beide betrachtete man als Prototypen Satans. Der Loki geweihte letzte Wochentag hieß im Altnordischen *Laugardagur*, Wasch- oder Badetag, der im Englischen jedoch in *Saturday* umbenannt wurde, was vermutlich nicht auf Saturn zurückzuführen ist, sondern auf angelsächsisch *Saetere*, was so viel wie „Nachsteller“ oder „Überlister“ bedeutet und auf eine Gottheit der Landwirtschaft hinweist, die lediglich eine Personifikation Lokis gewesen sein soll.

KAPITEL XXI

Die Riesen

JÖTUNHEIM

Wie bereits geschildert, stellten sich die nordischen Völker vor, dass die Riesen die ersten Lebewesen waren, die zwischen den Eisblöcken des gewaltigen Abgrunds Ginnungagap entstanden. Diese Riesen waren von Anfang an Gegner und Rivalen der Götter, und während Letztere all das verkörperten, was gut und schön ist, repräsentierten Erstere all das, was häßlich und böse war.

> Er kommt – er kommt – der Frostgeist kommt! Mit rauschender
> Bö von Norden,
> Die dunklen Kiefern neigten sich, als furchtbar sein Odem
> Vorüberstrich.
> Mit unversehrter Schwinge eilt' er weiter, wo die Feuer
> Der Hekla glühn,
> Am dunklen Himmel prächtig oben und auf dem uralten
> Eis am Boden.
>
> — *The Frost Spirit*, John Greenleaf Whittier

Als Ymir, der Urriese, von den Göttern erschlagen leblos aufs Eis sank, da ertranken seine Nachkommen in seinem Blut. Einem einzigen Paar, Bergelmir und seiner Frau, gelang die Flucht nach Jötunheim, wo sie ihren Wohnsitz nahmen und Stammeltern des gesamten Riesengeschlechts wurden. Im Norden erhielten die Riesen verschiedene Namen, die alle eine besondere Bedeutung hatten. Jötunn, zum Beispiel, bedeutet „der Gefräßige", da die Riesen bekannt waren für ihre Essensgier wie auch für ihre ungewöhnliche Körpergröße. Sie tranken ebenso gern wie sie aßen, weshalb man sie auch Thursen nannte, eine Bezeichnung, die einigen Autoren zufolge auf das Wort „Durst" (etwa ahd. *thurst*) zurückgehen soll, während andere glauben, dieser Name sei auf die hohen Türme (*turseis*) zurückzuführen, die sie errichtet haben sollen. Da die Riesen den Göttern gegenüber feindlich gesinnt waren, waren Letztere bestrebt, sie zu zwingen, in Jötunheim zu blei-

ben, das in den kalten Regionen des Nordens gelegen ist. Die Riesen wurden in den Gefechten mit den Göttern fast ausnahmslos geschlagen, weil sie schwer und begriffsstutzig waren und nichts anderes als Steinwaffen besaßen, um sich gegen die aus Bronze gefertigten der Asen zur Wehr zu setzen. Trotz dieser Ungleichheit wurden sie manchmal von den Göttern beneidet, da sie äußerst vertraut waren mit allem, was die Vergangenheit betraf. Selbst Odin war neidisch auf dieses Wissen, und kaum hatte er es sich durch den Trank aus Mimirs Brunnen erworben, da eilte er nach Jötunheim, um sich mit Wafthrudnir zu messen, dem Gelehrtesten der Riesenbrut. Möglicherweise hätte er seinen Gegner niemals in dieser seltsamen Begegnung besiegt, hätte er nicht aufgehört, ihn über die Vergangenheit zu befragen, und ihm abschließend eine Frage über die Zukunft gestellt.

Die Jöten fürchteten keinen Gott mehr als Thor, da er ständig gegen die Reif- und Bergriesen Krieg führte, die die Erde gern für immer an ihre harten Ketten gelegt hätten, um die Menschen an der Bodenbestellung zu hindern. In seinen Kämpfen gegen sie konnte Thor wie berichtet immer auf seinen furchterregenden Hammer Mjölnir zurückgreifen.

DIE ENTSTEHUNG DER BERGE

Deutschen Sagen zufolge war die Unebenheit der Erdoberfläche den Riesen geschuldet, die deren gleichmäßige Beschaffenheit beschädigten, indem sie auf dem weichen Boden der gerade erschaffenen Erde herumtrampelten, während sich zugleich die Flüsse aus den reichlich vergossenen Tränen der Riesinnen bildeten, als sie die aus den gigantischen Fußstapfen ihrer Ehemänner geformten Täler betrachteten. Diesem Glauben gemäß waren die germanischen Menschen überzeugt, dass die Riesen, die sie für die Personifizierung der Berge hielten, gewaltige grobschlächtige Lebewesen waren, die sich nur in der Dunkelheit oder im Nebel bewegen konnten und versteinert wurden, sobald die ersten Sonnenstrahlen die Finsternis durchdrangen oder durch die Wolken kamen.

Dieser Glaube führte dazu, dass sie eines ihrer höchsten Gebirge Riesengebirge nannten. Die Skandinavier teilten diesen Glauben, und bis auf den heutigen Tag tragen einige der höchsten Berge in Island als zweiten Bestandteil „Jökull“ (Gletscher) im Namen, was als Modifikation von „Jotnar“ oder „Jötunn“ interpretiert wurde. In der Schweiz, wo der ewige Schnee auf den hohen Berggipfeln ruht, erzählen die Menschen noch immer alte Geschichten aus den Zeiten, als die Riesen herumwanderten, und wenn eine Lawine den Bergabhang krachend abgeht, dann sagen sie, dass die Riesen ruhelos einen Teil der Eislast von ihren Brauen und Schultern geschüttelt hätten.

DIE ERSTEN GÖTTER

Da die Riesen auch Personifizierungen von Schnee, Eis, Kälte, Stein und unterirdischem Feuer waren, galten sie als Nachfahren des einfältigen Fornjotr, den einige Quellen auch mit Ymir identifizieren. Dieser Fassung des Mythos zufolge hatte Fornjotr drei Söhne: Hler, das Meer, Kari, die Luft, und Loki, das Feuer. Diese drei Gottheiten, die ersten Götter, bildeten die älteste Dreiheit und ihre jeweiligen Nachkommen waren die Meeresriesen Mimir, Gymir und Grendel, die Sturmriesen Thjazi, Thrym und Beli sowie die Riesen des Feuers und des Todes, zu denen der Fenriswolf und Hel zählten.

Wie alle Königshäuser die Abstammung von irgendeinem mythischen Wesen beanspruchten, so versicherten auch die Merowinger, dass ihr Stammvater ein Meeresriese war, der in Stiergestalt aus den Wogen auftauchte und die Königin überraschte, als sie allein am Strand entlanglief und sie nötigte, ihm beizuliegen. Sie gebar ihm einen Sohn namens Merowech, den Begründer der ersten Dynastie der Franken.

Viele Geschichten sind bereits über die wichtigsten Riesen erzählt worden. Sie kommen in zahlreichen späteren Mythen sowie Märchen erneut vor und zeigen nach der Einführung des Christentums eine eigentümliche Abneigung gegen das Geräusch von Kirchenglocken und die Gesänge von Mönchen und Nonnen.

DER VERLIEBTE RIESE

Die Skandinavier berichten in diesem Zusammenhang, dass in den Tagen Olavs des Heiligen ein Riese namens Senjemand auf der Insel Senja (Senjen) lebte und höchst erzürnt war, weil eine Nonne auf der Insel Grytö täglich ihre Morgenhymne sang. Zum Glück für die Nonne verliebte sich der Riese in eine wunderschöne Maid, eine Jutuljente, die Tochter eines Riesen, aber es dauerte lang, ehe er den Mut aufbrachte, um sie zu freien. Als er ihr schließlich stockend seinen Antrag machte, wies ihn die schöne Jungfer verächtlich zurück mit der Bemerkung, dass er für ihren Geschmack viel zu alt und hässlich wäre.

> Jämmerlicher Senjemand – hässlich und grau!
> Willst die Maid von Kvedfjord für dich gewinnen!
> Nein – ein Grobian bist du und wirst es ewig bleiben.
>
> — *The Norse-Folk, A Visit to the Homes of Norway and Sweden*, Charles Loring Brace

In seiner Wut über diese herablassende Ablehnung schwor der Riese Rache und verschoss kurz darauf von seinem Bogen einen Steinpfeil auf die Maid, die achtzig Meilen von ihm entfernt wohnte. Ein anderer Liebhaber namens Torge, ebenfalls ein Riese, der die Gefahr erkannte, in der sie schwebte, und sie beschützen wollte, schleuderte seinen Hut in Richtung auf den herannahenden Pfeil. Dieser Hut war tausend Fuß hoch und entsprechend breit sowie dick, und so durchbohrte der Pfeil zwar die Kopfbedeckung, verfehlte aber letztlich sein Ziel. Senjemand musste sich eingestehen, dass er versagt hatte, und da er den Zorn Torges fürchtete, bestieg er sofort seinen Hengst und machte sich bereit, so schnell wie möglich fortzureiten, allerdings ging in diesem Moment die Sonne auf und versteinerte ihn zusammen mit dem Pfeil und Torges Hut. Die so entstandene gewaltige Anhäufung ist bekannt als der Berg Torghatten. Die Menschen zeigen noch immer auf einen Obelisken, den sie für den Steinpfeil halten. Das Loch im Berg, das rund 35 Meter hoch und etwa 160 m lang ist, betrachten sie als die Öffnung, die der Pfeil beim Durchbohren des Hutes verursacht hat. Der Reiter von der Insel Senja ist offensichtlich auf einem riesigen Hengst geritten und hatte die Falten seines Reiterumhangs eng um sich gezogen. Was nun die Nonne anbelangt, deren Gesang Senjemand dermaßen störte, so wurde auch sie versteinert und belästigte seitdem niemanden mehr mit ihrem Psalmensingen.

DER RIESE UND DIE KIRCHENGLOCKEN

In einer anderen Sage geht es um einen Bergriesen, der sich einst vom Läuten der mehr als fünfzig Meilen entfernten Kirchenglocken derart gestört fühlte, dass er einen gewaltigen Steinblock nahm und diesen in Richtung des heiligen Gebäudes schmetterte. Glücklicherweise verfehlte der Stein die Kirche und zerbrach in zwei Teile. Seitdem erzählen sich die Bauern, dass die Trolle an jedem Heiligen Abend kommen, um den größeren der beiden Steine auf goldene Säulen zu heben, unter denen sie dann tanzen und feiern. Eine Burgherrin, die wissen wollte, ob die Erzählung stimmte, sandte ihren Knecht dorthin. Die Trolle traten hervor und boten ihm gastfreundlich ein Getränk aus einem in Gold gefassten und mit Runen verzierten Horn an. Der Knecht ergriff urplötzlich das Horn, entleerte es und jagte damit in wildem Galopp davon, dicht verfolgt von den Trollen, denen er jedoch entkommen konnte, indem er ein Stoppelfeld und ein fließendes Gewässer überquerte. Am folgenden Tag suchten einige der Trolle die Adlige auf, um das Horn zurückzufordern, als sie sich aber weigerte, sich davon zu trennen, belegten sie sie mit einem Fluch und verkündeten ihr, dass ihre Burg jedes Mal niederbrennen würde, sollte das Horn herausgenommen werden. Die Prophezeiung erfüllte sich drei Mal, und nun bewacht die Familie das Relikt aus Aberglauben mit aller Sorgfalt. Ein ähnliches Trinkgefäß, das die Familie Oldenburg auf beinahe die gleiche Weise erhielt, wird in der Sammlung des dänischen Königshauses aufbewahrt.

Man glaubte, dass die Riesen nicht unbeweglich waren, sondern in der Dunkelheit umhergingen und dabei manchmal große Mengen von Sand und Erde herumschleppten, die sie hier und da fallen ließen. Die Sanddünen in Norddeutschland und Dänemark sollen auf diese Weise entstanden sein.

DAS RIESENSCHIFF

Einer nordfriesischen Überlieferung zufolge besaßen die Riesen ein gigantisches Schiff namens Mannigfual, das ständig den Atlantischen Ozean befuhr. Das Schiff hatte so gewaltige Ausmaße, dass der Kapitän das Deck nur zu Pferd inspizieren konnte, und die Takelage war derart umfangreich und die Masten hatten eine solche Höhe, dass die Matrosen, die als junge Männer hochkletterten, grauhaarig zurückkehrten, wobei sie sich in Räumen ausruhten und erfrischten, die sich zu diesem Zweck in den riesigen Blöcken und Seilrollen befanden und entsprechend ausgestattet waren.

Infolge eines unglücklichen Zufalls geschah es, dass der Steuermann einst den Koloss in die Nordsee lenkte, und obwohl er wünschte, so schnell wie möglich in den Atlantik umzukehren, wagte er es allerdings nicht, das Schiff angesichts der Enge zu wenden und steuerte so in den Ärmelkanal. Man stelle sich die Bestürzung aller an Bord vor, als sie sahen, dass die Durchfahrt immer enger wurde, je weiter sie vorankamen. Als sie sich der engsten Stelle zwischen Dover und Calais näherten, schien es kaum möglich, dass das Schiff, das mit der Strömung trieb, hindurchpassen würde. Geistesgegenwärtig befahl der Kapitän seinen Männern, die Seiten des Schiffes mit Seife einzuschmieren und eine besonders dicke Lage auf der Steuerbordseite aufzutragen, wo sich die zerklüfteten Kreidefelsen von Dover bedrohlich auftürmten. Die Befehle waren kaum ausgeführt, als das Schiff die Engstelle erreichte und dank der Vorkehrungen des Kapitäns auch sicher passierte. An den Klippen von Dover blieb so viel Seife haften, dass sie seitdem besonders weiß sind und die dagegen anbrandenden Wellen noch immer ungewöhnlich schaumig wirken.

Diese aufregende Fahrt war allerdings nicht die einzige, die die Mannigfual zu überstehen hatte, denn es wird berichtet, dass sie einst, keiner weiß wie, in die Ostsee geriet, wo das Fahrwasser für dieses Schiff nicht tief genug war, woraufhin der Kapitän anordnete, allen Ballast über Bord zu werfen. Die Materialien, die so auf beiden Schiffsseiten ins Meer geschmissen wurden, bildeten die beiden Inseln Bornholm und Christiansø.

PRINZESSIN ILSE

Wie in Thüringen oder im Schwarzwald gibt es in vielen deutschen Regionen zahlreiche Geschichten über Riesen, eine davon spielt im Harz und handelt von Ilse, der reizenden Tochter des Riesen vom Ilsenstein. Sie war so bezaubernd, dass sie weit und breit als die wunderschöne Prinzessin Ilse bekannt war und von vielen Rittern umworben wurde, von denen sie allerdings den Herrn von Westerberg favorisierte. Ihr Vater mißbilligte jedoch ihren Umgang mit einem einfachen Sterblichen und untersagte ihr, ihren Liebhaber zu sehen. Eigensinnig wie sie war, besuchte Prinzessin Ilse trotz des väterlichen Verbots dennoch täglich ihren Geliebten. Verärgert über ihren Starrsinn und Ungehorsam, zertrümmerte der Riese eines Tages mit seinen gewaltigen Pranken die Felsen auf der Anhöhe, auf der er wohnte und auch Burg Westerberg lag, sodass eine Kluft dazwischen entstand. Als sich Prinzessin Ilse daraufhin zur Spalte begab, die sie nun von ihrem Liebhaber trennte, stürzte sie sich verzweifelt über den Rand des Abgrunds in die reißenden Fluten nach unten und verwandelte sich dort in eine betörende Wasserfee. Sie lebte so manches Jahr in dem glasklaren Wasser und erschien von Zeit zu Zeit, um ihre Faszination auf Sterbliche auszuüben, und sie soll sogar Kaiser Heinrich IV., der ihren Wasserfall regelmäßig aufsuchte, in ihren Bann gezogen haben. Man sagt, dass sie letztmalig an einem Pfingsttag im achtzehnten Jahrhundert gesehen wurde, aber bis auf den heutigen Tag sollen Einheimische nach der schönen Prinzessin Ausschau halten, da sie wohl noch immer im Fluss herumspukt und Reisende mit ihren weißen Armen in die kühle Gischt des Wasserfalls lockt.

Ich bin die Prinzessin Ilse,
Und wohne im Ilsenstein;
Komm mit nach meinem Schlosse,
Wir wollen selig sein.

Dein Haupt will ich benetzen
Mit meiner klaren Well',
Du sollst deine Schmerzen vergessen,
Du sorgenkranker Gesell!

In meinen weißen Armen,
An meiner weißen Brust,
Da sollst du liegen und träumen
Von alter Märchenlust.

— *Buch der Lieder*, Aus der Harzreise: „Die Ilse",
Heinrich Heine

DAS RIESENSPIELZEUG

Die Riesen bewohnten die gesamte Erde, bevor sie der Menschheit überlassen wurde, und nur widerwillig machten sie den Menschen Platz und zogen sich zurück in die öden und unwirtlichen Teile des Landes, wo sie ihre Familien in strenger Abgeschiedenheit großzogen. Die Unkenntnis ihrer Nachkommen war solcherart, dass einst eine junge Riesin, die durch die Gegend streifte, in ein besiedeltes Tal kam, wo sie zum ersten Mal in ihrem Leben einen an einem Berghang pflügenden Bauern sah. Sie hielt ihn für ein hübsches Spielzeug und so nahm sie ihn sowie sein Gespann hoch und steckte sie in ihre Schürze. Dann trug sie alles fröhlich nach Hause, um es ihrem Vater zu zeigen. Der Riese gebot ihr jedoch sofort, Bauern und Pferde an den Ort zurückzubringen, wo sie sie gefunden hätte, und als sie dies getan hatte, erklärte er ihr traurig, dass diese Lebewesen, die sie für Spielzeug erachtet hatte, das Riesenvolk letztendlich vertreiben und Herren der Erde würden.

KAPITEL XXII

Die Zwerge

KLEINE WESEN

Im ersten Kapitel haben wir erfahren, wie die Schwarzelfen, Zwerge oder Schwarzalben als Maden im Fleisch des getöteten Riesen Ymir entstanden. Die Götter, die die winzigen, unförmigen Wesen herein- und herauskriechen sahen, verliehen ihnen Gestalt und Eigenschaften. Sie sind seither wegen ihres dunkelhäutigen Aussehens als Dunkelalben bekannt. Diese kleinen Wesen waren so unansehnlich mit ihrer dunklen Hautfarbe, ihren grünen Augen, großen Köpfen, kurzen Beinen und Krähenfüßen, dass ihnen auferlegt wurde, unter der Erde zu bleiben, und man ihnen befahl, sich niemals tagsüber zu zeigen, andernfalls würden sie zu Stein erstarren. Wenngleich sie weniger mächtig als die Götter waren, so waren sie allerdings wesentlich klüger als die Menschen, und da ihr Wissen grenzenlos war und sich sogar bis in die Zukunft erstreckte, waren Götter wie Menschen gleichermaßen bestrebt, sie um Rat zu fragen.

Die Zwerge hießen auch Trolle, Kobolde, Wichtel, Gnome, Unterirdische oder Bergvolk, je nachdem in welchem Land sie wohnten.

Du bist der graue, graue Troll
Mit grünen, grünen Augen,
Aber ich lieb Dich, grauer, grauer Troll –
Du bist so weise!
Sag mir an diesem schönen Morgen,
Sag mir alles, was Du weißt –
Sag mir, wurde ich geboren?
Sag mir, wuchs ich denn heran?

— *The Legend of the Little Fay*,
Robert Williams Buchanan

DIE TARNKAPPE

Diese kleinen Wesen konnten sich mit erstaunlicher Schnelligkeit von einem Ort an einen anderen bewegen und liebten es, sich hinter einem Felsen zu verbergen, um dann boshaft die letzten Worte eines mitgehörten Gesprächs aus solchen Verstecken heraus zu wiederholen. Dieser wohlbekannte Streich war der Grund, weshalb man die Echos Zwergensprache oder -rede nannte, und die Menschen stellten sich vor, dass die Verursacher solcher Töne niemals auszumachen waren, weil jeder Zwerg stolzer Besitzer einer winzigen roten Kappe war, die ihren Träger unsichtbar machte. Diese Kappe wurde als Tarnkappe bezeichnet, ohne die es ein Zwerg nicht wagte, sich über der Oberfläche der Erde nach Sonnenaufgang aufzuhalten, da er fürchtete, ansonsten versteinert zu werden. Wenn er sie trug, war er vor dieser Gefahr geschützt.

Fort, fort! Mich schau' die Sonne nicht!
Ich darf nicht länger harren.
Mich Elfenkind vor ihrem Licht
Säh'st Du zum Fels erstarren.

— *Das Elfenkind*, Friedrich de la Motte Fouqué

DIE SAGE VON KALLUNDBORG

Helva, Tochter des Herrn von Nesvek, wurde von Esbern Snare geliebt, dessen Heiratsantrag allerdings vom stolzen Vater mit den höhnischen Worten zurückgewiesen wurde: „Sollte es dir je gelingen, eine stattliche Kirche in Kallundborg zu errichten, will ich dir Helva zur Frau geben."

Obwohl Esbern von niederem Stand war, so besaß er doch ein stolzes Herz wie der Adlige und beschloss, komme, was wolle, einen Weg zu finden, seine begehrte Braut zu gewinnen. Und so begab er sich flugs zum Hügel Ulshoi, wo er mit einem Troll einen Handel abschloss, demzufolge der Troll den Bau einer Kirche übernahm, nach deren Fertigstellung Esbern den Namen des Erbauers verkünden sollte, andernfalls würde er seine Augen und sein Herz verwirken.

Tag und Nacht arbeitete der Troll in einem fort, und je weiter die Kirche Formen annahm, desto trauriger wurde Esbern Snare. Nachts lauschte er an den Spalten des Hügels, tagsüber beobachtete er alles, wurde zu einem Schatten seiner selbst durch ängstliche Gedanken und flehte die Elfen um Hilfe an – alles umsonst. Nicht ein Geräusch vernahm er, nicht ein Ding sah er, nichts verriet ihm den Namen des Baumeisters. Inzwischen verbreiteten sich Gerüchte, und die schöne Helva, die von dem furchtbaren Vertrag hörte, betete für die Seele des unglücklichen Mannes.

Die Zeit verging, bis eines Tages der Kirche nur noch ein Pfeiler fehlte. Zermürbt von dunkler Verzweiflung sank Esbern erschöpft auf eine Bank, von wo aus er den Troll im unterirdischen Steinbruch den letzten Stein behauen hörte. „Narr, der ich bin“, sprach er verbittert, „ich habe mein eigenes Grab geschaffen.“

Just in diesem Augenblick bemerkte er leichte Fußschritte, und als er aufschaute, erblickte er seine Geliebte. „Ich wünschte, ich könnte an deiner Stelle sterben“, sagte sie durch ihre Tränen hindurch, woraufhin Esbern ihr gestand, dass er aus Liebe zu ihr Augen, Herz und Seele aufs Spiel gesetzt hätte.

Während der Troll weiterhin unter der Erde hämmerte, betete Helva neben ihrem Liebhaber. Ihre Gebete erwiesen sich als stärker als die Zaubermacht des Trolls, denn plötzlich nahm Esbern das Geräusch einer Trollfrau wahr, die ihrem Kind vorsang und es bat, still zu sein, da sein Vater Fine am folgenden Tag mit den Augen und dem Herz eines Sterblichen zurückkäme.

Seines Opfers gewiss eilte der Troll mit dem letzten Stein nach Kallundborg. „Zu spät, Fine!“ sagte Esbern, und kaum hatte er die Worte ausgesprochen, verschwand der Troll mit dem Stein. Es wird erzählt, dass die Bauern nachts unter der Erde das Schluchzen einer Frau gehört hätten und die Stimme des Trolls, der ihr laut Vorwürfe machte.

Vom Troll der Kirche singen sie die Weise
Unterm Herbstmond an Nordseegestaden;
Noch hören die Fischer von Seeland ihn,
Wie er im Hügel Ulshoi zankt seine Frau.

Und seewärts über Wipfel der Birkenhaine
Blickt noch der Kirchturm von Kallundborg,
Wo einst am Altar ein Hochzeitspaar stand,
Helva von Nesvek und Esbern Snare!

— *Kallundborg Church*, John Greenleaf Whittier

DIE ZAUBERKUNST DER ZWERGE

Die Zwerge wie auch die Elfen wurden von einem König regiert, der in verschiedenen Ländern Nordeuropas Andwari, Alberich, Elbegast, Goldemar, Laurin oder Oberon hieß. Er bewohnte einen prunkvollen unterirdischen mit Edelsteinen ausgekleideten Palast, die seine Untertanen aus dem Schoß der Erde gefördert

hatten, und besaß neben unermesslichen Reichtümern und der Tarnkappe einen Zauberring, ein unbesiegbares Schwert und einen Kraftgürtel. Auf seinen Befehl hin fertigten die kleinen Männer, die äußerst geschickte Schmiede waren, wundervolle Schmuckstücke oder Waffen, die der Herrscher dann bevorzugten Sterblichen schenkte.

Wir haben bereits berichtet, wie die Zwerge Sifs Goldhaar herstellten, das Schiff Skidbladnir, die Spitze von Odins Speer Gungnir, den Ring Draupnir, den goldborstigen Eber Gullinborsti, den Hammer Mjölnir und Freyas goldene Halskette Brisingamen.

Sie sollen auch den Zaubergürtel geschaffen haben, den Edmund Spenser in seinem Epos *The Faerie Queene* (Die Feenkönigin) schildert, ein Gürtel, dem die Eigenschaft zugeschrieben wird, seine Trägerin als tugendhaft oder heuchlerisch zu entlarven.

Der Gürtel schenkt die Tugend keuscher Liebe
Und jeder Frau, die ihn trägt, ein treues Herz;
Doch sei da eine, der beides unbekannt,
So darf sie um ihre Taille ihn nicht legen,
Sonst gleitet er herab oder aber er zerreißt.

— *The Faerie Queene*, Edmund Spenser

Die Zwerge schmiedeten außerdem das mythische Schwert Tyrfing, das durch Metall und Stein schneiden konnte und für Angantyr bestimmt war. Wie Freyrs Schwert focht auch dieses aus sich selbst heraus, und war es erst einmal gezogen, ließ es sich erst wieder in die Scheide stecken, nachdem es Blut geschmeckt hatte. Angantyr war so stolz auf diese Waffe, dass sie mit ihm begraben wurde, aber seine Tochter Hervör suchte sein Grab um Mitternacht auf, rezitierte Zaubersprüche und zwang ihn, sich aus seinem Grab zu erheben, um ihr das wertvolle Schwert zu geben. Sie kämpfte damit tapfer, bis es schließlich in den Besitz eines anderen nordischen Helden überging.

Eine andere berühmte Waffe, die der Überlieferung nach Zwerge in östlichen Ländern angefertigt hatten, war das Schwert Angurvadel, das Frithiof als Erbstück von seinem Vater erhielt. Sein Heft war aus gehämmertem Gold und auf der Klinge waren Runen eingeritzt, die so lange matt blieben, bis es im Kampf eingesetzt wurde, wenn sie rot flammten wie der Kamm des Kampfhahns.

Verloren war, wer nur
Traf auf die Klinge mit lodernden Runen, in grausiger Schlachtnacht.
Weit war das Schwert drum berühmt, im Norden das stärkste der Schwerter.

— *Die Frithiofs-Sage*, Esaias Tegnér, 3, „Frithiof tritt sein väterliches Erbtheil an", übersetzt von A. E. Wollheim

DER AUSZUG DER ZWERGE

Die Zwerge waren im Allgemeinen freundlich und hilfsbereit. Manchmal kneteten sie Brot, mahlten Mehl, brauten Bier, führten unzählige Tätigkeiten im Haushalt aus und ernteten sowie droschen das Korn für die Bauern. Wenn man sie jedoch schlecht behandelte oder sie verhöhnte, dann verließen die kleinen Wesen das Haus und kamen niemals mehr wieder. Als die Götter in den nördlichen Ländern nicht mehr verehrt wurden, zogen sich die Zwerge vollkommen von dort zurück, und ein Fährmann erzählte, wie er von einer geheimnisvollen Person angeheuert wurde, um auf dem Fluss eine Nacht lang hin und her zu pendeln, und wie das Boot bei jeder Fahrt so schwer mit unsichtbaren Passagieren beladen wurde, das es beinahe kenterte. Nachdem er seine nächtliche Arbeit verrichtet hatte, wurde er reich entlohnt und erfuhr von seinem Auftraggeber, dass er die Zwerge über den Fluss befördert hätte, da sie infolge des Unglaubens der Menschen für immer aus dem Land fortgehen würden.

WECHSELBÄLGER

Einem weitverbreiteten Aberglauben zufolge beneideten die Zwerge die Menschen um ihre größere Gestalt und sollen daher häufig versucht haben, die Eigenschaften ihres Volkes zu verbessern, indem sie Menschenfrauen für sich gewannen oder ungetaufte Kinder raubten und gegen ihre eigenen Nachkommen austauschten, um sie dann von der Menschenmutter nähren zu lassen. Einen solchen Zwergensäugling, der als Wechselbalg bezeichnet wurde, erkannte man an seiner winzigen und runzeligen Gestalt. Eine Frau, die ihr eigenes Baby wiederbekommen und sich des Wechselbalgs entledigen wollte, musste entweder Bier durch ein leeres Hühnerei gießen oder die Fußsohle des Kindes mit Fett einschmieren und dann so nahe an eine Flamme halten, dass die Zwergeneltern durch das verzweifelte Schreien ihres Nachwuchses herbeistürzen würden, um ihr eigenes Kind einzufordern und das gestohlene Kind zurückzugeben.

Trollfrauen sollen die Macht besessen haben, die Gestalt von Mahren oder Nachtmahren (Nachtalp) anzunehmen und nach Belieben jeden zu quälen. Gelang es dem Opfer jedoch, das Loch zu verschließen, durch das eine Mahre in sein Zimmer eingedrungen war, so war sie ihm vollständig ausgeliefert, und wenn es ihm gefiel, konnte er sie sogar zwingen, ihm beizuliegen. Hatte jemand eine Frau auf diese Weise erhalten, musste sie auf jeden Fall so lange ausharren wie die Öffnung, durch die sie ins Haus geschlüpft war, verschlossen blieb, wurde die Verriegelung jedoch versehentlich oder absichtlich entfernt, so ergriff sie die Flucht und kehrte niemals mehr zurück.

DIE TROLLGIPFEL

Überall im Norden gibt es naturgemäß unzählige Überlieferungen, die die kleinen Wesen betreffen, und viele Orte, die mit der Erinnerung an sie verbunden sind. Die bekannten Trollgipfel (Trolltindene) in Norwegen sollen der Schauplatz eines Kampfes zwischen zwei Trollscharen gewesen sein, die im Eifer des Gefechts vergaßen, den beginnenden Sonnenaufgang zu beachten, was dazu führte, dass sie in kleine Felsenspitzen verwandelt wurden, die auf den Gebirgskämmen sichtbar sind.

EINE VERMUTUNG

Einige Autoren haben die Vermutung geäußert, dass die so häufig in alten Sagen und Märchen erwähnten Zwerge tatsächlich reale Lebewesen waren, wahrscheinlich die phönizischen Bergleute, die die Kohlen-, Eisen-, Kupfer-, Gold- und Zinnminen Englands, Norwegens, Schwedens etc. betrieben. Sie nutzten die Einfältigkeit und Leichtgläubigkeit der frühen Einwohner aus und machten sie glauben, dass sie einer übernatürlichen Rasse angehören und immer unter der Erde wohnen würden, in einer Gegend, die Schwarzalbenheim genannt wurde und die Heimat der Schwarzelfen war.

KAPITEL XXIII

Die Elfen

DAS ELFENREICH

Neben den Zwergen gab es noch eine weitere große Klasse winziger Wesen, die man Liosalfar, Lichtelfen oder -alben nannte. Sie bewohnten die Region der Luft zwischen Himmel und Erde und wurden behutsam vom Gott Freyr aus seinem Palast in Albenheim regiert. Die reizenden, wohltätigen Wesen waren so rein und unschuldig, dass einigen Gelehrten zufolge ihre Bezeichnung aus derselben Wurzel abgeleitet wurde wie das lateinische Wort „weiß" (*albus*), worauf sich in modifizierter Form auch der Name der schneebedeckten Alpen zurückführen lässt wie auch der *Albions* (England) wegen der schon von Weitem sichtbaren weißen Kreidefelsen.

Die Elfen waren dermaßen klein, dass sie unsichtbar herumflattern konnten, wenn sie sich um die Blumen, Vögel und Schmetterlinge kümmerten, und da sie den Tanz leidenschaftlich liebten, glitten sie oft auf einem Mondstrahl auf die Erde herunter, um auf einer Wiese zu tanzen. Während sie sich an den Händen hielten, drehten sie sich im Kreis, wodurch sie „Elfenringe" bildeten, die man an dem grüneren und üppigeren Gras erkennen konnte, auf das ihre kleinen Füße getreten waren.

> Tanzen in smaragdnem Kleide,
> Unter lustiger Musik,
> Ringeltänze auf brauner Heide,
> Muntre Elfen flink und quick.
>
> — *Das Lied des letzten Minnesängers*,
> Sir Walter Scott, übersetzt von Friedrich Lennig

Wenn ein Sterblicher inmitten dieser Elfenkreise stand, konnte er einem in England verbreiteten Volksglauben zufolge diese Elfen sehen und ihre Gunst erwerben. In Skandinavien und Deutschland jedoch glaubte man, dass der unglückliche Mann sterben musste. Zur Veranschaulichung dieses Aberglaubens dient die Geschichte des Herrn Olof, wie er auf dem Weg zu seiner Hochzeit von den Elfen in ihren Ring gezogen wird. Am nächsten Tag mussten seine Freunde statt einer fröhlichen Hochzeit einem dreifachen Begräbnis beiwohnen, da seine Mutter und Braut beim Anblick seines leblosen Köpers ebenfalls starben.

Herr Olof reitet am frühen Tag
Und kam zum Elfentanz im Hag.
Der Tanz geht gut,
So gut im Hag.

[…]

Früh Morgens, als der Tag noch blind,
In Herrn Olofs Hause drei Leichen sind.
Der Tanz geht gut,
So gut im Hag.

Herr Olof, sein Bräutchen tugendsam
Und auch seine Mutter, sie starb vor Gram.
Der Tanz geht gut,
So gut im Hag.

— *Herr Olof im Elfentanz*, schwedisches Volkslied,
übersetzt von Oskar Ludwig Bernhard Wolff

DER ELFENTANZ

Diese Elfen musizierten auch mit großer Begeisterung und liebten vor allem eine besondere Melodie, die als Elfentanz bekannt ist und so unwiderstehlich war, dass niemand, der sie hörte, sich dem Tanz entziehen konnte. Wenn ein Sterblicher die Melodie vernahm und es wagte, sie nachzuspielen, bemerkte er plötzlich seine Unfähigkeit, sein Spiel zu beenden, und musste es ununterbrochen fortsetzen, bis er vor Erschöpfung starb, es sei denn, er war geschickt genug, die Töne rückwärts zu spielen, oder jemand schnitt gnädig die Saiten seiner Geige durch. Seine Zuhörer waren gezwungen, so lange zu tanzen wie die Töne erklangen, erst wenn diese verstummten, konnten auch sie aufhören.

IRRLICHTER

Im Mittelalter wurden Irrlichter im Norden auch als Elfenlichter bezeichnet, da die winzigen Geister Reisende in die Irre geführt haben sollen. Dem Volksglauben nach waren Irrlichter die ruhelosen Geister von Mördern, die gegen ihren Willen zwanghaft zum Schauplatz ihrer Verbrechen zurückkehren mussten. Wenn sie sich nachts dorthin begaben, so wird erzählt, wiederholten sie unentwegt mit jedem Schritt: „Es ist richtig!", gingen sie jedoch wieder zurück, sagten sie traurig ohne Unterlass: „Es ist falsch!"

OBERON UND TITANIA

In späteren Zeiten sollen die Feen oder Elfen vom König der Zwerge regiert worden sein, einem Geist der Unterwelt, der als Dämon betrachtet wurde und vermutlich über die Zauberkräfte verfügte, die die Missionare dem Gott Freyr entrissen hatten. In England und Frankreich kannte man den König der Elfen unter dem Namen Oberon, der das Elfenreich zusammen mit seiner Königin Titania beherrschte. Die größten Feste auf der Erde wurden in der Mittsommernacht abgehalten, wenn sich alle Elfen um ihn herum versammelten und ausgelassen tanzten.

> Geister, Elfen, stellt euch ein!
> Tanzet in den bunten Zimmern
> Manchen leichten Ringelreihn!
> Singt nach meiner Lieder Weise!
>
> — *Ein Sommernachtstraum*, 5. Aufzug,
> 1. Szene, William Shakespeare,
> übersetzt von August Wilhelm Schlegel

Diese Elfen sollen wie braune Zwerge, Huldren, Kobolde etc. auch menschliche Wohnungen aufgesucht haben, und man sagt, dass sie ein schadenfrohes Vergnügen daran hatten, Pferdemähnen und -schwänze zu verwickeln und zu verknoten. Diese Verknotungen hießen Elfenlocken, und jedes Mal, wenn ein Bauer sie entdeckte, sagte er, seine Hengste wären im Lauf der Nacht von Elfen geritten worden.

ÁLFABLÓT

In Skandinavien und Deutschland wurden den Elfen Opfer dargebracht, um sie geneigt zu machen. Diese sogenannten *Álfablót* bestanden aus kleinen Tieren oder einem Schälchen mit Honig und Milch. Sie waren ziemlich verbreitet, bis die Missionare die Menschen lehrten, dass Elfen lediglich Dämonen wären und sie in Engel verwandelten, die man aber mit denselben Gaben wie zuvor günstig zu stimmen versuchte.

Man glaubte, dass viele dieser Elfen mit den Bäumen und Pflanzen, die sie hegten, lebten und starben, aber diese Moos-, Wald- und Holzfräulein waren zwar von vorn verführerisch schön, hinten allerdings waren sie hohl wie ein Backtrog. Sie kommen in vielen Sagen vor, zumeist als wohltätige und hilfsbereite Geister, die bestrebt waren, Sterblichen Gutes zu tun.

BILDNISSE AUF TÜRPFOSTEN

In Skandinavien wurden die hellen und die dunklen Elfen als Hausgottheiten verehrt und ihre Bildnisse auf die Türpfosten geschnitzt. Als die Normannen durch die Gewaltherrschaft Harald Schönhaars 874 aus ihrer Heimat vertrieben wurden, nahmen sie ihre Türpfosten ebenso mit auf ihre Schiffe wie auch ähnliche Schnitzereien mit Abbildungen von Göttern und Helden auf den Säulen ihrer Hochsitze. Die Auswanderer setzten ihr Vertrauen in ihre Götter, als sie sich der isländischen Küste näherten, indem sie diese Holzbildnisse über Bord warfen und sich dort niederließen, wo die Wogen die Pfosten angeschwemmt hatten, selbst wenn der Ort kaum der begehrenswerteste zu sein schien. „Auf diese Weise trugen sie den Glauben, die Dichtung und die Gesetze ihrer Rasse mit sich fort und bewahrten diese Aufzeichnungen unverändert auf dieser trostlosen Vulkaninsel hunderte von Jahren auf, während sich der Umgang mit dem römischen und byzantinischen Christentum allmählich auf andere teutonische Völker auswirkte." Diese von Sämund dem Weisen sorgfältig gesammelten Aufzeichnungen bilden die *Ältere Edda*, ohne die wir vergleichsweise wenig über den Glauben unserer Vorfahren wüssten. Die Sagas berichten, dass die ersten Siedlungen auf Grönland und in Vinland auf die gleiche Weise entstanden.

KAPITEL XXIV

Götterdämmerung

DER NIEDERGANG DER GÖTTER

Eines der charakteristischsten Merkmale der nordischen Mythologie ist, dass die Menschen immer glaubten, ihre Götter würden einem vergänglichen Geschlecht angehören. Die Asen hatten einen Anfang gehabt und deshalb, so schlussfolgerte man, mussten sie auch ein Ende haben, und da sie aus einer Mischung göttlicher und riesischer Elemente hervorgegangen waren, trugen sie den Keim des Todes in sich und waren wie Menschen dazu verdammt, einen physischen Tod zu erleiden, um geistige Unsterblichkeit zu erlangen.

Die nordische Mythologie war daher als Drama angelegt, jeder Schritt führt allmählich zum Höhepunkt oder tragischen Ende, wenn mit wahrer poetischer Gerechtigkeit Bestrafung und Belohnung unparteiisch verteilt werden. In den vorherigen Kapiteln sind Aufstieg und Fall der Götter detailliert nachgezeichnet worden. Wir haben erzählt, wie die Asen die Gegenwart des Bösen in Person Lokis in ihrer Mitte duldeten, wie sie darüber hinaus schwächlich seinem Rat folgten und ihm ermöglichten, sie in alle Arten von Schwierigkeiten zu verwickeln, aus denen sie sich nur um den Preis des Verlusts ihrer Tugend oder ihres Friedens befreien konnten, und wie sie ihn schließlich dermaßen die Oberhand gewinnen ließen, dass er ihnen ohne Skrupel ihren liebsten Besitz, Reinheit und Unschuld raubte, personifiziert durch Balder den Guten.

Zu spät bemerkten die Götter, wie böse dieser Geist war, der mitten unter ihnen heimisch geworden war, und zu spät verbannten sie Loki auf die Erde, wo Menschen dem Beispiel der Götter folgend seinen Lehren lauschten und durch seinen unheilvollen Einfluss verdarben.

Brüder befehden sich und fällen einander,
Geschwister sieht man die Sippe brechen.
Der Grund erdröhnt, üble Disen fliegen;

Der Eine schont des Andern nicht mehr.
Unerhörtes ereignet sich, großer Ehbruch.
Beilalter, Schwertalter, wo Schilde krachen,
Windzeit, Wolfszeit eh die Welt zerstürzt.

— *Die Lieder-Edda*, „Der Seherin Ausspruch" 45 und 46,
übersetzt von Karl Simrock

DER FIMBULWINTER

Als die Götter sahen, dass das Verbrechen grassierte und alles Gute von der Erde verschwunden war, erkannten sie, dass sich die einst gemachten Prophezeiungen erfüllen sollten und dass die Ragnarök, die Götterdämmerung, bereits ihre Schatten auf sie geworfen hatte. Sol und Mani erblassten vor Angst und lenkten ihre Wagen zitternd entlang ihrer festgelegten Bahnen, während sie voller Furcht nach hinten auf die hinterherhechelnden Wölfe blickten, die sie schon bald einholen und verschlingen würden. Da sie ihr Lächeln verloren hatten, wurde die Erde traurig und kalt und der schreckliche Fimbulwinter setzte ein. Der Schnee fiel gleichzeitig an allen Enden der Welt, der beißende Wind fegte von Norden heran und die gesamte Erde war bedeckt mit einer dicken Eisschicht.

Grimmig wütete Fimbul in aller Welt,
Winde heulten, Schneestürme tosten.
Eisberge krachten gegeneinander,
Schleuderten gefrorene Gischt
Bis zu der Berge Gipfel.
Kein wärmendes Lüftchen,
Kein schöner Schein
Milden sanften Sommerlichtes
Linderte die Schrecken eisiger Nacht.

— *Valhalla*, J. C. Jones

Der strenge Winter dauerte ununterbrochen drei volle Jahreszeiten, auf die drei weitere, ähnlich frostige folgten, während deren alle Freude auf der Erde entschwand, die Verbrechen der Menschen mit furchterregender Schnelligkeit anstiegen und auch die letzten Gefühle von Menschlichkeit und Barmherzigkeit infolge des allgemeinen Überlebenskampfes erstarben.

DIE WÖLFE SIND LOS

In den dunklen Winkeln des Eisenwaldes fütterte die Riesin Jarnsaxa oder Angrboda fleißig die Wölfe Hati, Sköll und Managarm, die Brut von Fenris, mit dem Knochenmark von Mördern und Ehebrechern. Diese abscheulichen Vergehen waren derart verbreitet, dass es den nahezu unersättlichen Ungeheuern niemals an Nahrung fehlte. Tagtäglich nahm ihre Stärke zu, um Sol und Mani zu jagen, die sie schließlich erhaschten und vertilgten, woraufhin das aus ihren Mäulern tropfende Blut die Erde überschwemmte.

Östlich saß die Alte im Eisengebüsch
Und fütterte dort Fenrirs Geschlecht.
Von ihnen allen wird eins das schlimmste:
Des Mondes Mörder übermenschlicher Gestalt.

— *Die Lieder-Edda*, „Der Seherin Ausspruch" 32,
übersetzt von Karl Simrock

Die ganze Erde erzitterte und erbebte angesichts dieser verheerenden Katastrophe, die Sterne fielen verschreckt aus ihren Positionen und Loki, Fenris und Garm sprengten mit einer letzten Kraftanstrengung ihre Ketten und stürmten los, um Rache zu üben. Im selben Augenblick durchnagte der Drache Nidhögg die Wurzel der Esche Yggdrasil, die bis in ihre Spitzen zu wanken begann, während der rote Hahn Fjalar in einem Kiefernbusch nahe Jötunheim laut krähend Alarm schlug, den der Hahn Gullinkambi (Goldkamm) in Walhall sofort wiedergab wie auch Hels dunkelroter Hahn in Niflheim.

Den Göttern gellend sang Gullinkambi,
Weckte die Helden beim Heervater,
Unter der Erde singt ein andrer,
Der schwarzrothe Hahn in den Sälen Hels.

— *Die Lieder-Edda*, „Der Seherin Ausspruch" 35,
übersetzt von Karl Simrock

HEIMDALL BLÄST ALARM

Heimdall, der diese unheilvollen Vorzeichen bemerkte und den schrillen Schrei des Hahns vernahm, brachte sofort das Gjallarhorn an seine Lippen und blies den lang erwarteten Ton, der auf der ganzen Welt zu hören war. Beim Erklingen dieses Signals zum Sammeln sprangen die Asen und Einherjern von ihren goldenen Liegen, stürzten aus der großen Halle heraus, bestiegen gerüstet für das kommende Gefecht ihre ungeduldigen Rösser und galoppierten über die schwankende Regenbogenbrücke zum geräumigen Feld Wigrid, wo die letzte Schlacht stattfinden sollte, wie es Wafthrudnir lange zuvor vorausgesagt hatte.

DIE SCHRECKEN DES MEERES

Die grauenvolle Midgardschlange Jörmungand war infolge des allgemeinen Getöses aufgewacht und mit riesigen Windungen und ruckartigen Bewegungen, die das Meer zu gewaltigen Wogen auftürmten wie sie die Tiefen des Ozeans niemals zuvor aufgewühlt hatten, kroch sie an Land und hetzte sich ab, um in den schrecklichen Kampf einzugreifen, in dem sie eine herausragende Rolle spielen sollte.

Mit Riesenzorn die Schlange sich wand
Am Meeresgrund, bis, frei von Ketten,
Sie herausbrach aus der schäumenden See;
Unter ihres Schwanzes Peitschenhieben
Schwoll das Meer bergehoch ans Land;
Dann eilt sie wie wild durch die Wogen,
Verspritzt hagelgleich blutige Gischt,
Versprüht giftigen Atem, übel riechend,
Und todbringenden Nebel über alle Welt,
Durch tosende Brandung erreicht sie den Strand.

— *Valhalla*, J. C. Jones

Eine dieser durch Jörmungands gewaltige Anstrengungen entstandenen Riesenwellen machte das Totenschiff Naglfar flott, das vollständig aus den Nägeln derjenigen Toten hergestellt worden war, deren Angehörige durch die Jahrhunderte hindurch ihre Pflicht vernachlässigt hatten, den Verstorbenen die Nägel zu schneiden, bevor sie zur letzten Ruhe gebettet wurden. Kaum dass das Schiff segelte, bestieg es Loki mit den feurigen Heerscharen aus Muspellsheim und steuerte es über die stürmischen Wellen zum Kampfplatz.

Es handelte sich jedoch nicht um das einzige Schiff, das unterwegs nach Wigrid war, denn aus einer dicken Nebelbank, die sich in nördlicher Richtung erstreckte, tauchte noch ein anderes von Hrym geführtes Schiff auf, das alle bis an die Zähne bewaffneten Reifriesen an Bord hatte, die ein Gefecht mit den ihnen schon immer verhassten Asen kaum erwarten konnten.

DIE SCHRECKEN DER UNTERWELT

Zur gleichen Zeit kroch Hel, die Totengöttin, durch eine Erdspalte aus ihrem Wohnsitz in der Unterwelt heraus, dicht gefolgt von dem Höllenhund Garm, den Übeltätern aus ihrem trostlosen Reich und dem Drachen Nidhögg, der mit Leichen auf seinen Flügeln über das Schlachtfeld flog. Sobald er gelandet war, begrüßte Loki diese Verstärkungen mit großer Freude, und nachdem er sich an ihre Spitze gesetzt hatte, zog er mit ihnen ins Gefecht. Plötzlich riss der Himmel weit auseinander und durch die feurige Lücke kam Surt mit seinem flammenden Schwert geritten, dahinter seine Söhne. Als sie die Brücke Bifröst in der Absicht überquerten, Asgard zu erstürmen, stürzte der prächtige Bogen krachend unter dem Tritt ihrer Pferde ein.

Hinab durch die Gefilde der Luft,
Mit schimmernder Rüstung angetan,
In Schlachtordnung so prächtig
Jagten sie dahin, glitzernde Funken
Aus raschem Hufschlag versprühend.
So führte Surtur die flammende Schar
Inmitten Reihen rot lodernden Feuers.

— *Valhalla*, J. C. Jones

Die Götter waren sich sehr bewusst, dass ihr Ende nun nahte und dass ihr fehlender Weitblick sowie ihre Schwäche ihnen große Nachteile bereiteten, denn Odin hatte nur ein Auge, Tyr nur eine Hand und Freyr nichts anderes als ein Hirschgeweih zur Verteidigung statt seines unbesiegbaren Schwertes. Dennoch zeigten die Asen keine Zeichen von Verzweiflung, sondern warfen wie echte Schlachtgötter des Nordens ihre kostbarsten Gewänder über und ritten frohgemut zum Schlachtfeld, entschlossen, ihre Leben so teuer wie möglich zu verkaufen.

Während sie ihre Truppen musterten, begab sich Odin noch einmal zum Urdbrunnen, wo die Nornen unter der umstürzenden Yggdrasil mit verschleierten Gesichtern und hartnäckig schweigend saßen, ihr zerrissenes Netz zu ihren Füßen. Und noch einmal flüsterte der Göttervater Mimir eine geheimnisvolle Botschaft zu, anschließend bestieg er Sleipnir und kehrte zu den wartenden Scharen zurück.

DIE GROSSE SCHLACHT

Die Kämpfer waren nun versammelt auf Wigrids weiter Ebene. Auf der einen Seite waren die ernsten, ruhigen Gesichter der Asen, Wanen und Einherjer angeordnet, während auf der anderen der zusammengewürfelte Haufen Surts, die Reifriesen, das blasse Heer Hels und Loki mit seinen furchterregenden Getreuen Garm, Fenris und Jörmungand Aufstellung genommen hatten, wobei die beiden Letztgenannten Feuer und Rauch ausstießen und Wolken schädlicher, tödlicher Dämpfe versprühten, die den gesamten Himmel und auch die ganze Erde mit ihrem giftigen Atem erfüllten.

Die Jahre verrinnen,
Die Generationen vergehen, die Zeitalter schreiten
Voran und bringen näher uns dem letzten Tag,
An dem, von Süden kommend, die feurige Schar
Die Brücke zum Himmel quert, mit Loki als Führer,
Dicht gefolgt von Fenris mit zerbrochener Fessel.
Von Osten steuert Hrymir der Riese sein Schiff
Heran, und die große Schlange bricht an Land.
Und alle sind in einem flammenden Geviert
Gegen die Götter aufgestellt auf dem Himmelsfeld.

— *Balder Dead*, Matthew Arnold

Der ganze über viele Zeitalter hinweg aufgestaute Konflikt entlud sich nun in einer Flut von Hass, weshalb jeder Angehörige der gegnerischen Scharen mit erbitterter Entschlossenheit focht, so wie es unsere Vorväter von alters her taten – Hand gegen Hand, von Angesicht zu Angesicht. Mit einer gewaltigen Erschütterung, die trotz des Kampflärms zu hören war und das gesamte Universum erfüllte, prallten Odin und der Fenriswolf heftig gegeneinander, während Thor die Midgardschlange angriff und Tyr sich mit Garm auseinandersetzte. Freyr trat gegen Surt an, Heimdall gegen Loki, den er schon einmal zuvor besiegt hatte, und die übrigen Götter sowie alle Einherjer trafen auf Gegner, die ebenso tapfer wie sie selbst waren. Aber trotz ihrer täglichen Übungen in der himmlischen Stadt waren Walhalls Scharen zur Niederlage verdammt, und Odin gehörte zu den Ersten der Glänzenden, die getötet wurden. Nicht einmal die große Tapferkeit und die ganze Macht Allvaters vermochten dem Ansturm des Bösen in Person des Fenriswolfes standzuhalten. Mit jedem weiteren Augenblick des Kampfes nahm seine riesige Gestalt immer größere Ausmaße an, bis sein weit aufgesperrtes Maul schließlich den ganzen Raum zwischen Himmel und Erde umfasste – da stürzte das abscheuliche Ungeheuer auf den Göttervater los und verschlang ihn bei lebendigem Leib in seinem furchtbaren Schlund.

Walvater wird
Der Wolf verschlingen;
Ihn rächt Widar am Wolf:
Den grimmen Rachen
Soll zerreißen er
Zum Ende dem Ungetüm.

— *Die Edda II. Götterdichtung und Spruchdichtung,*
„Das Wafthrudnirlied" 51, übersetzt von Felix Genzmer

Keiner der Götter konnte ihm in diesem entscheidenden Moment beispringen, da sie alle gerade selbst aufs Äußerste schmerzlich gefordert waren. Freyr zeigte einen wahrhaft heldenhaften Einsatz, aber Surts flammendes Schwert versetzte ihm dennoch den Todesstoß. In seinem Gefecht mit dem Erzfeind Loki erging es Heimdall besser, seinen ultimativen Angriff jedoch bezahlte er teuer, denn auch er verlor dabei sein Leben. Der Kampf zwischen Tyr und Garm endete auf die gleiche tragische Weise, und Thor erschlug zwar nach einer grauenvollen Auseinandersetzung die Midgardschlange mit seinem Hammer Mjölnir, als er aber neun Schritte zurückwankte, da ertrank er in den Giftfluten, die aus dem Maul des Untiers herausflossen.

Wider den Wurm wendet sich Odins Sohn.
Muthig trifft ihn Midgards Segner.
Doch fährt neun Fuß weit Fiörgyns Sohn
Weg von der Natter, die nichts erschreckte.

— *Die Lieder-Edda*, „Der Seherin Ausspruch" 55, übersetzt von Karl Simrock

Widar kam aus einem entlegeneren Teil der Ebene herangestürmt, um den Tod seines mächtigen Herrn zu rächen, und das Schicksal, das Fenris vorhergesagt worden war, ereilte den Wolf nun, dessen Unterkiefer den kräftigen Druck des für diesen Tag speziell angefertigten Schuhs zu spüren bekam. Im selben Augenblick ergriff Widar den Oberkiefer der Bestie mit seinen Händen und riss ihn mit einem gewaltigen Ruck auseinander.

DAS VERHEERENDE FEUER

Nachdem die anderen Götter, die gleicherweise an dieser Auseinandersetzung teilgenommen hatten, und auch alle Einherjer umgekommen waren, schleuderte Surt Feuer über Himmel, Erde und die neun Königreiche Hels. Die lodernden Flammen umhüllten den gewaltigen Stamm der Weltesche Yggdrasil und reichten hoch bis zu den goldenen Palästen der Götter, die sie vollkommen verzehrten. Die Pflanzen auf der gesamten Erde wurden ebenfalls vernichtet, und die Gluthitze ließ alle Gewässer sieden und brodeln.

Glutwirbel umwühlen den allnährenden Weltbaum,
Die heiße Lohe beleckt den Himmel.

— *Die Lieder-Edda*, „Der Seherin Ausspruch" 56, übersetzt von Karl Simrock

Die Feuersbrunst wütete heftig, bis alles versengt war, dann versank die Erde schwarz und verwüstet langsam unter den heiß schäumenden Wogen des Meeres. Ragnarök war Wirklichkeit geworden, die Welttragödie war vorbei, die göttlichen Darsteller waren tot und das Chaos schien seine frühere Macht zurückerhalten zu haben. Aber wie in einem Schauspiel, wenn die Hauptakteure getötet worden sind und der Vorhang gefallen ist, harren die Zuschauer immer noch aus, bis ihre Lieblinge erscheinen und sich verbeugen. Und so stellten sich die nordischen Völker vor, dass nun, da alles Böse durch Surts Flammen vertilgt war, sich das Gute aus den Trümmern erheben würde, um die Herrschaft über die Erde aufs

Neue zu übernehmen, und dass einige Götter zurückkehren würden, um für immer im Himmel zu wohnen.

Denn das Böse selbst stirbt auch
Auf ewig, aber das gefall'ne Gute hebt
Geläutert aus dem Weltbrand sich zum höhern Sein.

— *Esaias Tegnér's Frithiofs-Sage*, „Die Versöhnung" 24,
übersetzt von F. von Heinemann

WIEDERGEBURT

Unsere Vorfahren glaubten uneingeschränkt an eine Wiedergeburt der Erde und vermuteten, dass sie nach einer gewissen Zeit – gereinigt durch Feuer und ihr Versinken ins Meer – in all ihrer ursprünglichen Schönheit wiedererstünde und dann von einer Sonne beleuchtet würde, deren Wagenlenkerin jedoch eine Tochter von Sol wäre, die sie gezeugt hätte, ehe der Wolf sie verschlingen konnte. Das neue Tagesgestirn war im Gegensatz zur ersten Sonne nicht unvollkommen und seine Strahlen brannten auch nicht mehr so heiß, als dass ein Schild zwischen ihm und der Erde benötigt wurde. Diese segensreicheren Strahlen ermöglichten der Erde, ihren grünen Mantel zu erneuern und Blumen und Früchte im Überfluss hervorzubringen. Zwei menschliche Wesen – die Frau hieß Lif und der Mann Lifthrasir – tauchten nun aus den Tiefen von Hoddmimirs (Mimirs) Wald auf, wo sie Zuflucht gesucht hatten, als Surt die Welt in Brand gesetzt hatte. Sie waren dort in tiefen Schlummer gesunken, ohne sich der Zerstörung um sie herum bewusst gewesen zu sein, und harrten vom Morgentau genährt so lange aus, bis sie sich ungefährdet hinauswagen konnten. Anschließend nahmen sie die wiederhergestellte Erde in Besitz, die ihre Nachkommen zahlreich bevölkern und vollkommen beherrschen würden.

Wir sehen auftauchen
Zu unseren Füßen, aus des Meeres Glanze,
Eine Erde, frischer, grüner als zuvor, mit Früchten
Selbst wachsend und einer Menschensaat,
die dann in Frieden leben soll statt im Krieg.

— *Balder Dead*, Matthew Arnold

EIN NEUER HIMMEL

Nachdem alle Götter, die die sich entwickelnden Kräfte der Natur symbolisierten, auf der schicksalsträchtigen Ebene von Wigrid umgekommen waren, kehrten Wali und Widar, die Sinnbilder der unvergänglichen Kräfte der Natur, auf das Idafeld zurück, wo sie auf Thors Söhne Modi und Magni trafen, die Stärke und Energie personifizierten und den heiligen Hammer ihres Vaters vor der allgemeinen Zerstörung bewahrt hatten und ihn dorthin mitnahmen.

Widar und Wali walten des Heiligtums,
Wenn Surturs Lohe losch.
Modi und Magni sollen Miölnir schwingen
Und zu Ende kämpfen den Krieg.

— *Die Lieder-Edda*, „Das Lied von Wafthrudnir" 51, übersetzt von Karl Simrock

Hier stieß auch Hönir zu ihnen, der nicht länger als Verbannter unter den Wanen lebte, da auch sie als Kräfte der Entwicklung ebenfalls für immer verschwanden, und aus der finsteren Unterwelt, wo er so lange geschmachtet hatte, stieg außerdem der strahlende Balder zusammen mit seinem Bruder Hödur auf, mit dem er sich versöhnt hatte und mit dem er ein Dasein in vollkommener Freundschaft und Eintracht führen sollte. Die Vergangenheit war für immer abgeschlossen, und so konnten die überlebenden Gottheiten sie sich ohne Bitterkeit ins Gedächtnis rufen. Die Erinnerung an ihre früheren Mitstreiter bedeutete ihnen allerdings viel und so begaben sie sich sehr häufig an ihre alten Lieblingsplätze, wo sie ihren glücklichen Assoziationen nachhängen konnten. So geschah es eines Tages, als sie auf dem hohen Gras des Idafelds einherschritten, dass sie die goldenen Scheiben wiederfanden, mit denen die Asen für gewöhnlich gespielt hatten.

Dann betreten wir das vertraute Idafeld
Und finden dort im Gras die Scheiben vor
Aus Gold, mit denen wir einst gespielt.
Da kommt uns in den Sinn das frühere Leben,
Der Zeitvertreib der Götter, die weisen Worte
Odins, die Vergnügungen anderer Tage.

— *Balder Dead*, Matthew Arnold

Als die kleine Gruppe Götter sich traurig dem Ort zuwandte, wo einst ihre herrlichen Paläste gestanden hatten, da wurde ihnen zu ihrer freudigen Überraschung bewusst, dass Gimil, der höchste himmlische Wohnsitz, nicht verbrannt war, denn er erhob sich glanzvoll vor ihnen, sein goldenes Dach überstrahlte selbst die Sonne. Als sie dorthin eilten, entdeckten sie zu ihrer noch größeren Freude, dass Gimil die Zufluchtsstätte aller Tugendhaften geworden war.

Mit Gold bedeckt auf Gimils Höhn:
Da werden bewährte Leute wohnen
Und ohne Ende der Ehren genießen.

— *Die Lieder-Edda*, „Der Seherin Ausspruch" 62,
übersetzt von Karl Simrock

EIN ANDERER MÄCHTIGER

Die in Island beheimateten Normannen, durch die uns die ausführlichste Darstellung der odinischen Religion in der *Edda* und den Sagas überliefert worden ist, waren definitiv nicht vor dem elften Jahrhundert konvertiert. Während ihrer Wikingerzüge rund sechs Jahrhunderte zuvor waren sie allerdings mit Christen in Berührung gekommen, und so ist es sehr wahrscheinlich, dass die nordischen Skalden manchen Gedanken den christlichen Lehren entlehnten. Diese Kenntnisse beeinflussten vermutlich in gewissem Maße ihre Beschreibungen vom Weltende und von der Wiedergeburt der Erde. Es war vielleicht auch diesem vagen Wissen zuzuschreiben, das sie eine Strophe in die *Lieder-Edda* einfügen ließ, die man allgemein für eine Interpolation hält, wonach ein anderer Gott, der zu mächtig wäre, um genannt zu werden, erscheinen würde, um über Gimil zu herrschen. Von seinem himmlischen Sitz aus würde er die Menschheit richten und die Bösen von den Guten trennen – Erstere würden zu den Schrecken von Naströnd verbannt, während Letztere in den seligen Hallen von Gimil aufgenommen würden.

Einst kommt ein Andrer mächtiger als Er;
Doch noch ihn zu nennen wag ich nicht.
Wenige werden weiter blicken
Als bis Odhin den Wolf angreift.

— *Die Lieder-Edda*, „Das Hyndlalied" 41,
übersetzt von Karl Simrock

Es gab jedoch noch zwei weitere himmlische Wohnorte, von denen einer den Zwergen vorbehalten war, der andere den Riesen, da diese Wesen nämlich keinen freien Willen besaßen, sondern blindlings die Beschlüsse des Schicksals ausführten. Sie galten daher als nicht verantwortlich für irgendein Leid, das sie anderen zugefügt hatten, und verdienten somit auch keine Bestrafung.

Die Zwerge, die Sindri regierte, sollen eine Halle in den Nidabergen bewohnt haben, wo sie den schäumenden Met tranken, während sich die Riesen in der Halle Brimer vergnügten, die im nicht kühlen Gebiet von Okolnir lag, denn die Macht der Kälte war vollständig ausgelöscht, sodass sich auch kein Eis mehr bilden konnte.

Viele Mythologen haben selbstverständlich versucht, diese Mythen zu erklären, und einige von ihnen haben, wie bereits zuvor dargelegt, Einflüsse christlicher Weltanschauung auf die Schilderung der Ragnarök konstatiert und halten sie daher lediglich für eine barbarische Variante des Weltuntergangs und des Jüngsten Gerichts, wenn ein neuer Himmel und eine neue Erde entstehen und alle Guten ewige Freude genießen werden.

BILDNACHWEIS

Alamy: Classic Image 105, 222, 229, Ivy Close Images 231, 262

Art Resource: The Stapleton Collection 23

Bridgeman Art Library: 37, 41, 123, 208, 248

Courtesy Christie's: 270–271

Google Art Project: 237

Heroes of Asgard: Alle Abbildungen von C. E. Brock ii, ixx, 24, 73, 91, 96, 134, 137, 140, 167, 193, 203

Internet Archive: Arthur Rackham 14, 62, 172, 247

iStockphoto: © Tomograf (Hintergrund, durchgängig); © duncan1890 (Hintergrund Umschlag)

Myths of the Norsemen from the Eddas and Sagas: J. C. Dollman xiv, 70, 218; Albert Edelfelt 151; Dorothy Hardy 94, 212–213, 261; H. Kaulback 29; Severin Nilsson 184; Jacques Reich 118; J. Wagrez 57

Shutterstock.com: Azat1976 (Umschlag; Randleiste, durchgängig); Jane Rix (keltischer Knoten, durchgängig); Mangulica cover, 274 (Hammer)

Superstock: vi, A. Burkatovski / Fine Art Images 18–19, 44–45, 142, 180; DeAgostini 264; Fine Art Photographic Library 174–175; Pantheon x

Wikimedia Foundation: 146–147, 164, 183

ÜBER DIE AUTORIN

Helene Adeline Guerber wurde 1859 in Mount Clemens, Michigan geboren. Sie verbrachte mit Ausnahme ihrer akademischen Ausbildung in Paris die meiste Zeit ihres Lebens in New Jersey, wo sie 1929 in Montclair starb. Guerber, die als Lehrerin arbeitete, machte es sich zur lebenslangen Aufgabe, einem amerikanischen Publikum die europäische Literatur- und Kulturgeschichte näherzubringen durch die Veröffentlichung von rund drei dutzend Büchern über so unterschiedliche Themen wie berühmte Opern, jüdische Geschichte oder Shakespeares Dramen.

TEXTQUELLEN

Sofern Textquellen benutzt wurden, werden diese an den jeweiligen Stellen im Buch genannt. Die meisten stammen aus dem 19. Jahrhundert beziehungsweise aus dem Beginn des 20. Jahrhunderts. Die Orthografie der zitierten Texte wurde nicht harmonisiert. Wenn keine Angaben zu Übersetzern aufgeführt werden, so wurden die englischen Originaltexte, etwa von Matthew Arnold oder J. C. Jones, im Rahmen der Anfertigung des vorliegenden Buches übertragen.
Angaben zu häufig genutzten Quellen:

Edda. Erster Band / Heldendichtung. Übertragen von Felix Genzmer mit Einleitungen von Andreas Heusler. Hrsg. Felix Niedner, Eugen Diedrichs, Jena 1920

Edda. Zweiter Band / Götterdichtung und Spruchdichtung. Übertragen von Felix Genzmer mit Einleitungen von Andreas Heusler. Hrsg. Felix Niedner, Eugen Diedrichs, Jena 1920

Die Edda, die ältere und jüngere nebst den mythischen Erzählungen der Skalda. Übersetzt und mit Erläuterungen begleitet von Karl Simrock. J. G. Cotta'sche Buchhandlung, Stuttgart 1876